莲花池山遗址

——福建漳州旧石器遗址发掘报告（1990～2007）

福建博物院　**编著**

科学出版社
北　京

内 容 简 介

本书系福建省漳州市北郊莲花池山旧石器时代早期遗址考古发掘报告。作者在记述该遗址工具组合、加工工艺、文化特性和区域对比的同时，分析了遗址的利用、废弃、埋藏与破坏过程，并就我国南方特别是闽南地区广泛分布的砖红土、红土、网纹红土的成因类型、分带性、年代及其与古文化的关系进行探讨。

本书适合从事旧石器考古学、第四纪地质学、环境考古学和古人类学的研究人员及相关专业高校师生阅读、参考。

图书在版编目 CIP 数据

莲花池山遗址：福建漳州旧石器遗址发掘报告：1990～2007／福建博物院编著．—北京：科学出版社，2013.1

ISBN 978-7-03-036472-2

Ⅰ.①莲…　Ⅱ.①福…　Ⅲ.①旧石器时代文化－文化遗址－发掘报告－漳州市　Ⅳ.①K878.05

中国版本图书馆 CIP 数据核字（2013）第 010693 号

责任编辑：宋小军　刘　能／责任校对：邹慧卿

责任印制：赵德静／封面设计：谭　硕

科学出版社 出版

北京东黄城根北街 16 号

邮政编码：100717

http：//www.sciencep.com

北京通州皇家印刷厂 印刷

科学出版社发行　各地新华书店经销

*

2013 年 1 月第　一　版　开本：889×1194　1/16

2013 年 1 月第一次印刷　印张：12 1/4　插页：14

字数：308 000

定价：180.00 元

（如有印装质量问题，我社负责调换）

编　委　会

学术委员会

吴志跃　颜克慎　陈淑琤
楼建龙　范雪春　陈兆善
陈邵龙　张焕新　曾伟希

本书主编

范雪春　杨丽华

序

地球作为天体中的一个系统,毫无疑问地受到地球内部、地球表面生物圈、岩石圈和宇宙诸因素的制约,生活在地球之上的人类及其创造的文化,也毫不例外地受到同样因素的制约,不了解这些因素之间的依存关系,就难以揭示人类及其文化演进的真谛。

史前考古学兼容社会科学与自然科学于一身,具有宽阔的视野和百纳的内容,它和其他学科一样,从来就不是孤立存在的,学科之间的互相融合、互相渗透、互相补充,加快了各个学科发展的步伐。如何掌握材料、分析问题、阐明人类进化及其文化的发展,既需要深厚的专业又要求掌握多学科的知识,特别是地质学、古生物学、生态学、年代学、现代人类学、民族学、解剖学以及许许多多其他派生的子学科,才能求得正确的答案;才能在大量冥蒙的资料中如鱼遨于海,如鸟翔于空。100 年前,人们认识人类自身的历史只有 10 万年;60 年前人们认识的人类历史也不过 50 万年;但是,自从 20 世纪 50 年代末东非坦桑尼亚、肯尼亚和埃塞俄比亚接连不断发现新的材料,加上年代学的应用,把人类出现的时间向前推到距今 300 万年前;分子生物学的异军突起,再次把人类起源的时间向前推进。从地质学的角度看,半个世纪以前人们还把更新世中期作为人类出现的初始,科学的进步,使我们认识到早在上新世晚期人类已经和其他动物分道扬镳;它的孕育时期可追溯到中新世。

我国史前考古研究不及百年,已经发掘的史前遗址和地点数以千计。这些地点和遗址,分布在北起黑龙江省的黑河,南抵海南省的三亚;西自新疆的喀什,东止黑龙江省乌苏里江河畔广阔的原野上,遍及各个省、市、自治区。这些遗址所包容的资料,犹如一页页历史画卷,栩栩如生的史前人类进化、杰出的创造和艰苦卓绝的生活场景,一一展现在我们的面前，显示出中华民族光华的史前史和深厚的史前文化底蕴。

曾经有人把近百年来中国史前考古研究走过的轨迹，概括为三部协奏曲：第一部出现在20世纪20~30年代，其最大特点是一系列惊世不俗的发现，出现少数高水平的科研人才，史前考古研究从此在中国土地上生根、发芽；第二部始于60年之后的20世纪80~90年代，拥有一批具有国际影响的科学工作者，不断发现和积累大量切实的资料，建立起了我国自己的史前考古系列，并在国际上占有一席之地，中国史前考古研究之花已经绽放；第三部从本世纪开始，高水平学者辈出，形成把握学科发展脉络的新格局，已经熟知的知识多有创新，尚未熟知的知识勇于探索，中国史前考古研究之树已结满硕果，可谓：研究征途烂漫，成果映红河山。

迟迟钟鼓初长夜，耿耿星河欲曙天。漳州莲花池山遗址，是福建省最早发现和时代最为久远的旧石器时代遗址，具有深远意义；《莲花池山遗址》一书的问世，在福建史前考古研究中具有开创性。福建博物院范雪春研究员、漳州市文物管理委员会杨丽华主任和原漳州市文物科科长曾五岳，对遗址的发现、发掘功不可没。莲花池山遗址是福建省经过两次发掘的遗址，范雪春研究员率领的发掘团队在第二次发掘工作过程中，做到了“守正出新”，既严格遵循发掘程序，又结合地质学、地貌学、埋藏学、年代学诸多学科进行多方位的研究，探知该遗址自从被利用开始、到被废弃以及埋藏的整个过程，根据各个文化层遗物分布和表面痕迹，确定了莲花池山遗址只有出自下网纹红土层面上的一个原生文化层位，其上的另外三个文化层，都是在地质历史时期中经历数次冲刷、破坏和再堆积的结果，地质时代跨越中更新世早期直至晚更新世晚期；遗址文化面貌总体性质视若南方石工业传统范畴，但却有自身的特质，在南方众多的遗址中尚属少见，通过石制品制作方法的分析，掌握了以水晶晶体为原料制作工具的工序和工艺，这些无疑是新的突破。

我国南方红土和北方黄土是差别悬殊的两大地质体，均蕴含大量考古信息，都是中华民族的根。长期以来，南方红土与北方黄土在研究上差距甚大，后者不仅建立起完整的地层系列和古气候波动系列，而且还确立了黄土文化圈，为判定古文化年龄段归属和古环境提供重要依据；然而，红土分层和年代一直没能彻底解决，与远古文化的关系至今并不十分明确。可喜的是，《莲花池山遗址》一书中，对红土做了全面研究，有了新的进展，在详尽分析漳州地区及福建全省红土分布特点的基础上、重新评价了红土性质及其与古文化的关系，这些都是十分可贵的。

相信该书的出版，定会赢得读者的欢迎。

尤玉柱

2011 年 10 月于北京

目　　录

Contents

插 图 目 录

Illustrations

插表目录

Tables

彩 版 目 录

Colour plates

图版目录

Plates

绪　　言

位于我国东南一隅的漳州市（图 1），与台湾隔海相望，地处厦门和汕头两个经济特区之间，素有“花果之乡”、“海滨邹鲁”的美誉。漳州地区的考古调查和研究工作源远流长，早在唐宪宗元和五年（公元 810 年），华安县沙建乡的仙字潭摩崖石刻就已被发现和研究，成为我国南方最重要的石刻之一，因含义至今没能识别，遂被称为“奇谜”。20 世纪 30 年代，厦门大学人类学系教授林惠祥曾在漳州地区的沿海地带进行过多次考察，并发现一些新石器时代及商周时期的遗址和地点。1958 年福建省考古队在九龙江沿岸进行考古调查时发现了 11 处古文化遗址。1985 年秋，福建省博物馆和厦门大学历史系考古专业人员联合组成的考古队，在诏安一带考察时发现了新石器时代遗址（腊州山遗址）1 处、商周遗址 10 余处。1986 年福建省文物普查时找到的古文化遗址和地点共 274 处。

然而长期以来，包括漳州地区在内的福建全省，一直未能发现有关旧石器时代的遗物和遗址。为了填补这一调查和研究的空白，漳州市文化局文管办主任曾五岳于 1989 年对漳州市郊地区做了全面调查，发现了 100 多处小石器地点，采集到 1400

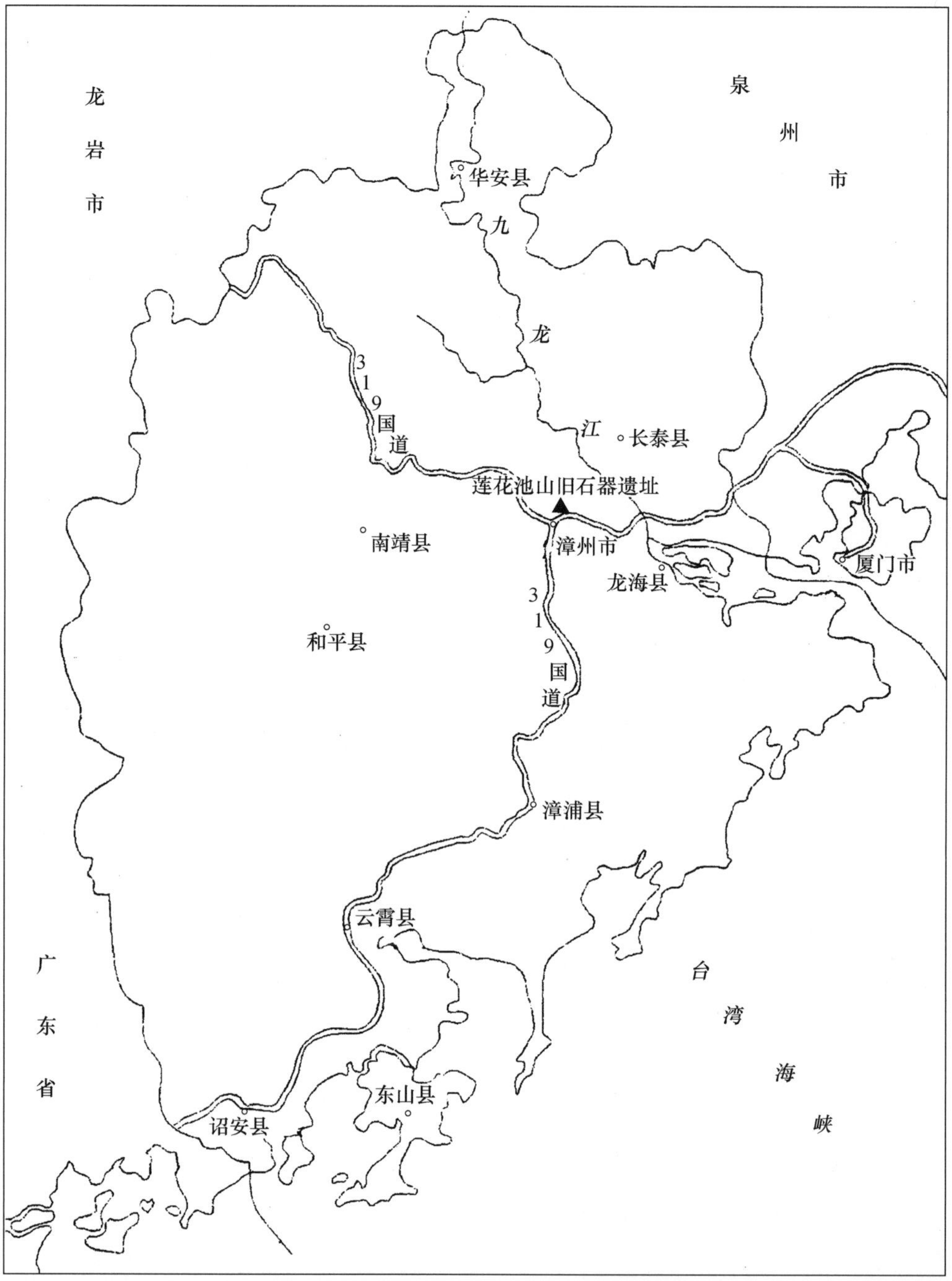

图1 漳州地区地理位置示意图

Fig. 1 Geographical position of Zhangzhou area

多件燧石打制的小石制品。同年冬，福建省博物馆陈存洗、范雪春应邀前往漳州市北郊莲花池山一带考察。范雪春从当时刚切开的山南公路（现称环城公路）剖面砾石条带中采集到少量石英、水晶打制的人工石制品，并于当天向漳州市文化局汇报，提出莲花池山至少存在两个旧石器时代文化层。之后，尤玉柱、曾五岳、蔡保全等于1990年2月对漳州市北郊台地第四纪地层进行详细考察，证明所采集的石制品出自红土堆积物中的砾石条带，并指出该砾石条带的地质年代属晚更新世中期。这是福建省境内首次发现旧石器时代遗物和遗址，真正结束了福建全省无旧石器时代遗物和遗址发现的历史。

1990年夏初，经国家文物局批准，由福建省博物馆、漳州市文化局和中国科学院古脊椎动物与古人类研究所联合组成的发掘队，在莲花池山遗址进行了为期一个半月的正式发掘。该次发掘由福建省博物馆原馆长陈存洗研究员领队，参加的人员有：福建省博物馆范雪春、陈兆善，漳州市文化局曾五岳、杨丽华，中国科学院古脊椎动物与古人类研究所尤玉柱、董兴仁、张振标等。该次发掘总共布置探沟5条，发掘面积约$100m^2$，出土的石制品共计27件（其中出自莲花池山遗址的23件，出自竹林山地点的4件）。有关该次发掘的概况和文化层石制品的性质和特点，已由尤玉柱、范雪春于1991年在尤玉柱主编的《漳州史前文化》一书中做了初步报道[1]。除此之外，曾五岳、范雪春、阮永好等还在漳州市郊、龙海、南靖、漳浦、东山和诏安等地区先后发现了介于旧石器时代和新石器时代之间的细小石器地点百余处，并探明了这种细小石器系统的分布范围：东起泉州地区，西至粤东的沿海地带。这一具有沿海地方特色的文化，在分布上具有十分明显的规律性，被认为是一种以捕获海生鱼类和贝类为主要生计的颇具地方特色的沿海文化，即“漳州文化”。

1994年11月，中国科学院古脊椎动物与古人类研究所成立“闽台史前人类及其环境的综合研究”课题组，作为课题组成员之一的旧石器时代考古学家张森水研究员前来漳州莲花池山考察，对这批石制品及新发现的14件石制品进行了再研究[2]。根据他的研究，这批石制品可分为断块、石核、石片和石器等。石器有单直刃刮削器、单边凸刃刮削器、双边凹刃刮削器、端边双刃刮削器，雕刻器，单端凸刃砍砸器、边端复刃砍砸器等。

经过上述的几次复查和详细对比、研究，中国科学院古脊椎动物与古人类研究所专家除了充分肯定所采集的石制品出自更新世红土台地堆积物中的砾石条带之外，还根据当时对该地点出露的砖红土、红土层以及砾石条带的仔细观察、测量，并与闽南其他地点更新世红土地层的比较，初步认定该剖面上的上部砖红土层以及其下的砾石条带的地质年代为晚更新世中期，下部砖红土层和红土层的年代可能属晚更新世早期或更早，红土层以下所隐伏的较厚地层为网纹红土，时代可能为更新世中期或更早。在考察期间，曾五岳先生又在莲花池山以西约1km处，发现了与莲花池山遗址层位大体相同的另一个地点——竹林山遗址，两个遗址同属一个时代。

位于漳州市北郊红土台地前沿的莲花池山旧石器时代遗址及其遗物的发现，在福建省境内尚属首次，这不仅填补了福建省旧石器时代文化研究领域的空白，同时也为探讨福建境内早期文化与台湾早期文化的关系打开一扇希望的大门。

莲花池山旧石器时代遗址，位于漳州市北郊更新世红土台地之上，南距市中心6km，地理坐标为北纬24°32′23.3″，东经117°39′38.6″（图2，彩版1）。至今，遗址文化层所出土的遗物仅限于石制品和部分遗迹，尚无发现哺乳动物化石与其伴生，遗址的埋藏学研究表明，这是一处完全属于旷野类型（Open-air site type）的原地埋藏的旧石器时代遗址。

漳州地区的地形基本上由山地（60%）和沿海平原（40%）构成，山地主要为中生代花岗岩、花岗闪长岩、二长花岗岩分布区；河流低地、漳州平原以及海滨地带则以第四纪堆积物为主。在河谷低地及平原地带，第四纪地层相当发育，尤其砖红土层、红土层和网纹红土层出露更为广泛，无疑为寻找旧石器时代文化遗物提供了十分有利的线索和条件。

2003年夏、秋之际，福建博物院范雪春、彭菲和漳州市文物管理委员会办公室阮永好等，在漳州—龙岩高速公路沿线进行考古调查时，于漳州市西郊的洋尾山一

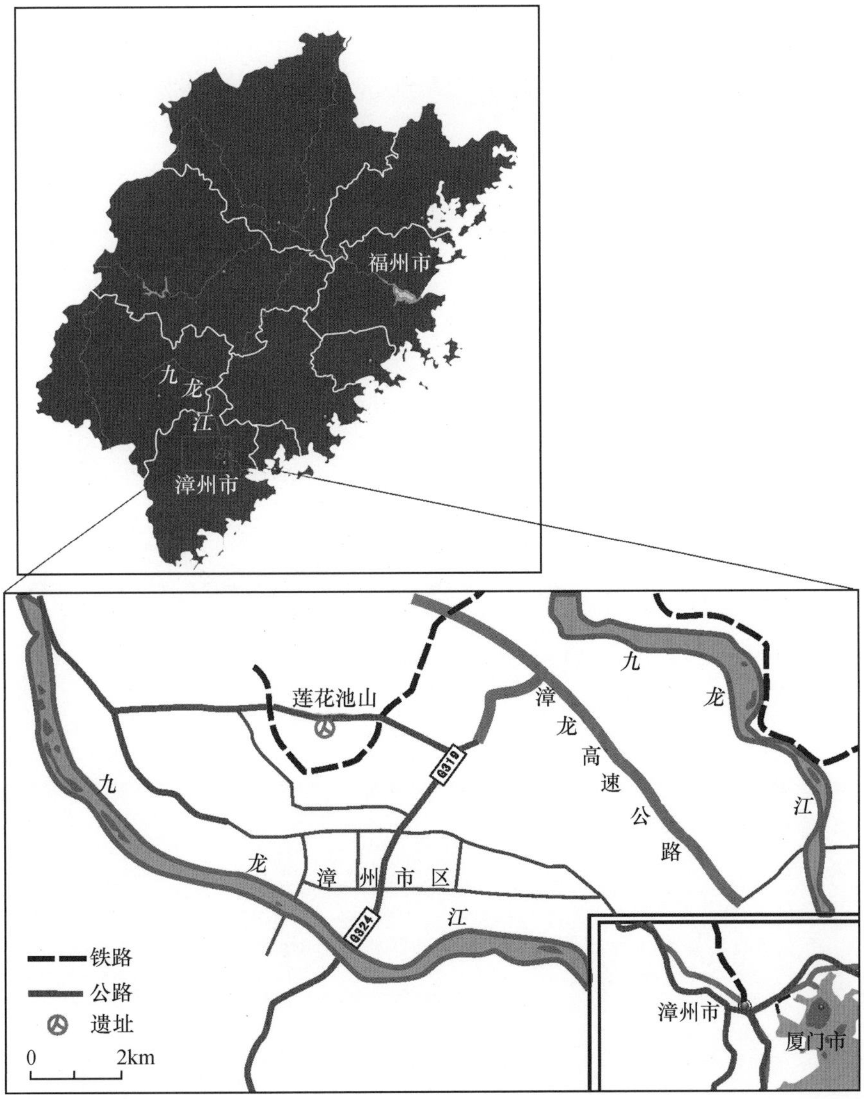

图 2　莲花池山遗址地理位置图

Fig. 2　Geographical position of Lianhuachishan Paleolithic Site

带发现了 15 处旧石器时代遗址和地点，除了在砖红土层中出土大量类似莲花池山遗址性质的石制品外，还在砖红土层之下的棕红色黏土层中找到若干石制品。该棕红色黏土仅是局部出现，区域内其他地点少见，应是被红土层所替代。该次调查不仅扩大了漳州地区旧石器的分布范围，同时也为寻找旧石器文化提供了新的层位线索。范雪春曾就此次调查的初步研究成果做了简要报道[3]。漳州地区除莲花池山、洋尾山外，还在南靖、东山等地先后发现了旧石器时代文化地点和线索。截至目前，在漳州市郊共发现旧石器时代遗址和地点 17 处（图 3），为研究漳州地区乃至闽南地区早期文化提供了十分重要的资料。

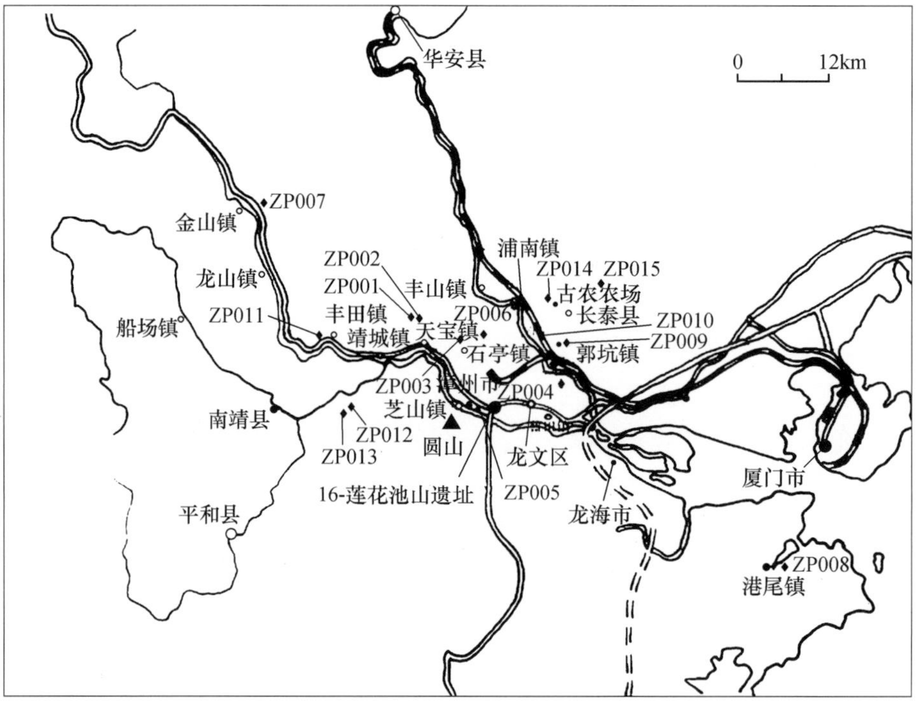

图 3　漳州市郊旧石器时代遗址和地点分布图

Fig. 3　Distribution of paleolithic sites in Zhangzhou area

◆ 旧石器时代遗址或地点的位置（Position of paleolithic site）

随着海峡西岸经济特区的腾飞，漳州市近年来经济发展的步伐明显加快，市区北郊第四纪红土台地以及山前地带的大片土地相继被开发成为工业园区，大部分台地和丘陵先后被夷为平地，原先延伸甚远的山前红土台地现已不能同日而语。早期发现的莲花池山遗址和周边的红土台地，现今所剩余的范围已是一个不及 2000m^2 的残余土丘。漳州市北环路的修建和拓宽，把莲花池山切成南、北两个分离的小区：北小区残留面积不及 600m^2，南小区剩余面积大约 1000m^2。漳州市政府决定在南区一带修建电子商贸城。面对莲花池山遗址不断遭受自然侵蚀、剥蚀和人工破坏而被逐步蚕食的现状，为了切实保护莲花池山遗址的文化层免遭破坏，福建博物院和漳州市文物管理委员会办公室当机立断，决定及早对莲花池山旧石器时代遗址的南区实施抢救性发掘。经国家文化局批准，由福建博物院、漳州市文物管理委员会办公室组成的考古发掘队，于2005年冬至2007年春对莲花池山遗址的南区进行了为期6个月的第二次正规发掘（彩版3、4、5）。此次发掘，领队范雪春、杨丽华，参加发掘的主要人员有陈子文、阮永好、彭菲、林雪铭、李水常等。发掘的规模较大，面积达600m^2。

在发掘期间，福建省文物局局长郑国珍，福建博物院副院长林公务，福建博物院考古研究所所长栗建安、研究员林聿亮等，曾多次前来工地进行指导和检查。令人欣慰的是，在第二次发掘期间，从下部红土层与网纹红土层之间的砾石条带中揭露出一个含有石制品的层位；接着又从上网纹红土和中网纹红土层以及中网纹红土和下网纹红土的接触面上，揭露出两个含石制品的层位（彩版5-2）。加上第一次发掘的上部砖红土底部砾石条带的文化层，莲花池山遗址的文化层共有4个。在旷野类型的土状堆积物中，存在有4个文化层，这在福建省境内乃至我国广大南方土状堆积物分布区里实属罕见。莲花池山的第二次发掘无疑是一次重大突破。为了及时报道这一新的成果，作者等曾把初步整理的材料，发表在《中国古脊椎动物学会第十届学术年会暨第一次中国第四纪研究会古人类与旧石器分会首次学术会议》中[4]。

第二次发掘期间，受国家文物局的委派，国家文物局专家组成员张忠培研究员、上海市博物馆馆长宋建等一行4人于2005年12月30日来到莲花池山遗址发掘工地进行实地检查。他们在充分肯定发掘工作严格按照规程作业外，还对遗址的保护、资料的整理等需要注意的问题提出许多宝贵的意见，并希望莲花池山遗址的发掘报告能尽早面世（彩版2）。

2006年3月5~6日，受福建省文物局的邀请，国家文物局专家组成员、中国科学院古脊椎动物与古人类研究所张森水研究员、中国科学院古脊椎动物与古人类研究所副所长高星研究员、河北省文物局副局长谢飞研究员、浙江省考古研究所徐新民副研究员等，专程来到莲花池山遗址进行参观、指导和论证。他们对漳州莲花池山旧石器时代遗址及其周围的地质、地貌进行了考察，并在室内对出土的全部标本进行了仔细的观察。他们认为：“从揭露出的地层和文化层判断，该遗址至少含有3个明确的文化层，其中，下文化层出自带菌丝状黄斑的网纹红土中。根据我国华南地区地层序列以及有关测试的年代比较，网纹红土中的文化层年代有可能大于40万年。”他们还指出：“莲花池山遗址网纹红土中揭露出新的文化层，在福建省旧石器考古领域中属新的突破。”他们认为：“此次发掘工作十分细致，考古工地的作业规范、有序，并且在发掘工作过程中还带有明确的课题意识，建议在做好发掘扫尾工作的同时，抓紧做好各项测试及环境分析报告，及时整理田野发掘资料。”关于遗址的保护问题，他们的意见是：“国家文物局和福建省文化厅作出的有关莲花池山遗址的保护意见非常正确，建议抓紧把该遗址公布为省级文物保护单位，在没有公布前，由省文物局发文先给予省文物保护单位待遇。”

2006年1月，北京大学城市与环境学院夏正楷教授在漳州地区做了为期一周的第四纪地质考察。他除了在闽南地区许多砖红土、红土和网纹红土的发育地点进行观察外，还在遗址的剖面上逐层、系统采样，并对遗址的地层结构、地层关系、岩性特征以及堆积物成因等问题提出新的见解。第二次发掘之后，许多单位的行家里手纷纷来到莲花池山遗址进行考察，一致认为该遗址对我国广大南方地区红土的划分与研究都具有重要指导意义。

经过许多专家的实地观察、点拨和指导，我们对遗址的诸多问题有了进一步的认识。鉴于遗址的重要性，在发掘工作已告一段落的情况下，作者拟对莲花池山遗址第一次发掘和第二次发掘的全部材料以及相关问题做一次系统总结，特别是对埋藏有文化遗物的砖红土层、红土层和网纹红土层的地质成因、地质时代和对比等问题进一步地深入探讨，并撰写此书，以便提供今后工作的参考。受作者水平所限，书中难免存在错误，敬请批评指正！

第一章　漳州地区自然地理与地质概况

漳州市位于福建南部沿海地区、福建省第二大河九龙江的下游、省内最大的海积平原——漳州平原之上，地貌上属于闽南山地—丘陵—沿海平原地带[5,6]。

漳州，始建于唐垂拱二年（公元686年），早期曾辖漳浦、怀恩两县，州治最初设于云霄县西林镇，后迁至漳浦县县城，归属岭南道。公元742年改名漳浦郡，乾元元年（公元758年）恢复漳州一名。五代南唐保大四年（公元946年）改名称南州；宋乾德四年（公元966年）再复名漳州，自元以后多有改制。1951年正式设立漳州市。现今全市下辖两区、一市、八县，即两区：芗城、龙文区；一市：龙海市；八县：长泰、华安、南靖、平和、云霄、漳浦、东山和诏安。全区总面积12873km^2，人口470余万。漳州地区自古以来通行闽南语系厦门话，是最重要的侨乡和台湾同胞主要祖籍地之一。

漳州地区地处南亚热带，气候温暖、湿润，冬无严寒，夏无酷暑，四季常青，年平均气温为21.1℃，一月份平均气温12.7℃，七月份平均气温28.7℃，年日照

2060小时，无霜期335天，可谓四季如春。漳州地区因受热带海洋气团（Tm）和太平洋气团（Tp）的共同影响，夏季时节东南季风盛行，夏、秋之间多由南太平洋加罗林群岛一带引发的台风；冬季则以西北风为主。全区境内分布的植被类型以长绿阔叶—落叶、灌丛及农田林相结合；其中，以桃金娘、岗松、野牡丹、大沙叶和马尾松占优势。土壤则以砖红壤分布最为广泛。砖红壤是一种高富铝化的红色土状堆积物[7]，厚度较大，黏性强，覆盖于山坡、丘陵边部、残丘周围以及阶地、台地之上。平原则以近代堆积的灰黄色土壤为主，肥沃而富含有机质。得天独厚的气候和地理优势造就漳州地区良好的生态环境。

漳州地区人文荟萃，山川多姿，风景秀丽，海岸曲折，林木苍翠，全区的植被覆盖率达到52.2%。漳州地区拥有国家级森林公园4处，国家级自然保护区2处，国家级地质公园1处，国家4A级旅游景区4处，国家级农业示范点3个以及全国重点文物保护单位23处。漳州自古以来就盛产热带、亚热带水果和花卉，以香蕉、龙眼、枇杷、柑橘等为大宗，素有“花果之乡”的美称。漳州海滨火山国家地质公园更是引人入胜。长达680km的海岸线绵延曲折，形成独特的沿海风光。

漳州平原由天宝、漳州和龙海三个串珠状半封闭式堆积平原所组成。平原表层以下的第四纪地层大多属海积成因，堆积时期从更新世晚期至全新世中期，形成了无间断的海积沉积相。临海平原前缘的海拔标高3～5m；近山后缘海拔标高8～10m，平原中部平坦开阔，河网如织，其间点缀着长期风化而形成的残丘和侵蚀、堆积双重作用下形成的台地。

漳州市夹于北溪和西溪之间，东、西、北三面被丘陵和低山所环绕。地貌成因类型包括构造侵蚀地貌、侵蚀—剥蚀地貌和堆积地貌三种。地貌形态相对复杂，反差较大，中、低山区山坡陡峻，通常坡度大于30°，丘陵、残丘坡度相对和缓。山地、丘陵—台地和平原3个类型各占约1/3。漳州市南临台湾海峡，沿岸多基岩海湾，个别地段被火山形成的玄武岩所占据，优良港湾颇多，其中的一部分为晚更新世和全新世时期形成的淤泥质海岸。

自中生代燕山运动和伴随燕山运动发生的强烈岩浆活动以后，基本上已形成了全省（包括漳州地区在内）地形的大概轮廓，并由此构造体系控制了新生代以来的断裂活动和断块升降运动。强流水的侵蚀作用，使漳州地区形成北面高、南面低的6个阶梯状地形：即由中山（>800m）—低山（500~800m）—高丘陵（200~500m）—低丘陵（100~200m）—平原（<20m）—滩涂（<3m）—海平面。全区最高峰三畲尖山坐落在华安县境内，海拔1413m。天宝山至五峰山一线，则是北溪和西溪的主要分水岭。

漳州地区属稳定性大陆型地壳燕山期大陆火山、侵入岩边缘的沉积带。从大地构造看，属于新华夏构造体系、晚中生代板块的俯冲带和早古生代板块俯冲带的交界处，故在新生代以前，已经呈现出一系列中、酸性侵入岩和火山喷发岩；新生代之前的基岩主要是花岗岩、花岗闪长岩、二长岩和少量流纹岩；新生代中新世以后，滨海地段（包括部分台湾海峡海域）曾有过两次较大规模的玄武岩岩浆强烈喷发[8]，地质年代从中新世起，并延续至上新世晚期为止。

从地貌分区看，漳州地区的北部大多属构造侵蚀中山区和构造侵蚀低山区，海拔高于500m，地表流水切割十分强烈，山势陡峭，沟谷窄而深邃；侵蚀地形的高丘陵区，通常坡度在20°~30°，部分山顶剥蚀强烈，花岗岩石蛋发育，遂成石蛋山；侵蚀—剥蚀低丘陵区，相对高差小于100m，坡度比较和缓，一般小于20°，低丘陵的顶部或呈浑圆状或呈平顶状，顶部基岩裸露，周边发育红土；红土台地也属于侵蚀—剥蚀地貌类型，主要出露在北溪和西溪之间，呈大面积分布，漳州市北郊红土台地原有面积可达200km^2以上。在红土台地分布范围内，浅坳谷发育，谷口都指向东南或西南，切割深度为10~20m，两侧边坡极不稳定，雨季时节容易坍塌，滑坡常见。由于近期加大开发利用，原有的红土台地已面目全非，难以再见到最初平坦而开阔的原始状态。

漳州地区分布着大片花岗岩、黑云母花岗岩、晶洞花岗岩、花岗闪长岩以及二长岩等酸性岩浆岩。早期的沉积岩包括三叠纪的文宾组、侏罗纪的梨山组和南园组等固结碎屑堆积物，但这些沉积岩仅局部出露。区内发育的两组较大断裂，分别呈北北东—南南西和北西西—南东东向延伸，并且一直控制着第四纪地层的分布以及发育类型。

根据福建省区域地质调查队[9]、福建省水文地质大队[10]以及尤玉柱、蔡保全等[11,12]的研究，认为漳州地区的第四纪沉积类型在内陆地段大体存在三大类型，即残积物、冲积物和混合型堆积物（残积、坡积、冲积或洪积），而海滨地带主要是冲积、残积、洪积、海积和风积；第四纪堆积物明显地呈现条带状分布格局。

漳州地区的内陆地带残积物，其分布和发育主要取决于基岩的物质成分和基岩的风化程度。在近海和平原地段的残丘上，通常所见的残积物层次要比近山地段的清楚。红土台地底部的残积物以风化壳面貌出现，一般出露不全或者稍薄，局部较厚。而山区的则大多掩埋较深，其上面覆盖着较厚的土状堆积物。河流冲积物是分布最广的沉积类型之一。在福建省境内，冲积物主要集中在福州、晋江、同安、龙海和漳州等盆地和平原中；而在山区，则多沿着河谷的两侧阶地以及山间盆地分布[13]。

漳州地区第四纪地层包括更新世中期的同安组、更新世晚期的龙海组和全新世早期的东山组和全新世晚期的长乐组。漳州全区至今尚未见到更新世早期的露头或沉积物。20世纪60年代，有人曾把分布在天宝山一带河谷底部的一套河流相灰白色砾石层确定为早更新世沉积物，并命名为“天宝组”。该套砾石层中的砾石成分相当复杂，主要是花岗岩和花岗闪长岩，另有其他杂岩，砾石磨圆度良好，但分选性较差，覆盖于古生代、中生代或侵入岩等基岩之上。但经过后来的研究证明，该堆积物并非属于更新世早期，而属于更新世中期的河流相底砾石层。

中更新统同安组（Q_2）分布较广，通常组成河流的第三级阶地，高出河水面20～30m；沿低山—丘陵地带的前缘，往往形成宽阔的阶面或台地（相当于河流的第三级阶地），其前缘一般海拔15m，后缘25m或更高。在平原地区，同安组多被后期沉积物掩埋于深处。

同安组河流相的岩性组成，主要为下部含砂砾石层、中部网纹化砂质黏土层、上部红土层。在台地上，同安组的岩性多为混合型堆积物，但以红土层最发育，其底部常见风化型网纹红土。上、下红土层中间，红土层和网纹红土层之间常夹有砾石条带或砂砾石条带。红土台地的顶部，大多分布有晚更新世砖红土层，它的上覆地层则是质地相对较纯的、具多孔隙的黄红色砂质黏土，可能属于风成沉积物。

闽南地区的红土类型地层，多呈现红色、棕红色的色调（或称砖红土、红色土或红色黏土），砖红土和红土层的底部和顶部，偶见砂粒和小砾石，但中间部位质地很纯，黏性很大，根据近期的研究表明，砖红土年代属于晚更新世；红土的年代可能属中更新世中至晚期。压覆于红土层之上的砖红土层，多数存在上、下两个部分，时代分别为晚更新世早期和晚更新世中期。砖红土层上覆的黄红色砂质黏土的时代有可能属于晚更新世晚期（即末次冰期最盛期）形成的沉积物；红土层下伏的网纹红土层年代可能为中更新世中期或更早。

漳州地区网纹红土层、红土层和砖红土层分布十分广泛，几乎遍及除基岩山地和平原最表面以外的所有地段，地层出露较好的地点有漳州市北郊红土台地、漳州市西郊洋尾山一带、南靖东南部、漳浦南部沿海红土台地、东山北部低山、丘陵的周围等。这些地点网纹红土层、红土层和砖红土层也都相当发育。砖红土层通常在剖面上的厚度为 8 ~ 25m，低山边坡地带最厚可达 30 余米。

同安组岩层厚度为 10 ~ 30m。据有关资料，同安组上部地层中所测定的孢子花粉反映出近似于中—北亚热带气候环境下的孢粉组合：包括栎、苋、抄椤、里白、蹄盖蕨、蚌壳蕨、瓶儿草等属以及松、柏和水龙骨等科，表明当时正处在亚间冰期时段。闽南地区中更新世同安组从岩性、孢粉组合，与闽中地区大致同期的孢粉组合有较大差别，后者孢粉贫乏，反映偏凉的气候环境。同安组上部地层古地磁测年为 130kaBP；热释光年龄 170ka ± 1. 8ka ~ 267ka ± 2. 7kaBP。

根据范雪春的记述，在漳州西郊洋尾山一带属于平原中间部位的低丘陵和残丘的边坡地带发育有较好的红土层和砖红土层，剖面十分清晰。比如，漳龙高速路所切过

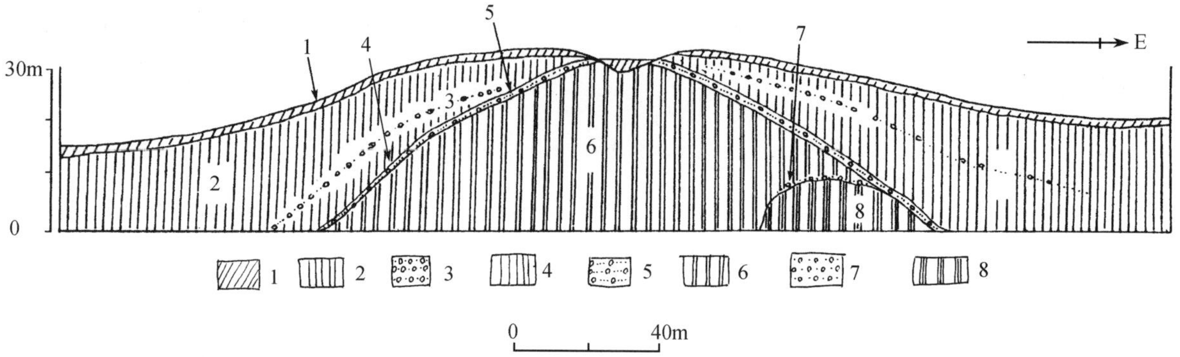

图 4 漳州市西郊洋尾山地层剖面

Fig. 4 Geological section of Yangweishan in western Zhangzhou City

1. 表土（Surface soil） 2. 上砖红土（Upper red clay） 3. 砾石层（Gravel bed） 4. 下砖红土（Lower red clay） 5. 砂砾石层（Sandy gravel） 6. 棕红色红土（Brownish red clay） 7. 砂砾石层（Sandy gravel） 8. 网纹红土（Reticulated red clay）

的洋尾山残丘的两侧边坡，构成一个数百米长的大型剖面（图4），其地层从上到下为：

全新统（Q_4）

① 表土，蓝灰色，Munsell 土色表代码为 Glay 6/1Bluishglay，富含腐殖质，局部地段见有早期墓葬，含大量陶片和螺壳，厚 20 ~ 160cm。

~ ~ ~ ~ ~不整合~ ~ ~ ~ ~

上更新统（Q_3）

② 上砖红土层，色泽鲜红，Munsell 土色表代码为 10R 4/8Rad，从上往下黏度加大，顶部偶含粗砂，厚度从高向低逐渐加大，厚度变化大，60 ~ 520cm。

③ 砾石层，灰白色，砾石以石英为主，少量花岗岩，磨圆度良好，分选性较差，粒径大小不等，出土少量石制品。厚 0 ~ 20cm。

~ ~ ~ ~ ~剥蚀面~ ~ ~ ~ ~

④ 下砖红土层，土色表代码同第 2 层。岩性较纯，黏性大，出土石制品。厚度高处较薄或被侵蚀掉，低处加厚，0 ~ 250cm。

⑤ 砂砾石层，砾石成分复杂，以脉石英最多，磨圆度中等，层厚较稳定。厚10～30cm。

～～～～～剥蚀面～～～～～

中更新统上、中部（$Q_2^{2\text{-}3}$）

⑥ 棕红色红土，Munsell 土色表代码为 10R 5/8 Red，上部含少量砂粒，下部物质成分单纯，从上到下黏性加大，最大厚度 600cm。

⑦砂砾石层，灰红色，厚度不稳定，砾石磨圆度较好，粒径相对较小。厚10～30cm。

～～～～～剥蚀面～～～～～

中更新统下部（Q_2^1）

⑧ 网纹红土，红黄色，Munsell 土色表代码为 7.5 YR 6/8 Redish，层中具密集黄、白色条纹，黏性较大，局部含砂砾石透镜体，砾石表面附有铁锰质薄膜。此剖面上未见网纹红土的底部。

～～～～～不整合～～～～～

风化壳（PQ）

基岩：侏罗纪花岗闪长岩。

洋尾山砖红土层、红土层和网纹红土层剖面，下伏的基岩是花岗闪长岩及其表面的风化残积物，这种由花岗闪长岩长期风化所形成的残积土状堆积物也呈菌丝状结构，显然是长期淋滴作用的产物。

根据陈立群等的记述[14]，出露于东山岛杏陈乡后林村红土台地的第四纪地层剖面（图 5），存在有较厚的砖红土层和网纹红土层，两层中间缺失红土层，其剖面如下（从上到下）：

全新统（Q_4）

① 表土，灰黑色，腐殖质丰富，偶含陶片，夹大量角砾石，厚80cm。

② 角砾石层，含大量粗砂，无层次，为山坡堆积物，厚30cm。

～～～～～不整合～～～～～

上更新统（Q_3）

③ 上砖红土层，顶部偶含细砂，局部具黄斑，厚95～210cm。

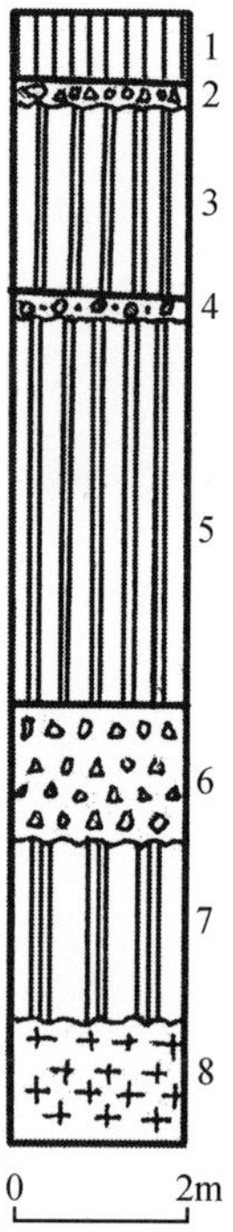

图5　东山后林村红土台地地层柱状剖面

Fig. 5　Geological histogram of red clay mesa in Houlin，Dongshan County

1. 表土（Surface soil）　2. 角砾石层（Gravel bed）　3. 上砖红土层（Upper brick red clay）　4. 角砾石层（Gravel bed）　5. 下砖红土层（Lower brick red clay）6. 角砾石层（Gravel bed）　7. 网纹红土层（Reticulated red clay）　8. 片麻状花岗岩（Granite）

④ 角砾石层，磨圆度差，角砾石成分以花岗岩和二长岩为主，石英岩和变质岩次之，厚21cm。

～～～～～剥蚀面～～～～～

⑤ 下砖红土层，质地较纯，黏性大，是当地制砖的主要原料。厚220～450cm。

⑥ 角砾石层，未经磨圆，坡积物，成分杂，厚105cm。

～～～～～剥蚀面～～～～～

中更新统（Q_2）

⑦ 网纹红土，黄绿色块斑以及枝条状密集，厚210cm。

～～～～～不整合～～～～～

前第四系（PQ）

⑧ 基岩：侏罗纪片麻状花岗岩。

上更新统龙海组是分布最广的第四纪沉积物，以河流成因的冲积相和洪积相为主，并组成河流两侧的第二级阶地。在低山区与盆地、山区与平原交界地带的红土台地上，基本上构成台地的中、上部，其上发育较好的砖红土层，但厚度变化较大，且少见或不见下伏的网纹红土层。砖红土层多数情况下直接覆于基岩或基岩风化壳之上，地貌上表现为较宽阔的阶面；而在平原地区则伏于全新统地层之下。龙海组的物质成分，属河流相的，多以砾石、颗粒大小不等的砂和砂质黏土占主要；孢粉以蕨类占优势，河口地带则含有丰富的硅藻类。在福建沿海地带，东北起自闽江口，经莆田、泉州、龙海、漳浦、东山东枕、澳角直至粤东，都分布有风积成因的“老红砂”。

“老红砂”是福建境内和粤东沿海地区一种比较特殊的晚更新世风成堆积物，岩性特征是：具暗棕红色或棕黄色，半固结，块状体，成分以细砂、中砂为主，也含少量中—粗粒砂，泥质含量低（不超过 15%），砂粒成分以石英颗粒为主，占80% 以上，显微镜观察可见长石、黑云母以及角闪石、辉石、锆石、赤铁矿等黑色矿物颗粒，并有风蚀现象，偶见花岗岩碎块；其中的黏土矿物有高岭石等。“老红砂”具有明显的楔状层理，说明是风积成因产物，它的厚度为 5 ~ 20m，个别地段厚度大于 25m。在海滨地带，“老红砂”有时组成较宽阔的平台（相当于第二级阶地），目前已经掌握的年代数据较多，测试的年龄范围多数为 15ka ~ 30ka。晋江一带的“老红砂”底部年代为 15. 2kaBP。在福建省境内，“老红砂”从东北到西南年代有逐渐由老变新的大致趋势[15]。据有关记载，“老红砂”常常构成长条形的沙堤，略与海岸平行，宽 10 ~ 2000m；前沿海拔标高 20 ~ 30m，后缘海拔标高 30 ~ 40m。远观的“老红砂”常与砖红土层或红土层相混淆，但实际上两者之间的区别很大：前者的主要成分是石英砂颗粒，不具备黏性，较松散，透水性强；而后者是颗粒极其细小的土状沉积物，黏性大，不具透水性。“老红砂”在漳州地区的剖面因开发多被破坏或不全，而以晋江、石狮一带剖面最好。现以晋江市深沪湾坑边颜厝村南侧陡坎的剖面为例（图 6），该剖面出露厚度大于 8m，自上而下为：

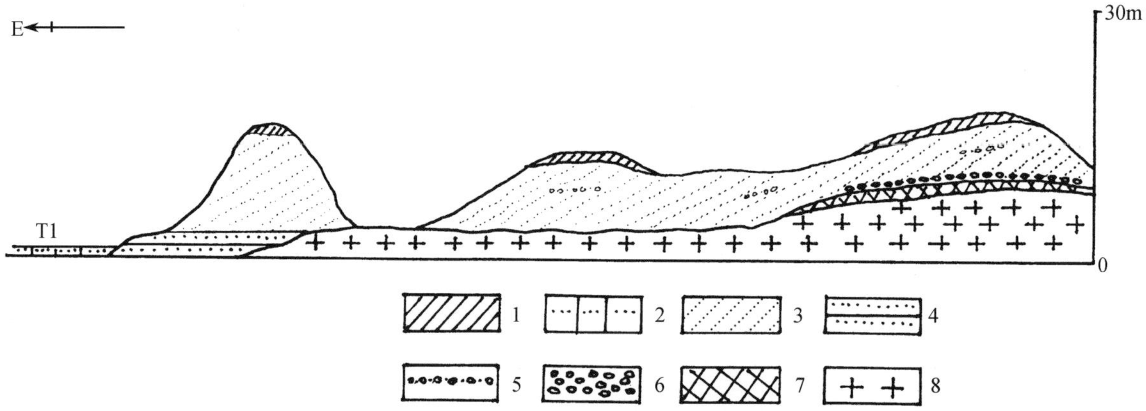

图6 晋江深沪湾海滨老红砂剖面

Fig. 6 Geological section of "Aged red sand" at seashore in Shenhuwan, Jinjiang City

1. 表土（Surface soil） 2. 砂层（Sand bed） 3. 老红砂（Upper red sands） 4. 细砂层（Granule sands） 5. 砂砾石条带（Sandy gravel） 6. 砾石条带（Gravel） 7. 风化壳（Weathering crust） 8. 片麻岩（Gneiss）

全新统（Q_4）

① 风积砂层，灰白色，细—中粒，以石英为主，交错层发育，松散，厚300～500cm。

～～～～不整合～～～～

更新统（Q_3）

② 上老红砂层，棕红色，细颗粒，半固结，孔隙发育，厚200～400cm。

③ 砾石条带，灰白色，砾石成分有脉石英、水晶和石英岩等，磨圆度中等至差，砾径1～300mm，厚20～30cm。

～～～～剥蚀面～～～～

④ 下老红砂层，黄红色，中—细粒石英砂，半固结，厚150～300cm。

⑤ 砾石条带，灰白色，砾石成分有脉石英、水晶晶体、石英岩和燧石等，磨圆度较好，砾石砾径较小，含石制品，厚0～20cm。

～～～～剥蚀面～～～～

⑥ 灰白色砂层，颗粒较细，微细层理发育，属海积成因，厚300～400cm。

～～～～不整合～～～～

前第四系（PQ）

⑦ 风化壳，黄红色，偶含花岗岩块体。

⑧ 片麻岩。

更新世晚期的海相沉积层在漳州东南沿海、半岛和滨海地区都有其分布，大多埋藏于“老红砂”或早全新统东山组之下，个别地段发育有海积第二级阶地，且剖面清晰，如东山岛金銮湾，低山—丘陵前沿至海滨间发育有两个海积阶地。第二级阶地由底部砾石层、中部棕红色黏土和上部砂层组成，层中含有大量贝壳等无脊椎动物化石，通常厚3～5m（图7）。

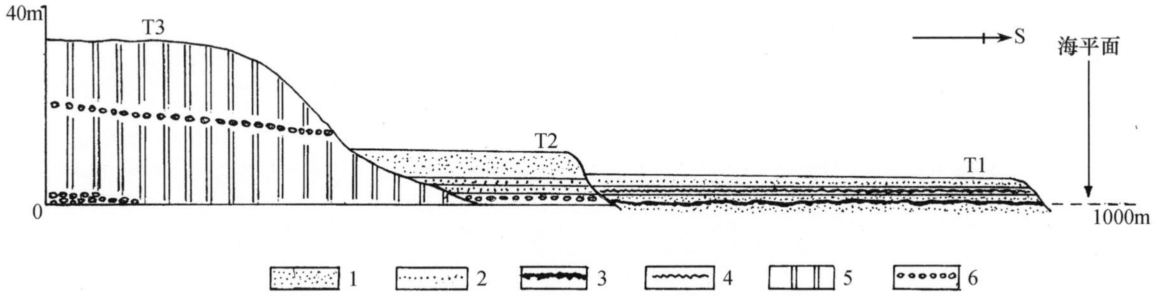

图7　东山金銮湾海积阶地剖面

Fig. 7　Maritime terraces in Jinluanwan, Dongshan County

1. 细砂（Bank sand）　2. 铁锰质粗砂（Ferromanganse quality coase sand）　3. 粗砂（Coase sand）　4. 炭质黏土（Humorous）　5. 砾石层（Gravel bed）　6. 红土（Brick red clay）

有关资料表明，龙海一带河流第二级阶地下部砾石层年代测定数据为97ka～59kaBP；步文镇好坑村山前的第二级阶地底部砾石层年龄测定为40739a±2935aBP；董坑钻孔中第二级阶地上部黑色黏土层^{14}C测年为27.8ka～16kaBP，古地磁测年47kaBP。根据孢粉分析，晚更新世时期漳州地区曾经历了温干—温湿—温干的轮回变化过程。

现将东山岛金銮湾海滨可见的两级海积阶地和山前小红土台地的地层层序叙述

如下，从上到下为：

上全新统（地貌上表现为第一级阶地，Q_4^2）

① 风积细砂，白色，较纯，大交错层理发育，厚8cm。

~ ~ ~ ~ ~剥蚀面~ ~ ~ ~ ~

下全新统（Q_4^1）

② 海积粗砂，棕红色，薄层理，210cm。

③ 铁锰质粗砂，棕褐色，局部胶结成薄板状，厚25cm。

④ 砂质黏土，灰白色，具微层理，厚40cm。

⑤ 炭质黏土，灰黑色，富含有机质，8～30cm。

⑥ 中—粗砂，交错层理发育，未见底。

~ ~ ~ ~ ~不整合~ ~ ~ ~ ~

上更新统（地貌上表现为第二级阶地，Q_3）

⑦ 细砂层，灰白色，薄层理，松散，表层风蚀地貌显著，厚48cm。

⑧ 黏土质粗砂，棕红色，厚16cm。

⑨ 砾石层，磨圆度和分选性良好，砾石成分有二长岩、花岗岩、斜长岩和变质岩等，粒径为5～20mm，未见底。

~ ~ ~ ~ ~不整合~ ~ ~ ~ ~

中更新统（Q_2）

⑩ 砖红土，上部偶夹小砾石，下部黏性大，厚800cm。

⑪ 砾石层，粒径较小，略有磨圆，厚度大于3m。

~ ~ ~ ~ ~不整合~ ~ ~ ~ ~

前第四纪基岩（PQ）：侏罗纪花岗岩。

漳州地区全新统包括三个组成部分：河流相、海积相和风积相。河流相以灰黑色和灰黄色砂质黏土为主。海积沉积相多中、细砂、黑色泥炭或炭质黏土和砂质黏土，钻孔资料表明最厚可达30m以上，地层中含大量硅藻和有孔虫。东山组下部^{14}C年龄测定在9ka～7kaBP。全新世风积相堆积物由石英砂细颗粒组成，交错层理发育，松散，最厚5～7m，组成第一级阶地的主要部分。全新世地层中的孢粉极为丰富，并以木本植物占优势[16]，显示出温暖、湿润的南亚热带气候和良好的生态环境。海积物形成的第一阶地最下部所含的泥炭层，^{14}C年代测定为10.2kaBP；中部测年数据为距今4910a。据漳州平原钻孔资料，以及对全新统中、下部沉积物的分析证明，在全新世时期，漳州平原的海进大致从距今7500a开始，海进最盛期在距今6000a。

第二章　莲花池山遗址第一次试掘（1990 年）

第一节　地　　层

福建省境内最早发现的旧石器时代遗址出自莲花池山红土台地之上。漳州北郊原有的红土台地大致呈东西向延伸，长度超过 15km，宽 2～4km。莲花池山遗址则位于台地中部的前沿，海拔 24m，台地后缘在北部山区边缘，海拔最高可达 40 余米，台地的基座由燕山期花岗岩和花岗闪长岩构成。由于漳州地区所处南亚热带气候带，温湿、多雨的自然条件造成山前地带的花岗岩和花岗闪长岩不断遭受强烈风化，在长期侵蚀、剥蚀下，发育了较厚的基岩风化壳和其上的土状堆积物，这种土状堆积物主要为细小颗粒黏土物质构成，经过红壤化和淋滴作用最终形成砖红土层、红土层和网纹红土层[17,18]。

由福建省博物馆馆长陈存洗带领的发掘队于 1990 年在莲花池山遗址进行首次发掘。当时正逢漳州市北环路刚刚开挖之际，该道路将莲花池山一分为二，构成南、北两个部分，即南区和北区（图 8）。

北区的南侧，在公路开挖的边部形成一个很大的剖面，长达 350m，高 12m，呈东—西方向。在刚刚暴露的剖面上，地层层序和它们之间的关系十分清晰。尤玉柱、

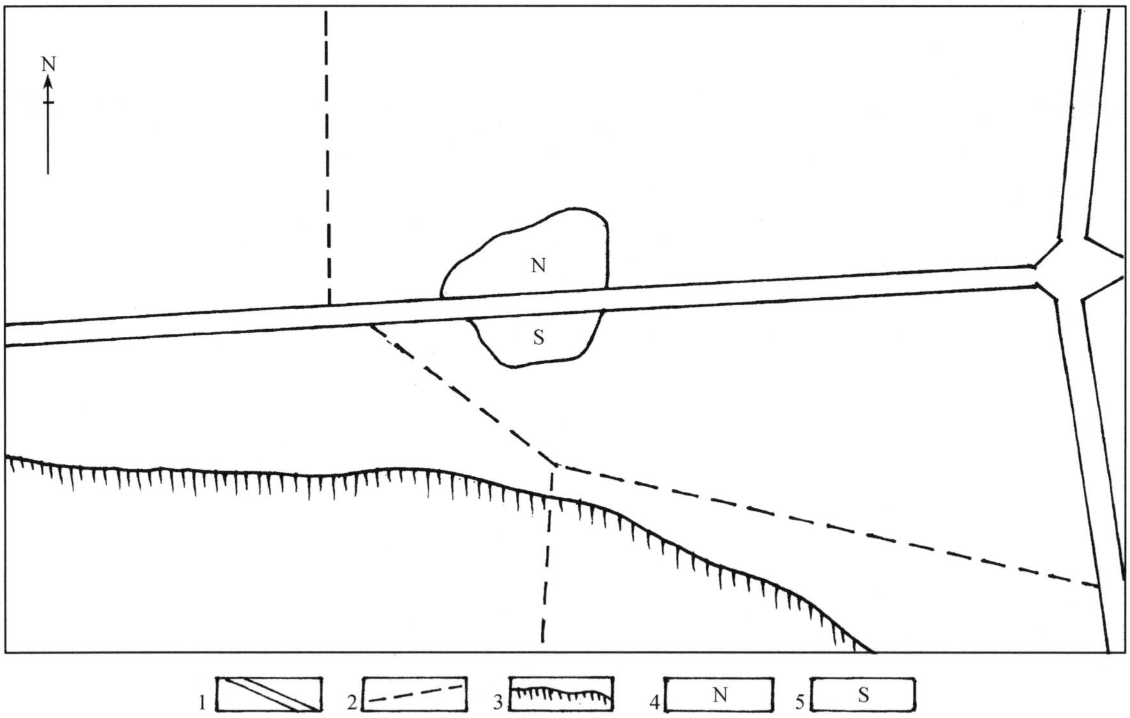

图8　莲花池山遗址分区

Fig. 8　Division area of Lianhuachishan Paleolithic Site

1. 红土台地（Red clay mesa）　2. 山区（Mountainous area）　3. 平原（Plain）　4. 遗址北区（North part of Paleolithic Site）　5. 遗址南区（South part of Paleolithic Site）

范雪春在《漳州旧石器时代文化遗物》一文中将该遗址剖面上的地层划分成6个小层（图9），总厚度超过10m。层序和岩性从上到下依次为：

全新统（Q_4）

① 灰黑色土壤，富含有机质，植被覆盖厚，层中经常见有石英砂粒和小砾石。石英砂粗粒，小砾石成分较杂，包括脉石英，花岗岩，花岗闪长岩，硬砂岩等，厚20～50cm。

～～～剥蚀面～～～

上更新统上部（Q_3^3）

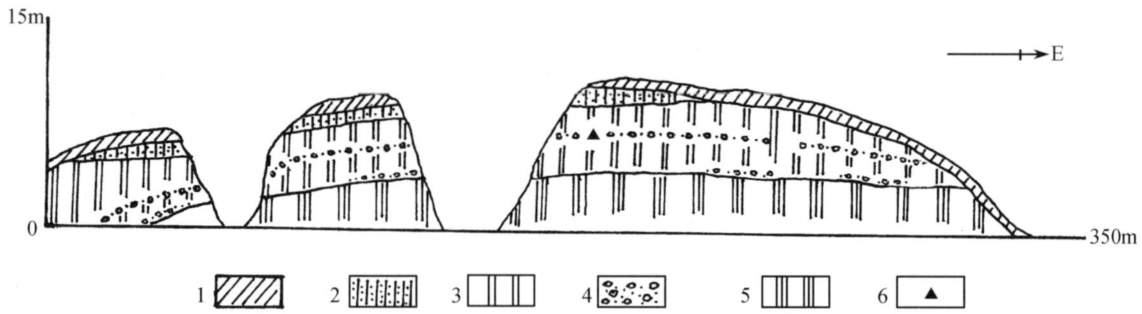

图 9　莲花池山遗址北区地层剖面

Fig. 9　Geological section in north part of Lianhuachishan Paleolithic Site

1. 灰黑色土壤（Glayish brack soil）　2. 黄红色砂质土（Yellowish red sandy clay）　3. 砖红土（Brick red clay）　4. 砾石条带（Gravel）　5. 网纹红土（Reticulated red clay）　6. 石制品（Stone artifacts）

② 黄红色砂质土，局部过渡到砂质黏土，具有比较均匀的微细孔隙，含细小石制品和牛、鹿等化石。厚 0～150cm。

～～～～～剥蚀面～～～～～

上更新统中部（Q_3^2）

③ 上砖红土层，颜色鲜红，物质成分较单一，为花岗闪长岩风化后再经搬运堆积的黏土，靠上部常见砂粒和小砾石，下部黏性大。砂粒成分均为石英，小砾石多花岗岩和花岗闪长岩，易碎，厚 150～600cm。

④ 砾石条带，砾石的粒径大小不一，大者可达 20cm，小者不及 1cm，磨圆度中等，主要成分有石英岩，脉石英，水晶，硬砂岩和花岗闪长岩等，出土石制品。厚 5～20cm。

～～～～～剥蚀面～～～～～

上更新统下部（Q_3^1）

⑤ 下砖红土层，颜色比上砖红色红土稍淡，属风化后的残积物和搬运堆积的混合物，黏性很大，少见或不见砂粒和小砾石。底部具薄砾石层与下伏网纹红土相接触，厚度较稳定，厚 290～350cm。

～～～～～不整合～～～～～

中更新统（Q_2）

⑥ 网纹红土，色紫红，成分黏土，菌丝状条纹发育。可见最大厚度 450cm。

~ ~ ~ ~ ~ 不整合 ~ ~ ~ ~ ~

风化壳（PQ）

下伏基岩：侏罗纪花岗岩

上述剖面中的第 5 层红黄色砂质土，仅分布于台地的前缘位置，靠近山前地带均未见其出露，因接近地表，该层被侵蚀和剥蚀显得相当严重，部分地段仅见残余。1990 年曾五岳从该层中采集过几件破碎的哺乳动物化石（牛类和鹿类化石），但难以确定其属种。他在甘棠东山一带的台地地表上也曾采集到 1 件已经石化了的人类胫骨化石，根据石化程度和附着黄红色砂质土判断，可能出自这一层位。

遗址附近出露的中生代燕山期花岗闪长岩作为红土台地的基座，在遗址的北部和南侧均可见及，其表面具有明显的但通常并不很厚的风化壳，风化壳中偶见尚未完全风化的岩块。

第二节　第一文化层石制品

第一文化层出土石制品 27 件。根据对地层叠压关系、石制品分布和石制品性质等的观察，出自上、下砖红土层间砾石条带中的石制品，并非原地埋藏，而是由北侧更早的文化层经破坏、再搬运堆积而成的，不具备自身的文化性质，故作者将第一文化层或称为“石制品组合 A”。该组合的石制品包括莲花池山遗址的 23 件和竹林山遗址的 4 件，在 27 件石制品中，以脉石英为原料的 13 件，以水晶质为原料的 13 件（其中利用水晶晶体的 10 件），另有 1 件为硬砂岩。石制品可分为非工具类和工具类两种。非工具类包括石核和石片，工具类仅有砍砸器和刮削器两种。统计、测量和分类如表 1。

表1 第一文化层石制品的分类、测量与统计表

Table 1 Classification, measurement and statistics of artifacts from the First cultural level

（单位：mm）

测量 类型 项目		石核	石片	砍砸器	刮削器		统计
					单刃	双刃	
脉石英			10	1	2		13
硬砂岩			1				1
水晶体和水晶质		5	5		2	1	13
最长		181		106. 5	49. 4		
最短		41			25. 4		
毛坯	砾石			1	1		1
	石片				3	1	4
加工方式	向背面				4	1	5
	向腹面			1			
	交互						
统计		5	16	1	5		6 / 27

注：统计栏中分子为石器数量，分母为石制品数量。

一、第一文化层石制品

1. 非工具类

石核 5件，其中出自莲花池山遗址的3件，出自竹林山遗址的2件。全部采用较大的水晶晶体或块状脉石英作为原材料，方法有锤击法和砸击法两种。最大的锤击石核标本编号为 FZP001-001*，长 181mm，宽 178.2mm，属较大的六柱型水晶晶体，宽与厚大致相当。该核体的两头遗留有大量大小不等的凹坑和打击点，表明是在剥离石片时采用锤击方法时遗留下来的。该核体上留有 6 个较小的石片疤，其余都是水晶晶体的原晶面，最大的石片疤长 10mm，宽 6mm。全部石片疤打击点和同心纹都十分清楚，多数具放射线（图 10-1）。有的标本是先用砸击方法将水晶晶体砸开，再进行锤击产生石片。

标本 FZP001-002，砸击石核，原料水晶晶体。该石核是从一个大的水晶晶体经过砸开后，选取较大的晶块作为石核的，从砸开的破裂面看，核体上至少有 8 个石片疤，一侧是从破裂面向背面砸片，另一侧则从背面向破裂面连续砸片，故核体上的一侧形成长的刃缘。砸击点、同心纹和放射线均十分清楚。长 175mm，宽 100mm（图 10-2）。另外 3 件石核标本，编号分别为 FZP001-010、FZP002-001 和 FZP002-002，这 3 件石核的尺寸相对较小，但通身都有砸击石片遗留下来的片疤，也可称为剩余石核。

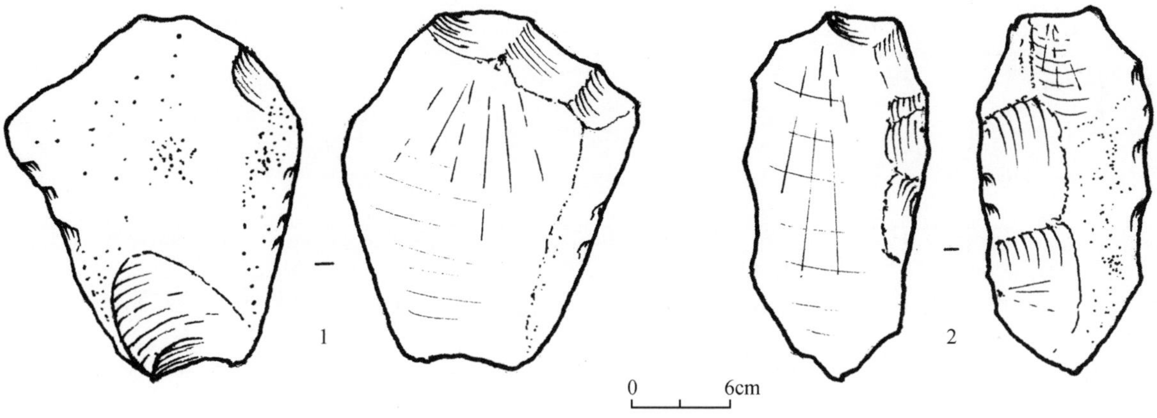

图 10　第一文化层的石核

Fig. 10　Cores from the First cultural level

1. 锤击石核（FZP001-001）　2. 砸击石核（FZP001-002）

---

* 注：F 代表福建省，Z 代表漳州地区，P 代表旧石器时代遗物；001 代表第一个地点，即莲花池山遗址；002 为竹林山遗址。其后的 001 则为标本编号。

石片　16 件，14 件出自莲花池山遗址，2 件出自竹林山遗址。从石片上遗留下来的台面看，可分为自然台面（9 件）和人工台面（7 件）两种。自然台面基本上是利用水晶晶面或脉石英比较平的面作台面砸片或打片。标本 FZP001-013，锤击石片，短宽形，原料脉石英砾石，破裂面较平整，打击点清楚，放射线、同心纹可见。石片的背面保留有原先打去的一个石片疤，其余都是原脉石英砾石磨蚀面。该件石片的两侧边缘相对较薄，也许可以直接使用，标本长 42mm，宽 57. 2mm，厚 16mm。标本 FZP002-003，锤击石片，原料硬砂岩，破裂面不整齐，打击点清楚，标本长 34. 5mm，宽 41mm，厚 24mm。

标本 FZP001-17 是最大的砸击石片，原料水晶质，台面有轻敲细琢的痕迹。整个石片外形如桂叶，规整，破裂面具清楚的放射线和锥疤，右侧刃部有细小崩裂的痕迹，可能是使用的结果，标本长 106mm，宽 52mm，厚 28mm（图 11-1）。出自竹林山遗址的两件石片形体较小，厚度较大，属厚石片。标本 FZP002-001，长 47. 5mm，宽 34. 6mm。标本 FZP002-003，石料为硬砂岩，人工台面，短宽石片。

2. 工具类

（1）刮削器

5 件，分单直刃刮削器、直凸刃刮削器和多边刃刮削器三种。器形较小，最大的长 49. 5mm，宽 35. 2mm，厚 14mm；最小的长 25. 4mm，宽 20mm，厚 7mm。

单直刃刮削器　3 件。标本 FZP001-015，长、宽、厚分别为 31. 8、22、15. 2mm。用水晶晶体经砸击后产生的小型石片再加工而成的，修理仅在一个侧边，由破裂面向背面进行，刃缘有连续的、小的修理痕迹。器身大部分都经打击，只在背面中部遗有原水晶晶面。刃口加工陡直，刃缘部钝，刃口长 22mm。标本 FZP001-007，由砸击法产生的脉石英薄片加工而成，刃缘在靠前端，从破裂面向背面敲击，刃缘微凸。标本 FZP001-003，同样从破裂面向背面加工，刃缘在侧边。

直凸刃刮削器　1 件。标本 FZP001-014，为一件薄刃缘刮削器，器形较小，长、

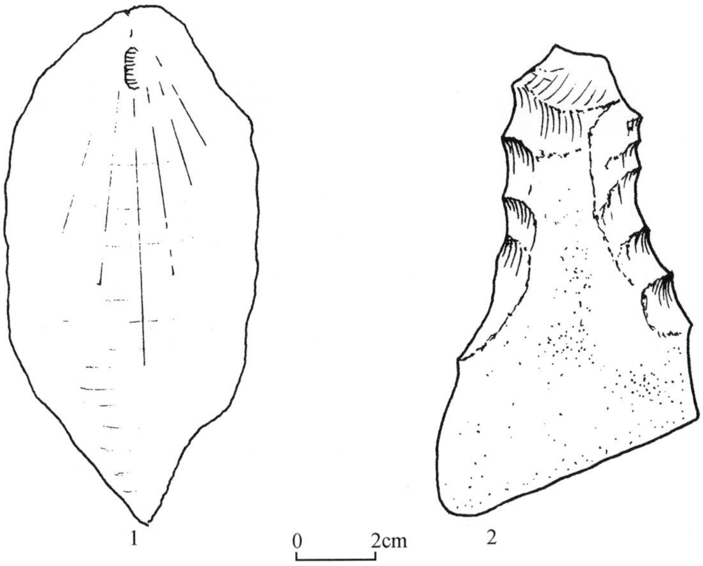

图 11　第一文化层的石片和砍砸器

Fig. 11　Flake and chopper from the First cultural level

1. 砸击石片（FZP001-017）　2. 单凹刃砍砸器（FZP001-018）

宽、厚分别为 39.6、32、9.5mm，加工在两侧边缘，一侧边缘凸出，一侧边缘直，都从破裂面向背面加工。

多边刃刮削器　1 件。标本 FZP001-011，由水晶晶体经砸击后产生的厚石片加工而成，标本长、宽、厚分别为 45.7、27.5、20.8mm。器身除背面中央部位遗有水晶晶体晶面外，都经打击修理，外形呈梯形，底边和两边都有仔细敲击的痕迹。

（2）单凹刃砍砸器

1 件。标本 FZP001-018，是以扁平脉石英砾石砸击后较小的一半为毛坯进行再加工的砍砸器，长 120.5mm，宽 71mm。毛坯上的背面为节理面，经修理后仅保留部分原节理面。破裂面观，加工主要在右侧，先沿着边缘打出两个大片，使之出现凹口，再在凹口上细敲，形成一个 90mm 长的刃口，左侧缘虽有打击痕迹，但并未形成较规则的薄的刃口（图 11-2）。

二、第一文化层的性质与来源

莲花池山遗址第一次发掘出土的石制品数量较少，除1件原料为硬砂岩外，其余全都是脉石英岩块和水晶晶体。脉石英和水晶晶体的硬度都较大（7～8级），直接采用锤击方法可能比较困难。根据石片遗留下来的痕迹和石核两端保留的痕迹判断，基本上是采用砸击法生产石片，个别采用锤击法。采用砸击法产生出来的石片形状多不规整，边部较薄；而用锤击法产生的石片则相对较厚。用脉石英作原料产生石片时，都在脉石英岩块或砾石较平的面（有时是节理面）打片，少见人工台面。利用水晶晶体生产石片时，是将晶体垂直摆放（晶座朝上，晶尖朝下）然后再进行砸击，这种方法会在水晶晶体石核上和石片上遗留有大量砸坑和砸击痕。石制品中的砍砸器器形较大，而刮削器器形都较小。总体看，石制品数量少，器物类型单调，加工简单。

根据地层中石制品的零星和线状分布特点、所在层位以及与相关地点地层对比，莲花池山遗址剖面上的上、下砖红土间砾石条带出土的石制品，具有搬运作用的迹象，故不能作为一个具有自身性质的文化层对待，为区别真正文化层，作者将其称为“石制品组合A”。显然，该组合的石制品并非原地埋藏类型，而是因山坡的片流作用，破坏了早期地层中的石制品后，经过较短距离搬运再集聚起来的。

第三章　莲花池山遗址第二次发掘（2005～2007年）

第一节　发掘经过及发掘方法

漳州市介于九龙江的北溪和西溪之间，三面中、低山环绕（图12），北郊山前红土台地开阔，但遭受自然侵蚀严重。从1990年第一次发掘到2005年的15年间，原有面积达数万平方米的莲花池山遗址几乎遭到毁灭性破坏，现在仅存的是两块孤立土墩，分布在北环城路（319国道）的南、北两侧，总面积已不足2000m^2。北环城路北侧土墩面积约600m^2，残高由原来的10m只剩下6m，四周断面目前依然可以观察到清楚的地层堆积和尚未取出的文化遗物，拟作为遗址永久性保护区；北环城路南侧的土墩面积约1000m^2，现处在一个市区基建项目的范围内，随时将被夷为平地。因此决定进行抢救性发掘。

第二次发掘分为三个阶段进行：第一阶段自2005年11月5日至2006年1月14日，共布5m×5m的探方22个（图13）。由于遗址所在的地层较厚，因此第一阶段着重于清理遗址上面覆盖的晚期地层，发掘面积共计550m^2，发现明代三合土质合葬墓及唐代土坑墓各1座。另局部解剖了更新世地层，以便了解其下文化层的堆积情况。第二阶段自2006年2月23日～3月16日，在第一阶段所布探方范围以内继

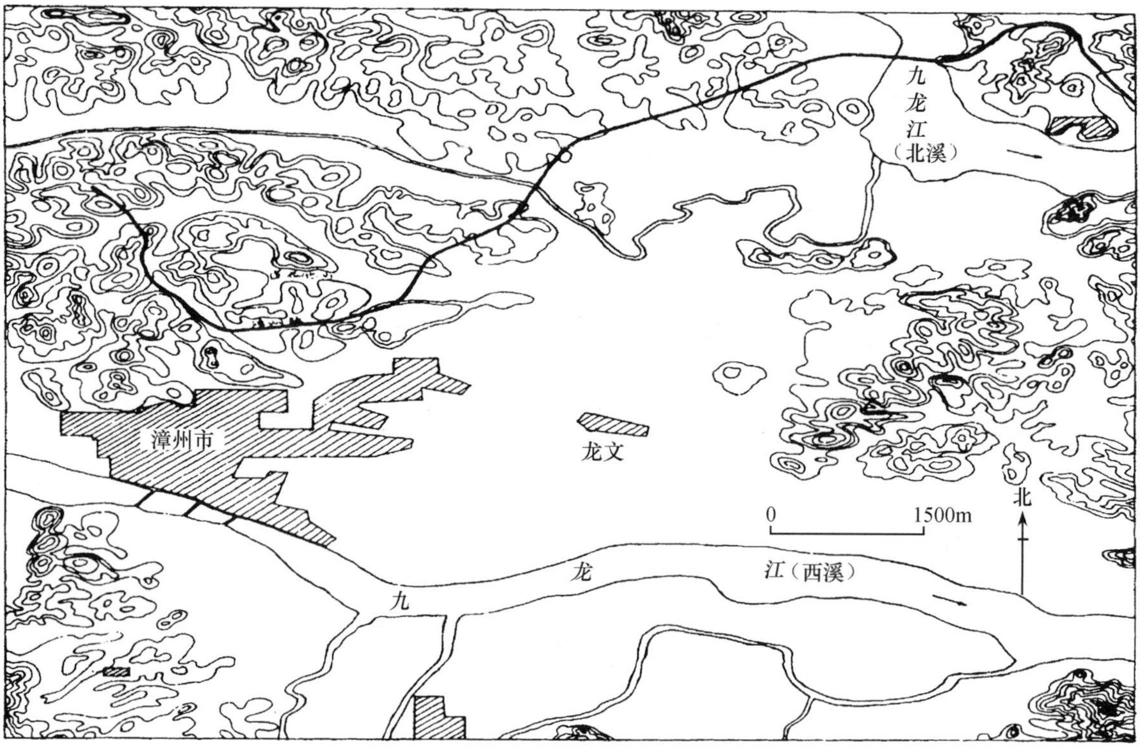

图12　漳州盆地地形图

Fig. 12　Terrain of Zhangzhou Basin

续下挖，清理了含有石制品的中更新世地层，完成了对第一和第二文化层资料的获取工作，并局部解剖地层直至基岩面。第三阶段自2007年1月17日至2007年2月2日，在此次发掘前，遗址发掘区再一次遭受破坏，仅剩下发掘区东北部大约100m^2的面积，在这一范围内，于基岩顶部揭露出一处保存较好的人类活动面和2条冲沟遗迹，同时出土数以千计石制品。

第二次发掘时，针对遗址保存现状以及地层堆积和遗迹遗物的分布特点，特意制订了一套相应的发掘方法，力求尽可能多地记录考古信息，包括：

第一，遗址探方总基点设在路北区的中心位置，用GPS对遗址进行地理位置定位，总基点埋设了水泥桩，以便作为遗址的永久性基桩，并以总基点作为高程零点，将发掘区所有探方、层位及出土遗物全部统一在一个三维系统中。

第二，用方位法布方，先以5m×5m探方清理晚期地层，而后将5m×5m探方

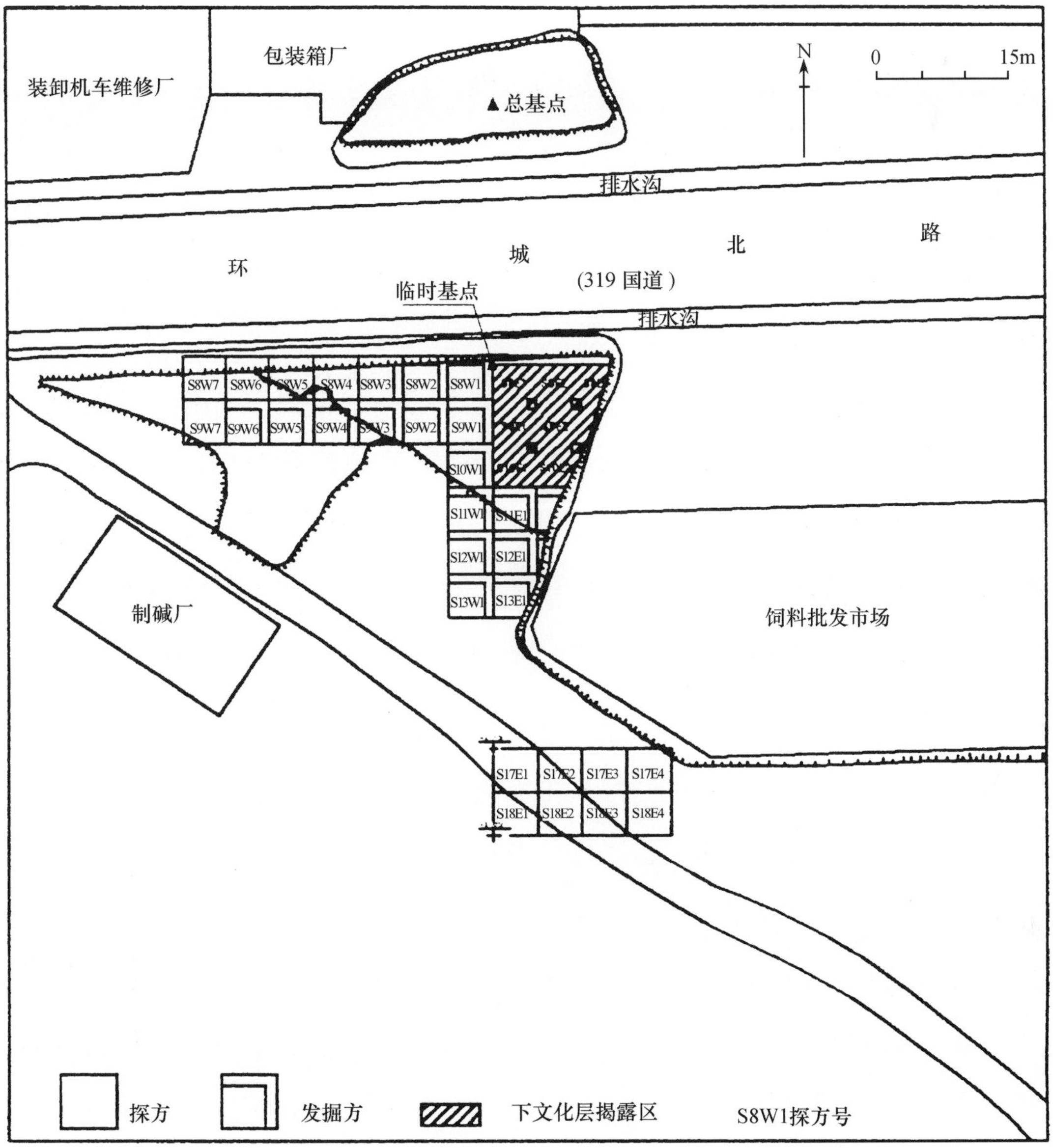

图13　莲花池山遗址探方分布平面图（2005～2006年）

Fig. 13　Excavating square position of Lianhuachishan Paleolithic Site（2005～2006）

划分为25个1m×1m的小探方，清理更新世地层直至基岩面。小探方编号均由西向东，由北向南依次编号，如TS8E2-1、TS8E2-2……TS8E2-25，编号的前部分表示大探方号，破折号后面的数字为小探方号，表示小探方在大探方中的位置。所有文化遗物均按小探方和所属地层编号，如标本TS8E2-5⑦B:1，表示该标本为所在探方的第7B层出土的第一件标本。

第三，用全站仪记录所有文化遗物的三维坐标，绘制所有小探方四壁剖面图和各层位1∶5遗迹平面图。采集标本时，在标本顶端标以红点和指北箭头以记录遗物出土时的产状。

第四，注意对堆积物层理与沉积基质的观察和记录，以了解自然动力与人类动力对遗址形成过程中所产生的影响。

第五，由于该遗址石制品岩性与作为人类活动面的古地表上所遗留的砾石岩性完全一样，均为脉石英和水晶两大类，给石制品特别是数量较多的小型和微型石制品人工属性的辨别带来极大难度。因此，在对易辨认的石制品做好坐标记录和采集后，将活动面上的遗物以小探方为单位全部获取，并在室内做详细观察和各种分类统计，这样更能够较全面地反映所有石制品的分布情况，更加准确地反映原有地表自然沉积物的形成原因。

第二节　地　　层

莲花池山遗址南区发掘到离地面深4m时，在发掘区的北壁，形成一个高3.6、长13.2m的大型剖面，地层层次分明，各层之间叠覆关系非常清楚，但岩性和厚度的变化都相当大，说明砖红土层、红土层和网纹红土层在形成之前、形成过程中和形成之后，都遭受到相当强烈的自然侵蚀作用和多次剥蚀、再堆积作用，因此遗址南区附近未见红土层和上砖红土层存在。

莲花池山遗址南区发掘剖面北壁揭露的地层可分为9个小层，从上至下的层序和岩性为（图14）：

全新统（Q_4）

① 灰黑色砂质土（耕土），Munsell土色表代码为7.5YR/Dark Gray，富含腐殖

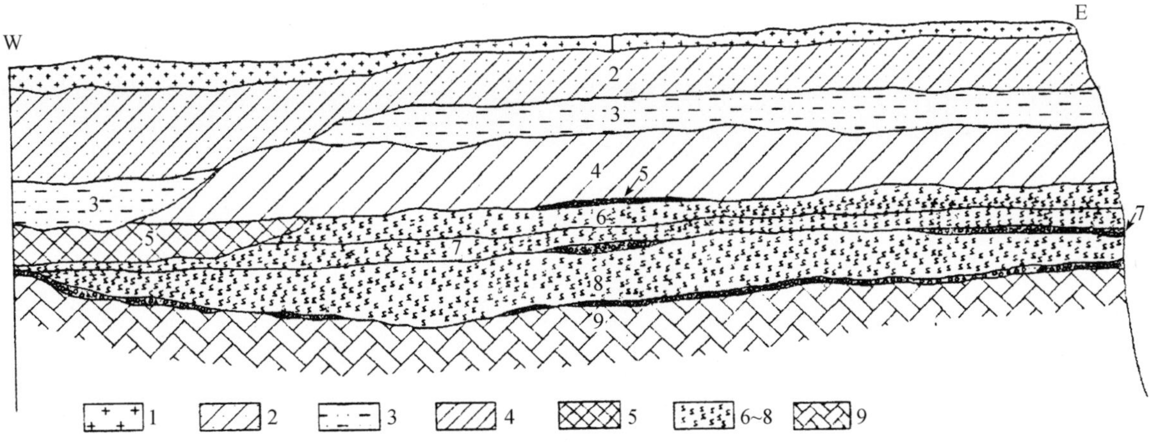

图14　莲花池山遗址南区发掘横向剖面图（2005～2006年）

Fig. 14　Actual measure crosswise geological section at south part of Lianhuachishan Paleolithic Site（2005～2006）

1. 灰黑色砂质土（Grayish brack sandy soil）　2. 灰黄色含砂黏土（Grayish yellow sandy soil）　3. 棕红色含砂黏土（Brownish red sandy soil）　4. 灰黄色砂质黏土（Grayish yellow sandy clay）　5. 下砖红土（Lower brick red clay）　6. 上网纹红土（Upper reticulated red clay）　7. 中网纹红土（Middle reticulated red clay）　8. 下网纹红土（Lower reticulated red clay）　9. 风化壳（Shuck）

质，偶夹粗砂或细小砾石，含大量植物根茎。厚20～40cm。

② 灰黄色含砂黏土，Munsell土色表代码为7.5GY4/1 Yellow，黏性较大，其中夹杂各历史时期的砖瓦碎块。厚度变化大，厚30～172cm。

③ 淡棕红色含砂黏土，Munsell土色表代码为7.5BR7/2 Pinkish Red，不含或少含细砾石，偶见砖瓦碎片。厚15～105cm。

～～～～～不整合～～～～～

上更新统上部（Q_3^3）

④ 灰黄色砂质黏土，Munsell土色表代码为10 YR 7/6 Yellow，色泽均匀，质地较纯，层中具微细孔隙。厚65～90cm。

～～～～～侵蚀面～～～～～

上更新统中下部（Q_3^{1-2}）

⑤ 砖红土（即下砖红土层），Munsell 土色表代码为 10R 4/8 Red，颜色鲜艳，物质成分均一，黏度很大，底部见有砾石—粗砂透镜体，含石制品（即“石制品组合 B”）。厚 40 ~ 125cm。

~ ~ ~ ~ ~侵蚀面~ ~ ~ ~ ~

中更新统上部（Q_2^3）

⑥ 上网纹红土，Munsell 土色表代码为 10R 5/8 Red，棕红色，具大量菌丝状灰绿色斑纹，黏性较大。底部具砾石条带，含较多石制品（即“石制品组合 C”）。厚 35 ~ 75cm。

~ ~ ~ ~ ~侵蚀面~ ~ ~ ~ ~

中更新统中部（Q_2^2）

⑦ 中网纹红土，Munsell 土色表代码为 10R 5/8 Red，棕红色，含大量菌丝状灰绿色斑纹，黏性大，底部夹砾石条带，含大量石制品（原生文化层）。厚45 ~ 80cm。

~ ~ ~ ~ ~侵蚀面~ ~ ~ ~ ~

中更新统下部（Q_2^1）

⑧ 下网纹红土，Munsell 土色表代码为 10R 5/8 Red，紫红色，含大量菌丝状灰绿色斑纹，黏性较大，从上到下细砂含量增多。厚 45 ~ 95cm。

~ ~ ~ ~ ~不整合~ ~ ~ ~

前更新统（PQ）

⑨ 下伏：风化壳，Munsell 土色表代码为 7. 5 5/6 Red，紫红色，以黏土为主，其中夹杂大量尚未风化的石英、长石颗粒。厚 120 ~ 250mm 。

其下为母岩：侏罗纪花岗岩。

从图 14 所示的地层剖面可以得知：全新统中的 3 个小层，其累计最小厚度为 65cm，最大厚度为 317cm；更新统共分 5 个小层，累计最小厚度 230cm，最大厚度为

465cm。全新统与更新统层间具有明显的不整合面，说明在更新世沉积结束之后，漳州北部红土台地曾有一次强烈的剥蚀和侵蚀过程。在更新世地层中，顶部灰黄色砂质黏土层与其下的砖红土与网纹红土各层之间都有清楚的侵蚀面。这些侵蚀面都以砾石条带将上、下地层分开，显然代表在更新世期间，至少曾有4次剥蚀和侵蚀过程。莲花池山遗址南北两区的地层相连，但从北向南地层呈较大角度倾斜，鉴于台地长期遭受侵蚀和剥蚀，故其中的一些地层可能已被冲刷掉，测量显示图15的剖面上未见图14中的上部砖红土层和红土层；而全新世地层在北区出露较薄，南区则明显加厚。

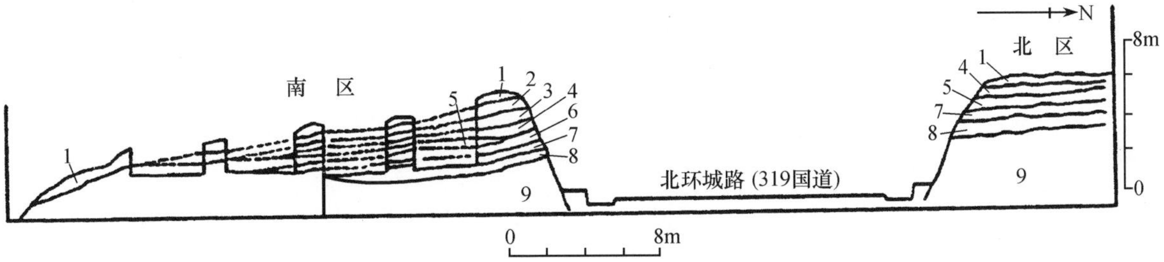

图15　莲花池山遗址南北区实际测量纵向剖面图（2005～2006年）

Fig. 15　Actual measure longitudinal geological section at south part of Lianhuachishan Paleolithic Site（2005～2006）

1. 灰黑色砂质土（Grayish brack soil）　2. 灰黄色含砂黏土（Grayish yellow sandy soil）　3. 棕红色含砂黏土（Brownish red soil）　4. 灰黄色砂质黏土（Grayish yellow sandy soil）　5. 下砖红土（Lower brick red clay）　6. 上网纹红土（Upper reticulated red clay）　7. 中网纹红土（Middle reticulated red clay）　8. 下网纹红土（Lower reticulated red clay）　9. 风化壳（Shuck）

福建境内过去未曾对砖红色土层、红土层及网纹红土层做过较详细的分层。1990年尤玉柱、范雪春等依据莲花池山遗址剖面上的砾石条带，将砖红土层划分为上砖红土和下砖红土两个部分，并根据与附近阶地、区域第四纪地层的对比，认为上砖红土的时代可能属晚更新世中期，下砖红土的时代可能属晚更新世早期，但当时并没有对砖红土层之下的网纹红土做更多的描述和分层。为此，作者在几次发掘基础上，特别是通过第二次发掘，拟将砖红土和网纹红土做进一步详细划分，为今后进一步研究闽南地区砖红土和网纹红土提供可资参考的材料。

莲花池山遗址南、北两区的文化层如同地层一样也是相连接的，根据作者所做的大型纵向剖面图可以得知，文化层也呈较大角度由东北向西南倾斜，但由于后期的自然侵蚀、剥蚀以及人工破坏，北区存在的灰黄色含砂黏土层、上砖红土层以及第一文化层（“石制品组合 A”，即上、下砖红土层之间的砾石条带）在南区已不复存在。北区的最南侧现在仍然保留着部分中、下网纹红土层，并向北逐渐尖灭，表明北区的北侧原来的中网纹红土层、下网纹红土层以及它们之间的原生文化层不断地遭受自然侵蚀、剥蚀以及人工破坏而导致完全消失。目前莲花池山遗址北区遗留的地层剖面，仅包含下砖红土层、上网纹红土层、中网纹红土层以及下伏的风化壳和花岗闪长岩。

第三节 遗 迹

如前所述，莲花池山遗址两次发掘，共发现四个连续堆积的、含石制品的地层，由上而下编为第一至第四文化层，石制品分别编为“石制品组合 A”、“石制品组合 B”、“石制品组合 C” 和 “石制品组合 D”。其中除第四文化层属于原生堆积外，其上的三个文化层均为再堆积产物。因此，人类活动遗迹和丰富的文化遗物主要保存于第四文化层中，也是本报告着重记述的部分。

一、第四文化层遗迹

第四文化层包括第 7A 层与第 7B 层，揭露的一处人类活动面和两条冲沟均位于第 7B 层之下。

1. 人类活动面

人类活动面位于发掘区东北部，遗迹的四周均遭到人为破坏而形成断坎，其中东、北两侧在 2005 年发掘之前，因道路的开拓和厂房的建设而形成断坎，西、南两侧在2007年发掘前因基建而遭破坏。人类活动面介于风化严重的基岩面上的风化层与网纹红土之间，边缘十分破碎，其南部与西部分布有两条冲沟（分别称G1和G2），使得现存的活动面平面极不规则。人类活动面南北残长12m，东西残宽13m，残存面积约60m²。活动面沉积物厚3～10cm，以天然脉石英砾石为主，另有少量水晶晶体和小砾石、花岗岩风化碎块、片状铁锰结核以及零星的赤铁矿碎块，众多的石制品则散布于活动面之上（图16）。

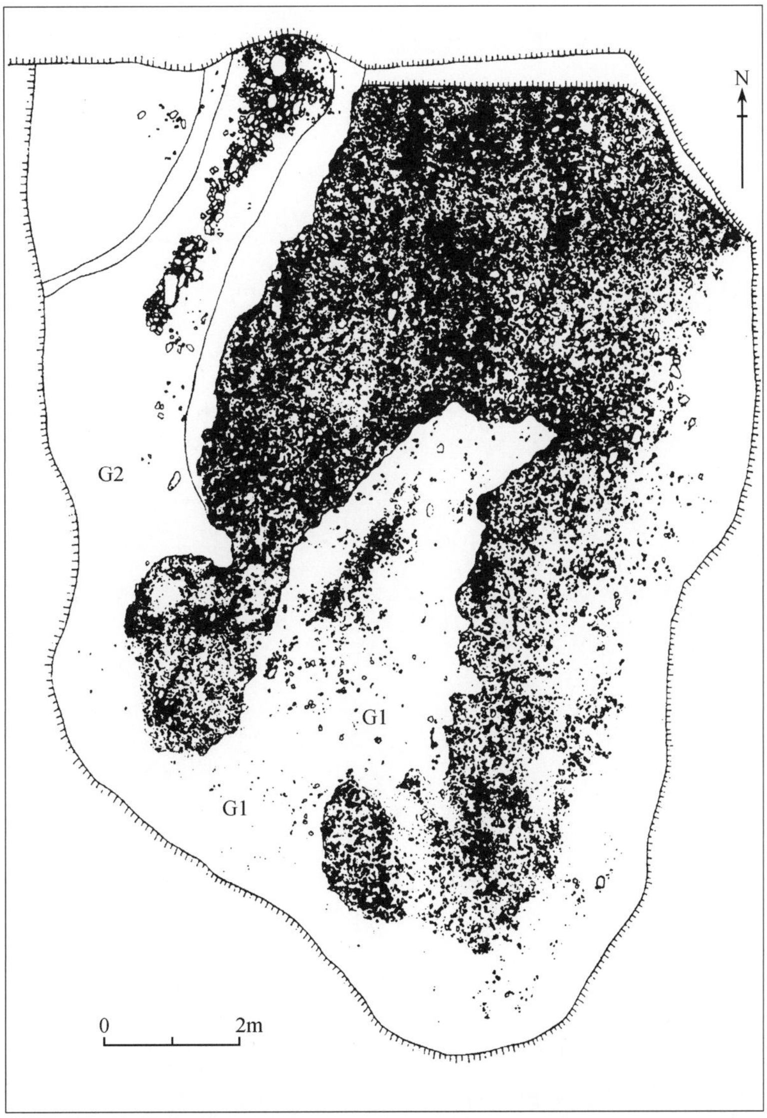

图16　莲花池山遗址原生文化层人类活动面遗迹平面图

Fig. 16　Ichnography plan of early man active trace on the surface of the original cultural level

活动面局部微有起伏，但总体呈平缓的坡面，地势由北向南微微倾斜，南北高差1.15m。此外以西部2号冲沟（G2）为界，沟东、西两侧的地面略向沟面倾斜，两侧地面至沟口高差均为0.5m。从保存现状看，地表的沉积物在东北部分布相对密集，向东、西、南三面渐稀，这与遗址的微地形造成的雨水冲刷或片流作用有直接关系。可以看出，遗址在未遭到公路开拓破坏之前，北部原生地面应有大面积密集砾石，而南部活动面特别是靠近遗址南缘处，由于地面坡度增大，地面沉积物相对稀薄。另从整个活动面的东侧观察，也有一个缺乏遗物分布的条状地面，它在平面上也与1、2号冲沟（G1、G2）呈平行排列，以此推测，活动面的东侧也分布有一条自然小冲沟，只是现存部分过于狭窄，未将其定为冲沟遗迹。

根据以上所述，此次发掘所揭露的人类活动面正好处在原遗址中心区的偏南部边缘地带。该地带分布有冲沟表明，人类在到来之前以及遗址废弃之后相当长的时间里，其地面的南部受到雨水冲刷或片流作用的影响较大，而北部处于地势相对较高和平缓的中心地带，故地面的砾石相对密集，雨水冲刷或片流作用所造成的影响甚微。

对于人类活动面沉积物的资料整理，我们选择了具典型意义的2号冲沟（G2）沟底活动面加以详细说明。G2作为一个完整的遗迹单位，最能反映当时人类在一个特定空间里的活动情况。此外，对G2以外活动面的所有遗物，都按1m×1m的小探方分别采集存放，以便今后做进一步整理和研究。

2. 冲沟1（G1）

G1位于活动面的中南部，略呈东北—西南走向，平面呈不规则喇叭形，开口朝向西南，其北端始于活动面中部，南端止于活动面近南缘处。G1是一条较为浅宽的自然形成的小冲沟，北高南低，南北长6.6m，东西宽0.5～3.2m，深0.05～0.24m，南北高差为0.95m。沟底部微有起伏，最深处偏于沟中西部（图17）。

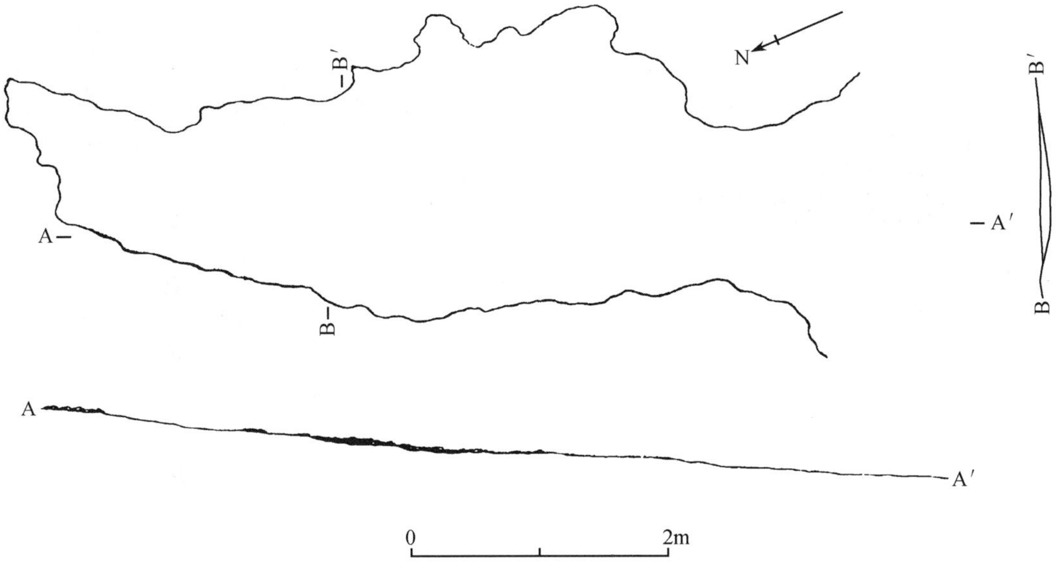

图17　莲花池山遗址G1平、剖面图

Fig. 17　The plan and section of G1

从揭露的遗迹现象看，G1的走向曲折，沟底的砾石分布只在最深处较为密集，其余大部分沟底的砾石零散，这些迹象都具有流水作用的特征。水流的作用将原来砾石分布相对稀疏的活动面侵蚀成一个小的、不规则形的浅沟，沟内外的砾石疏密截然不同，由此推测G1是在遗址废弃之后形成的。G1底部出土少量石制品，应是与砾石一起从活动面上被流水带入沟内的。此外，G1覆盖物中所含的零星砾石和石制品，也说明在G1淤积过程中断断续续有零星遗物在流水的作用下陆续被带入沟内。

3. 冲沟2（G2）

G2位于活动面西部，其北段被市区北环城路所破坏，南部西侧在2006年发掘时已揭露出沟口，但在2007年发掘前已因基建被破坏，造成南部沟底情况不详。G2略呈东北—西南走向，平面呈长条形，南部略呈扇形，沟壁呈斜面，沟底较平。G2是一条狭长的有一定深度的自然冲沟，南北残长6.7m（原揭露沟口长度为9.2m），沟口东西宽1.75～3m，沟底宽1～2.54m，深0.2～0.55m。沟底微有起伏，

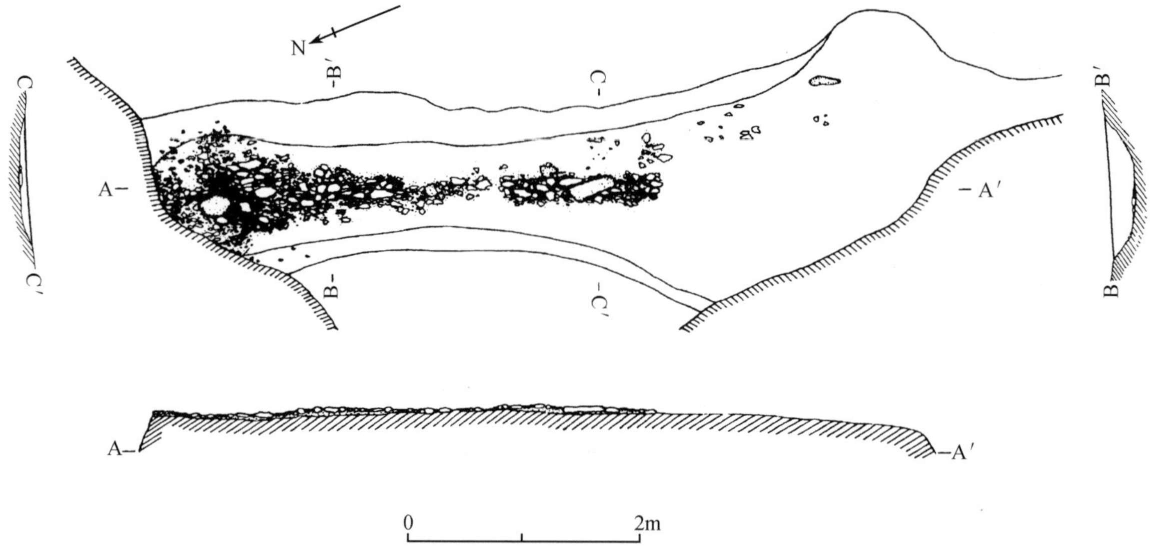

图 18 莲花池山遗址 G2 平、剖面图

Fig. 18 The plan and section of G2

但总体较平，沟中部微隆起，中部高于北端 8cm，高于南端 30cm，北端与南端高差为 22cm（图 18，彩版 4-3）。

G2 底部遗物包括自然遗物（天然砾石）与文化遗物（石制品）两部分，沟底遗物的分布情况直接反映着遗物与遗迹之间的关系，也是判定 G2 性质的主要依据。因此，必须对沟底所有的遗物做较为全面的观察。由于当时人类活动在布满脉石英砾石的古地表上，所使用的工具原料又主要为脉石英和水晶晶体，但脉石英是一种节理性很强的脆性岩石，故给石制品的判定带来很大难度。现选取粒径大于 2cm 以上的标本进行统计观察，在把握性不大的情况下，把一些似是而非的标本暂归入天然砾石或带人工痕迹的砾石中进行统计，一些难以定性的石制品暂归入断块或断片统计，自然遗物中还有零星的花岗岩风化团块、赤铁矿、铁锰结核等碎块等，均不列入下表统计之中（表 2、表 3）。

表2　莲花池山遗址G2底部天然砾石与具人工痕迹砾石统计表
Table 2　Statistics of gravel and gravel with trace on the G2

现状观察 / 岩性	磨圆度较好		磨圆度差		磨圆度轻或无磨圆		合计	百分比（%）
	无人工痕迹或人工痕迹难判断的	具有人工痕迹的	无人工痕迹或人工痕迹难判断的	具有人工痕迹的	无人工痕迹或人工痕迹难判断的	具有人工痕迹的		
脉石英	4	7	100	252	239	21	623	91.3
水　晶	3	5	8	23	11	9	59	8.7
合　计	7	12	108	275	250	30	682	100
百分比（%）	2.7		56.2		41.1			100

表3　莲花池山遗址G2底部石制品统计表
Table 3　Statistics of artifacts on the G2

类型 / 岩性	石锤	石砧	砸击石核	砸击石片	锤击石核	锤击石片	断块断片	碎块碎片	砍砸器	手镐	刮削器	合计	百分比（%）
脉石英	4		18	2	31	19	142	7	1		5	229	96.63
水晶			2	2	1					1		6	2.52
花岗岩		2										2	0.85
合计	4	2	20	4	32	19	142	7	1	1	5	237	100

通过清理与统计，G2底部遗物的分布与保存现状所显现的特点，为遗址的原地埋藏性质和探索当时人类在G2底部的活动情况提供了证据：

第一，在沟的中部与北部，砾石和石制品都集中在沟底中间一线，其东、西两侧靠沟壁处则干净无物，仅在沟的北端，遗物由中间密集渐向两边稀疏分布。北端的东侧，有沟沿塌垮的现象，一些遗物也因此滑落后被滞留在沟壁的中下部。

第二，沟底密集的遗物在向南延伸分布时有突然截止的现象，南部沟底大部分干净无物，仅在靠东壁处偶有零星遗物。

第三，沟底天然砾石、具人工痕迹砾石以及石制品总数 919 件，其中脉石英 852 件，水晶 65 件，花岗岩 2 件，从岩性的统计情况看，脉石英占绝大多数（92.7%），水晶数量较少（7.1%），其余的不及 1%。除石制品之外，这两种岩性的遗物中，磨圆度差的 383 件，占 56.2%；磨圆度甚微或无磨圆度的 280 件，占 41.1%；磨圆度较好的 19 件，仅占 2.7%。另有赤铁矿 4 件，铁锰结核 1 件。从以上统计可以看出，作为遗址主要沉积物的脉石英和水晶的磨圆度普遍较差或甚微，说明它们未经长途搬运。

第四，人类在布满砾石的地面上活动，就会对砾石产生碰撞或踩踏，并在上面留下各种疤痕，脉石英自身从岩层中风化到散布于地表，再受雨水冲刷，也会产生一些疑似人工的痕迹。因此，我们将风化严重难以被利用的砾石、自然断痕清楚的砾石以及相当一部分人工属性含混不清的砾石都归于天然砾石。将人工属性清楚、但难以归入石制品的标本列为带人工痕迹砾石一类，这类标本中往往可以观察到有比较新鲜的疤痕、经冲磨的旧疤痕以及新疤痕叠于旧疤痕之上或新旧疤痕并存等情况。据此我们将 G2 底部 919 件遗物（天然砾石、具人工痕迹砾石及石制品）分三类统计：石制品 237 件，占 25.8%；带人工痕迹砾石 317 件，占 34.5%；天然砾石（或痕迹性质不清者）365 件，占 39.7%。从统计可以看出，石制品数量占沟底遗物总数 1/4，再加上数量较大的带人工痕迹砾石和具人工性质的标本，已超过沟底遗物总数的一半以上，说明人类在 G2 底部打制石器的活动是很频繁的。

第五，在 237 件石制品中，用以加工工具的有 6 件（石锤与石砧），石核、石片、断块、碎块与碎片等非工具类的初级产品 224 件，工具类包括砍砸器、手镐、刮削器等 7 件。石器仅占石制品总数的 3.36%，说明这里可能只是打制和加工的场所，那些已经加工好了的石器可能已被带走。

第六，在沟底遗物密集区，南北分列 2 块较大的花岗岩风化石块，我们判断是作为石砧之用的，两者相距3.2m。花岗岩块呈板状，浅棕黄色，硬度中等，均平置于沟底。北部的一块平面呈不规则形，长26、宽24、厚5.5～12cm，底面为微弧的平面，朝上一面高低不平，由于表面风化较甚，难以判定一些凹坑是否为人为所致。南部的一块呈长条形，长41、宽14～22、厚6～8.5cm，底面较平整，朝上一面微下凹，表面亦因风化较甚而砸痕难辨。沟底的石制品密集分布于这两块花岗岩块的周边，因此认定是作为石砧（标本编号G2:237和G2:238）使用的。

第七，经过初步整理，从沟底出土的石制品中，有4例可拼合标本：

（1）脉石英，2件均为锤击石片（标本编号G2:87和G2:78）；

（2）水晶，3件可拼合，砸击石核1件，砸击石片2件，3件标本相距仅4cm和28cm（标本编号G2:12、G2:13、G2:30）；

（3）脉石英，拼合标本为锤击石核和锤击石片，2件标本相距仅3cm（标本编号G2:15、G2:34）；

（4）脉石英，2件均为断块（标本编号G2:109、G2:143）。

第八，沟底发现的石砧、石锤与众多石制品，尤其是数例可拼合标本是遗址被废弃后未遭受雨水再搬运的有力证据，进一步说明遗址属原地埋藏类型，也同时说明G2底部曾是人类作为打制石器的场所。

第九，沟内覆盖物的土色与7B层相同，所含遗物均零散分布于覆盖物的各个高程上，与沟底遗物密集分布于一个层面上的情况有明显不同，表明G2的淤积是一个缓慢的过程，才使沟底的遗迹得以较好地保存下来。

综上所述，可以看出G2沟底遗物的分布，呈现出比沟外更为明显的人类活动迹象，说明人类同样利用沟底从事各类活动。G2在遗址的主人到来之前，本是一条有一定深度的自然冲沟，由于沟底中部一线最深，天然砾石往往被流水携带至此，但沟底两侧因呈斜面，很难留住砾石。人类在这个限定的空间里活动时，所有被遗弃的文化遗物都会自然而然地留下来并散布于沟底中部，一部分粒径较细小的遗物或许会沿着沟底被水流带到更远处地方。在遗址被废弃后，G2在自然动力作用下渐渐被淤积而填满，沟底中部遗物富集处应当是遗物原地埋藏的迹象。

二、第三文化层遗迹

第三文化层包括第6A、6B层，清理部位在发掘区东北部，计TS8E1、TS8E2、TS8E3、TS9E1、TS9E2、TS9E3六个探方。在这一范围内遗物的分布疏密不均，绝大多数地段缺乏遗物分布，清理时只能通过对零星细微沉积物的观察，剥离出大致同一的层面。现将第三文化层遗迹与遗物分述如下。

第三文化层遗迹位于第6B层与第7A层的界面上，与第四文化层活动面高差相距0.25~0.7m。该层面虽然没有明显的沟坎遗迹，但地面上的起伏较第四文化层活动面明显，较为密集的砾石呈条带状分布于这个层面的浅凹处，但砾石层较薄，厚0~10cm，多数厚3~5cm，呈东北—西南走向，揭露出长14.75m，宽0~3.5m，多数宽0.5~1m，南北两端高差为0.76m。在该密集砾石条带的东南侧和西北侧，砾石呈零散状分布，但从总体上看，也略呈东北—西南向稀疏分布，砾石层厚仅约0~3cm（图19）。

第三文化层的地势宏观上看，直接受到早期地势的影响，如地面北高南低，即显示出第四文化层地面在被晚期地层覆盖后仍保持了原来的地势，甚至地面主要的微地貌特征都保留着第四文化层原有地面的影响。第三文化层的砾石分布走向均与第四文化层两条冲沟的方向相一致，并且最密集的砾石条带大体处在与G1重合的位置之上。由此可以看出第四文化层活动面被废弃后，G2逐渐被淤积填满，南部地面则逐渐被冲刷侵蚀形成新的小沟（G1），地面在相当长的堆积过程中，早期的沟坎仍继续影响着晚期地面的起伏变化，由片流作用从高处搬运来的物质便容易滞留在山坡的低凹处。

第三文化层砾石的粒径明显小于第四文化层的，从统计看，绝大多数砾石的粒

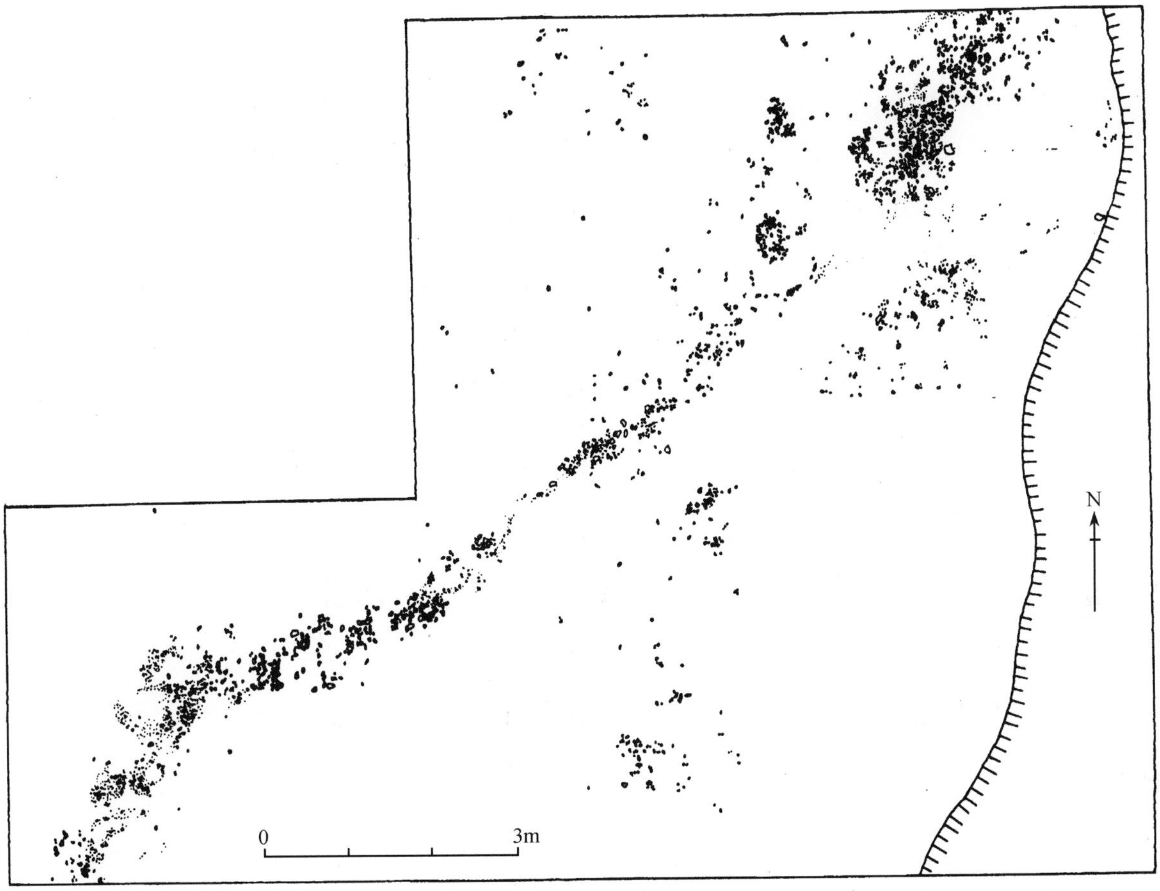

图 19　莲花池山遗址第三文化层遗迹平面图

Fig. 19　Ichnography plan of trace on the surface of the Third cultural level

径在 5cm 以下；从平面上看，砾石多集中分布在一条呈扇面状的弧线上，呈现出明显的水流定向冲积的特征。从清理的情况看，石制品的分布也都与砾石的分布相重合，因此可以判断第三文化层具有异地埋藏性质。第三文化层是在遗址真正被废弃后的相当长时间内，在流水的冲刷、侵蚀下，破坏了原来遗址较高处的文化层，将地层中的包含物渐渐搬运到较低的山坡处。

三、第二文化层遗迹

第二文化层位于网纹红土的顶部，其层位属于第 5 层下，处在第 5 层与第 6A

层的界面上。由于发掘区东北部缺少第5层（砖红土），故该地段第二文化层的遗迹和遗物被叠压在第4层之下。第二文化层与第三文化层的砾石面相距0～0.55m，所揭露的范围包括发掘区的绝大部分探方，面积约840m^2（29m×29m）。第二文化层砾石的分布较第三文化层更为零散，而且在更多的地段上缺少砾石的分布。从平面上观察，两层砾石与石制品的分布绝大多数都处在上、下相互重合或延伸的位置上，表明片流作用特征是十分明显的。另外，第二文化层砾石与石制品的粒径也较为细小，这与第三文化层的情况是相类似的（图20）。

上述三个文化层的沉积特征说明，在莲花池山遗址被废弃后的相当长时间里，遗址总是不断地被自然力所改造，特别是遇到较大雨季时山顶或高坡上的早期地层就容易遭受自然力的强烈破坏，从上面被侵蚀下来的早期遗物在低坡上的分布呈现出明显的条带状特征，局部地层也随之迅速增厚，这一过程与间歇性缓慢沉积是交替进行的，晚期地层的堆积总是受到早期地形的影响，上部堆积物中遗物的分布出现的自然特征（图20）和底部原生地层中遗物分布的人为特征，有着十分明显的区别。

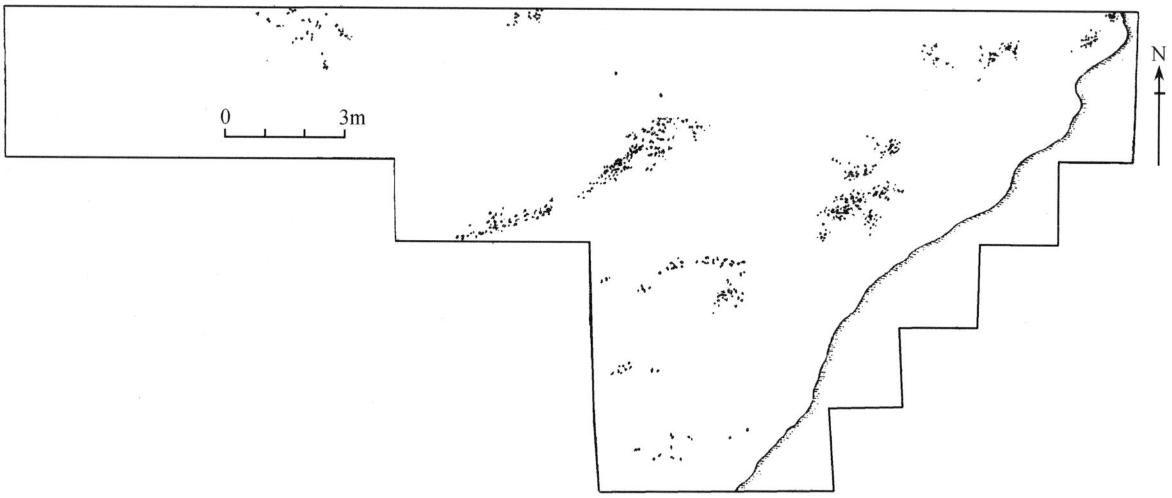

图20　莲花池山遗址第二文化层遗迹平面图

Fig. 20　Ichnography plan of trace on the surface of the second cultural level

第四节　遗　　物

一、第二文化层石制品

出自砖红土层和网纹红土层之间不整合面上的第二文化层的石制品共计118件，分非工具类和工具类。非工具类包括石核、断块、断片、碎块、碎片和石片6种；工具类包括石锤、刮削器、凹缺器、尖状器4种（表4）。

表4　第二文化层石制品分类、测量与统计表

Table 4　Classification, measurement and statistics of artifacts from the Second cultural level

测量项目 / 数量统计		石核		断块与断片	碎块与碎片	石片		刮削器						凹缺器	尖状器	石锤	统计
		锤击石核	砸击石核			锤击石片	砸击石片	单直刃	单凸刃	直凹刃	单凹刃	端刃	圆头				
原料	脉石英岩块	1		10	47	7	9	1	1				1		3		80
	脉石英砾石		1	6	3	2	4					1					17
	水晶晶体		3	4	3		3			1	1	1		1		4	21
毛坯	石片							1	1	1	1	2	1	1	3		
	断块																
	石核																
长宽厚（mm）	最长	70	83	87	56	41	81.2										
	最宽	62.5	41	73	53	39	56.5										
	最厚	35.5	39	41	46	13	23.5										
分类统计		1	4	20	53	9	16	1	1	1	1	2	1	1	3	4	15/118

注：分子代表石器数量，分母代表石制品总数。

1. 非工具类

103 件，占石制品总数的 87.3%。

石核　5 件，占石制品总数的 4.2%。其中砸击石核 4 件，1 件为脉石英砾石，其他均为水晶晶体；锤击石核 1 件，原料为脉石英岩块。

砸击石核，标本 TS7W1-2⑤B∶1（T 代表探方，S 代表大方号，W1-2 代表西部小方号，⑤B∶1 表示第 5B 层的第 1 号标本），原料为较小的水晶晶体，长、宽、厚分别为 55、30、26mm。根据对石核核体的观察证明，当利用水晶晶体生产石片时，其方法是：将晶体倒置（即晶座部位朝上，晶尖朝下）再用石锤砸击。该标本的核体上共有 4 个纵向剥落的、长大于宽的石片疤痕，晶尖部位遗有许多小的崩片痕迹。标本 TS8E2-2⑤B∶2，为中等大小的水晶晶体，长、宽、厚分别为 81.3、40.2、31.2mm，核体上因砸击而遗留有许多纵向剥落石片的疤痕，大小不一，其中最大的片疤长 53mm，宽 26mm（图 21-1）。标本 TS8E2-25⑤B∶1，原料是中等大小的脉石英砾石，长、宽、厚为 83.5、40.0、36.2mm。经砸击后核体上留有 1 个大的、3 个较小的石片疤和部分表面附着的薄层石锈（图版 1-1）。标本 TS8W1-8⑤B∶1，水晶晶体砸击剥片，两端可见砸击在两面形成的疤痕，剥片均较小，晶尖端疤痕稍大。器身一侧有一较大的锤击疤痕。保留大量砾石面。长、宽、厚分别为 79、36、29mm（图 21-2，图版 1-2）。

多台面锤击石核，标本 TS13E1-9⑤B∶1，原料脉石英岩块，长 70、宽 62.2、厚 35.5mm。在自然砾石面打片。从核体遗留的 6 个片疤看，采用锤击方法从三个方向进行剥片，破裂面不整齐，但片疤上锤击点清楚，放射线隐约可见（图 21-3，图版 1-3）。

断块与断片　20 件，占石制品总数的 16.9%。多系砸击时沿裂隙缝断裂的块状体或断裂的片状体。最大的长、宽、厚分别为 87、37、31mm；最小的长、宽、厚分别为 21、18、27mm。

碎块与碎片　53 件，占石制品总数的 44.9%。系锤击或砸击时出现的崩片或脱落的废弃品。

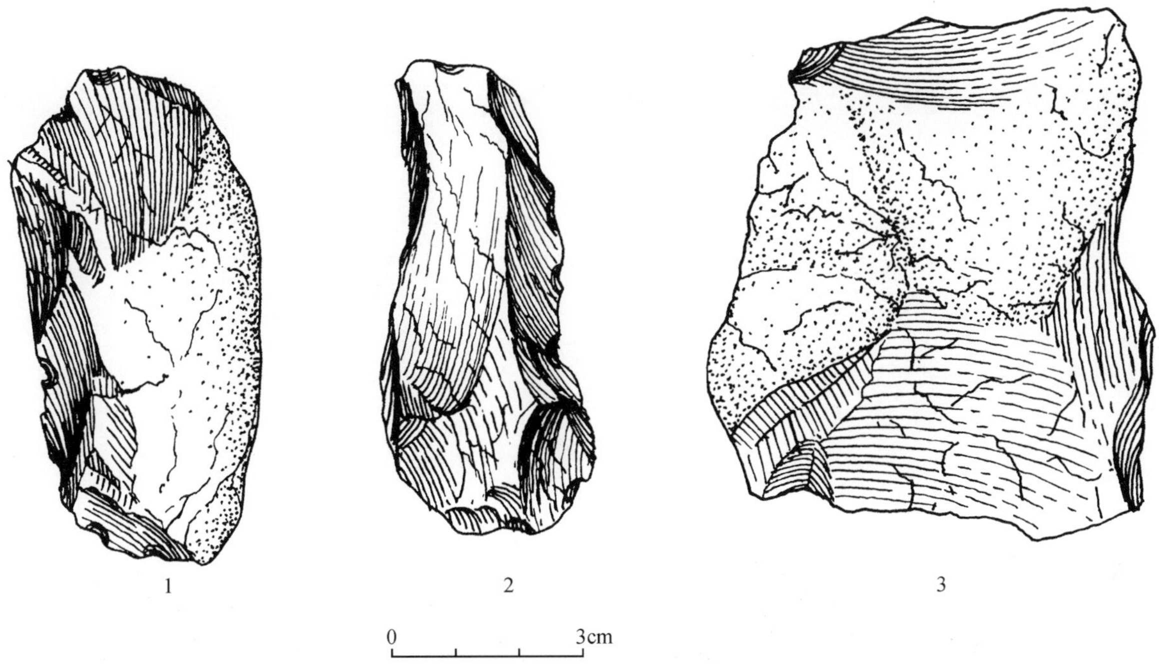

图21　第二文化层的石核

Fig. 21　Cores from the Second cultural level

1、2. 砸击石核（TS8E2-2⑤B∶2、TS8W1-8⑤B∶1）　3. 多台面锤击石核（TS13E1-9⑤B∶1）

石片　25件，占石制品总数的21.2%。包括水晶的3件，脉石英岩块的16件，脉石英砾石的6件。根据生产石片的方法，分砸击石片和锤击石片两种，石片大多属于小型，厚的和薄的各占一半，多数边缘较薄，且较锋利，部分具薄刃缘的石片似可直接利用。

锤击石片，9件，占石片总数的36%。标本ZLP上∶212，原料水晶，长、宽、厚分别为41、39、11mm。该石片具有明显可见的打击点和同心纹，是采用锤击法生产的石片。标本TS9E1-18⑤B∶7，一件较小的锤击石片，长29.5、宽16.3、厚8.5mm，利用另一破裂面作台面打片，打击点清楚，放射线可见，未经进一步加工。标本TS9E1-18⑤B∶1，自然台面，背面见有原砾石面，打击点附近也有崩落碎片的痕迹（图版1-5）。标本TS9E3-13⑤B∶1，薄石片，破裂面整齐，打击点和放射性均清楚，长、宽分别为28、19mm（图22-3，图版1-4）。标本TS9E1-18⑤B∶5，脉石英，破裂面不整齐，中部有裂隙痕迹，但打击点清楚（图 22-2）。标本 TS9E1-18⑤B∶3，脉石英，薄石片，人工台面，破裂面整齐，长、宽分别为 23、11.5mm（图 22-3，图版 1-6）。

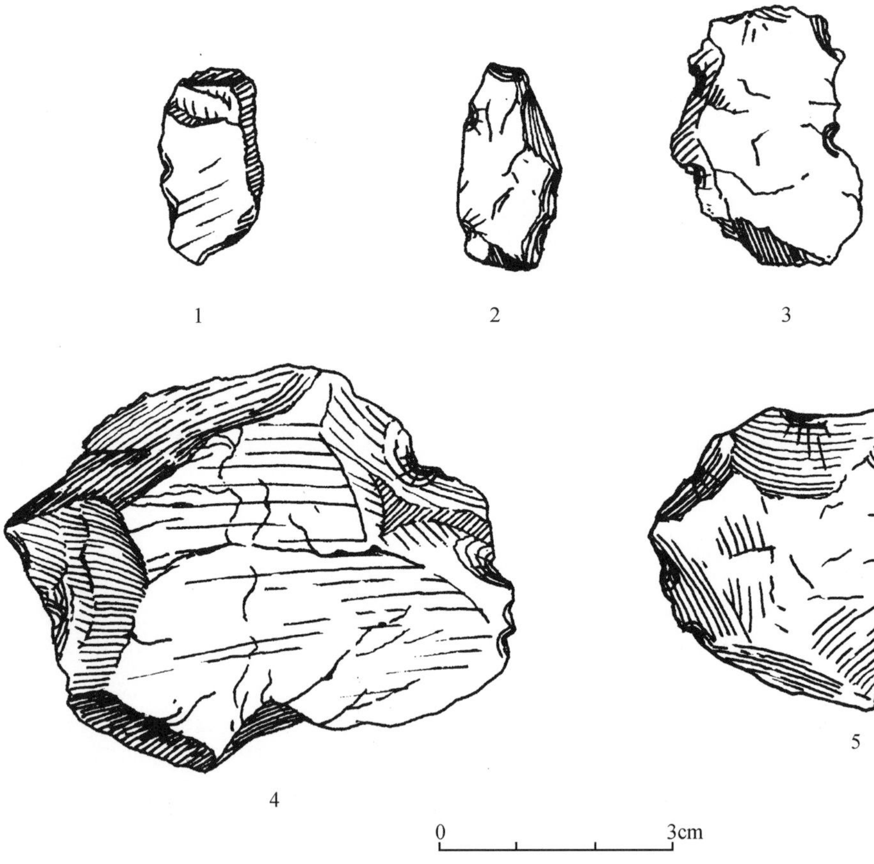

图 22　第二文化层的石片

Fig. 22　Flakes from the Second cultural level

1～3. 锤击石片（TS9E1-18⑤B∶3、TS9E1-18⑤B∶5、TS9E3-13⑤B∶1）　4、5. 砸击石片（TS8W1-8⑤B∶2、TS9E1-18⑤B∶4）

砸击石片，16 件，占石片总数的 64%。标本 TS8W1-8⑤B∶2，利用脉石英岩块砸击产生的石片，长 68、宽 55.5、厚 23mm，上、下两端均有因砸击时的受力点和崩落碎片的痕迹（图 22-4，图版 2-1）。标本 TS8W2-19⑤B∶1，是一件较大的砸击石片，长、宽、厚分别为81.2、42.8、23.5mm，中部见有裂隙，边缘稍厚，未经加工（图版2-2）。标本TS9E1-18⑤B：4，较厚石片，周围有崩裂小碎片的痕迹，长、宽、厚分别为50.5、63.5、37mm（图22-5，图版2-3）。标本TS9E1-18⑤B：8，水晶质。中间厚，两端薄锐，可见两端砸击劈裂形成的疤痕。背面保留部分砾石面。长、宽、厚分别29、23、14mm（图版2-4）。

2. 工具类

共15件，占总数的12.7%，包括石锤4件、刮削器7件、凹缺器1件和尖状器3件，现分别叙述于下。

石锤　4件，为较大的水晶晶体。作为石锤的水晶晶体，其两端都保留有大量大小不等的点状疤和条状坑，系由砸击脉石英岩块、脉石英砾石或水晶晶体时遗留下来的疤痕。标本TS8W1-19⑤B：1，原本是一个相当完整的晶体，可能是经过多次使用后，钝端（和晶尖相对的晶座）除布满坑疤外，还遗有一个较大的石片疤，显然是在砸击时崩落的，崩落片疤的部位形成锯齿状刃口，似可当做砍砸器使用，在尖端（即晶体的晶尖），也有两个较大的崩片。长、宽、厚分别为112、73、68mm。标本TS11E1-19⑤B：1，也是一个较大的水晶晶体，两头都布满坑疤，钝的一端的中间部位疤痕密集形成凹陷（图版2-6）。标本TS11E1-14⑤B：1，为一件水晶晶体的一部分，下端断损，余长、宽、厚分别为89、35、36.5mm，晶尖部位未经使用，仅使用钝的一头，因经砸击或锤击，钝面上遗有大量坑疤和条坑（图23-2，彩版6-4）。标本TS8E2-19⑤B：1，晶尖作为锤击或砸击使用，遗留大量砸坑和砸点，晶座部分断损，晶面有剥落碎片的疤痕。长、宽、厚分别为117、57、52mm（图23-1，图版2-5）。

刮削器　7件，包括单直刃刮削器、单凸刃刮削器、单凹刃刮削器、圆头刮削器、直凹刃刮削器各1件，端刮器2件。刮削器全部为石片类工具，前三种只在一个侧边进行加工，端刮器则在前端加工，而直凹刃刮削器在两个侧边加工。

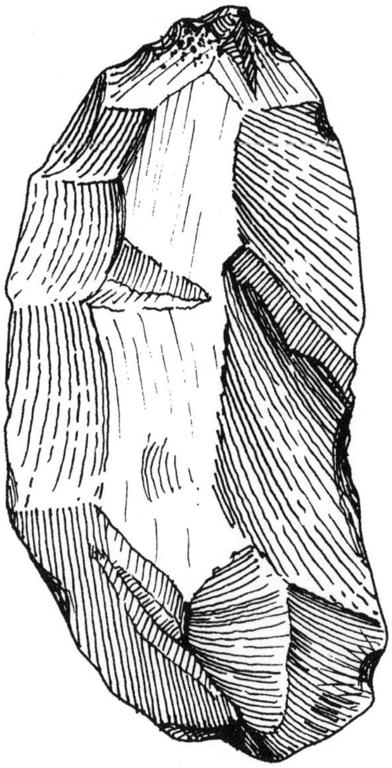

1

2

图 23　第二文化层的石锤

Fig. 23　Stone hammers from the Second cultural level

1. TS8E2-19⑤B∶1　2. TS11E1-14⑤B∶1

单凸刃刮削器，标本 TS10E2-12⑤B∶1，由较小的脉石英砾石经砸击产生的半边石片加工而成。修理只在一侧，从留有原砾石面的背面向破裂面修理，痕迹细小而连续，刃口微凸，长度为 21mm（图 24-1）。

单直刃刮削器，标本 TS9E1-22⑤B∶2，利用砸击产生的脉石英小石片加工而成，外形近梯形，长 26、宽 17、厚 9. 5mm，进一步加工在右侧，痕迹细小，陡直，遗留有部分原砾石面（图 24-2，图版 3-1）。

单凹刃刮削器，标本 TS9E1-18⑤B∶1，采用较小的水晶砾石经砸击后的一半作为毛坯，长、宽、厚分别为 60. 5、32. 2、27. 3mm，加工部位在左侧的前面，从破

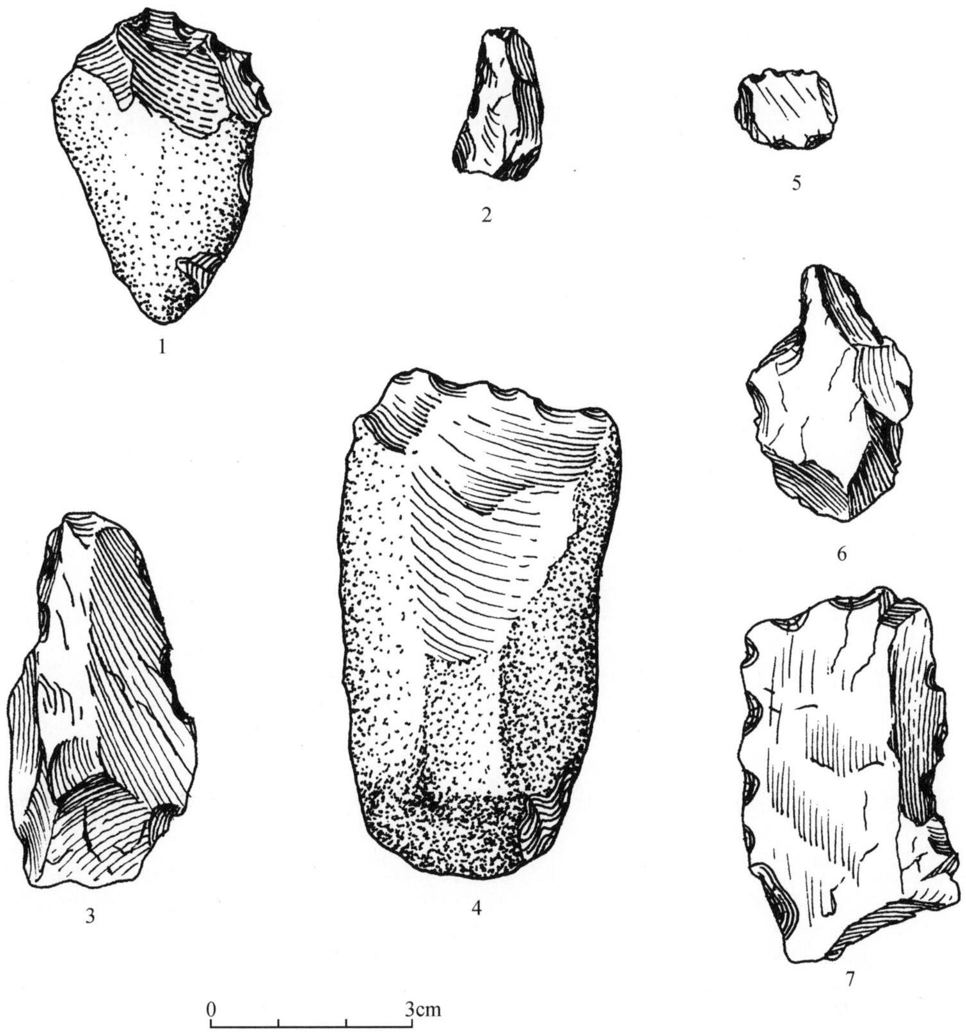

图 24　第二文化层的刮削器及凹缺器

Fig. 24　Scrapers and notches from the Second cultural level

1. 单凸刃刮削器（TS10E2-12⑤B∶1）　2. 单直刃刮削器（TS9E1-22⑤B∶2）　3. 单凹刃刮削器（TS9E1-18⑤B∶1）
4. 端刃刮削器（TS9E1-17⑤B∶3）　5. 圆头刮削器（TS8W1-9⑤B∶6）　6. 凹缺器（TS9E1-18⑤B∶6）
7. 直凹刃刮削器（TS9E1-22⑤B∶7）

裂面向背面先打去两个稍大的片使其形成凹口，再在凹口内从背面向破裂面加工，痕迹细小，另一侧也有打击痕迹，但不形成刃缘（图 24-3）。

端刃刮削器，2 件。标本 TS9E1-17⑤B∶3，系较小的脉石英砾石经砸开后，利用较厚的一半石片加工而成，背面依然保留大部分原砾石面。加工部位在前端，从破裂面向背面连续敲打，使之形成锯齿状刃口，长 66.5、宽 36.5、厚 26mm（图 24-4，图版 3-2）。标本 TS9E2-12⑤B:1，脉石英薄片，仅在一端轻敲出一直的刃缘，长、宽为 10.5、13.5mm。

圆头刮削器，标本 TS8W1-9⑤B:6，外形近圆形，采用砸击产生的水晶质细小石片作为毛坯，再在毛坯的前部和两侧缘连续进行加工，加工痕迹细小，刃缘略呈半圆形。长 11.5mm，宽 17mm，厚 14.5mm，标本大小类似拇指盖刮削器[19]（图 24-5，图版 3-3）。

直凹刃刮削器，标本 TS9E1-22⑤B:7，采用砸击产生的水晶质中等大小的石片加工而成，长、宽、厚分别为 58.5、37.2、13mm。器型长方形，前、后两端均无修理痕迹，右侧加工成凹的刃缘，刃口长 27mm。左侧为直刃，似细小的锯齿状，刃口长 35mm。两个刃的刃角均为 45°（图 24-7，彩版 6-1）。

凹缺器 1 件。标本 TS9E1-18⑤B:6，采用锤击的长形脉石英小石片作毛坯加工而成。外形略呈三角形，长 41、宽 28.5、厚 14.5mm。凹缺部位是从破裂面向背面打击出两片使其形成凹缺，再在凹缺部敲击，缺口长 22mm（图 24-6，图版 3-4）。

凹缺器通常被归于刮削器范畴，但也有人将其单列成独立的类型。凹缺器无疑是一种以石片为毛坯再加工的工具，通常把凹缺部分仅有一个剥片的称为“克拉克当刮削器”。从这个定义看，莲花池山遗址第二文化层的凹缺器并不属于这种类型。凹缺器在福建闽南地区“漳州文化”的小石器地点中是一种最常见的工具之一，且加工相当精细[20]。

尖状器 3 件。均属小型，都采用锤击或砸击产生出来的较小石片作毛坯，由两个侧边向前端修理形成一个尖头。标本 TS9E1-17⑤B:1，由砸击产生的片状脉石英加工而成，器型三角形，很规整，长 54.3、宽 28.8、厚 18mm。从两个侧缘靠上部位置向前端连续进行加工，使其形成一个较锐利的尖头，两侧边在前端的夹角为 60°。两侧都是由背面向破裂面修理的（图 25-1，图版 3-5）。标本 TS10W1-23⑤B:1，外形树叶形，采用锤击法产生的小的片状脉石英作毛坯，长、宽、厚分别为42、30.5、15.5mm。由两侧缘靠上部向前端加工，修出夹角65°的尖头，右侧前端在修理时出现崩片，后端也有加工痕迹，可能为了手握（图25-2，图版3-6）。标本编号TS9E1-17⑤B：2，以锤击脉石英石片作毛坯，近圆形，长50.5、宽44.2、厚21.5mm，后端较厚，向前端逐渐变薄，由两侧的边缘向前加工修理，尖头稍钝，两边在前端夹角为85°（图25-3）。

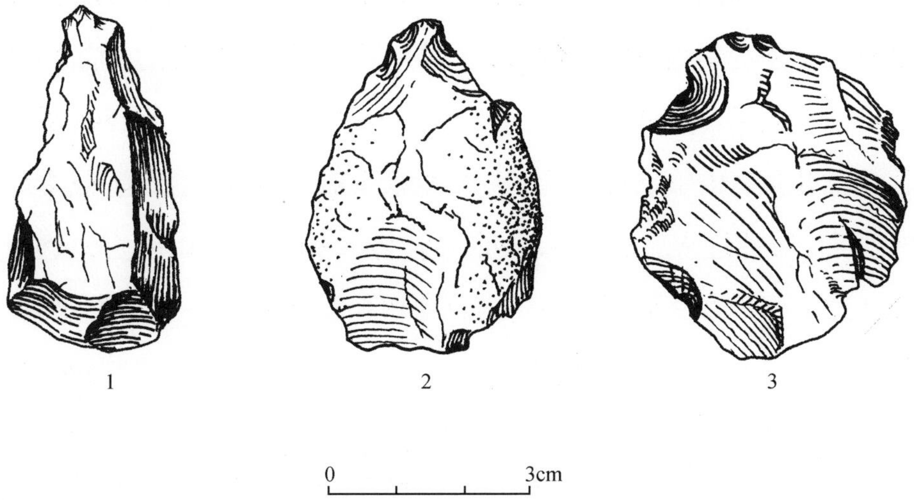

图25　第二文化层的尖状器

Fig. 25　Points from the Second cultural level

1. TS9E1-17⑤B: 1　2. TS10W1-23⑤B: 1　3. TS9E1-17⑤B: 2

尖状器是我国北方旧石器时代遗址石制品中最重要的工具之一，类型繁多，加工精致[21]，是一种比较定型的工具；而在南方的许多遗址石制品中，尖状器普遍器型较大，大多数加工比较简单，少见有第二步再加工的标本。

第二文化层石制品和第一文化层石制品一样，代表一种非原地埋藏类型的石制品组合，它也不具自身的文化性质，因为它是最底部原生埋藏类型的文化层破坏后经流水作用再搬运而成的集合体。经过对石制品的分布、地层叠覆关系的观察，证实这个组合来自原生石制品组合（第四文化层或“石制品组合D”）。这个组合的石制品呈条带状分布，基本上集聚在层面上的低凹处，明显具有流水作用而成的象征（参见图20）。

莲花池山遗址第二文化层石制品（“石制品组合B”）中，非工具类的数量比例较大，占石制品总数的87%以上，其中以断片和碎片最多（占61%）；而工具类仅占12.7%。这些比例数字并不能代表真正的原来文化面貌，其原因是，全部石制品并非原地的埋藏物，而均为原生文化层经后期的破坏再搬运的结果。如图20所示，“石制品组合B”的全部石制品呈有规律条带状分布，明显顺着上网纹红土层之上的不整合面呈较大角度的斜坡分布；况且，除了石锤是尺寸较大的水晶晶体外，包括石核在内的其他石制品的尺寸都偏小，工具类中缺乏砍砸器类型，石制品尺寸也明显地比“原生文化层”中的小得多。从某种意义看，莲花池山遗址“石制品组合B”与南方砾石石器传统常见的某些特征相悖[22]。因此，可以断定，这个石制品组合应是“原生文化层”的一部分，是由于后期的破坏将其中相对较小的石制品搬运到现在的位置。

二、第三文化层石制品

第三文化层石制品（“石制品组合C”）也同样属非原地埋藏类型。该石制品组合虽然出自上网纹红土与中网纹红土之间的砾石条带中，但却来自下面原生文化层，从图19可以判断出，石制品具有条带状分布的特征，并且集中在中网纹红土层层面上的低凹处，显然也是经流水作用再堆积的。

第三文化层的石制品总共327件，分非工具类和工具类。属于非工具类的有石核、断块、断片、碎块、碎片和石片6种；工具类的有石锤、砍砸器、刮削器和尖状器4种类型。石制品的分类、测量与统计见表5。

表5　第三文化层石制品的分类、测量与统计表

Table 5　Classification, measurement and statistics of artifacts from the Third cultural level

测量项目/数量/统计		石核		断块与断片	碎块与碎片	石片		刮削器						石锥	尖状器	石锤	砍砸器	统计
		锤击石核	砸击石核			锤击石片	砸击石片	单直刃	单凸刃	双直刃	双凹刃	凹凸刃	单端刃					
原料	脉石英岩块	5	12	20	87	18	5	1	2					1			1	152
	脉石英砾石	2	3	6	26	5	3			1			1				2	49
	水晶晶体	1	8	44	53	1	11			1	1	1	1		2	2		126
毛坯	石片							1	1	2		1	1	1	1		1	
	断块																	
	石核																2	
长宽厚（mm）	最长	134	64			87	71	56	63	41	46	56		67	67	84	122	
	最宽	90	48			48	37	54	46	31	16	42		22	43	43	102	
	最厚	76.5	43			27	26	12	24	12	12.5	18		23	24	46	65	
分类统计		8	23	70	166	24	19	1	2	2	1	1	2	1	2	2	3	17/327

注：分子代表石器数量，分母代表石制品总数。

1. 非工具类

共计310件，占石制品总数的94.8%。

石核　31件，占总数的9.5%。包括砸击石核和锤击石核两种，其中以水晶晶体为原料的有9件；以脉石英岩块为原料的17件；以脉石英砾石为原料的有5件。

锤击石核，8件，占石核中的25.8%，分单台面和多台面两种。

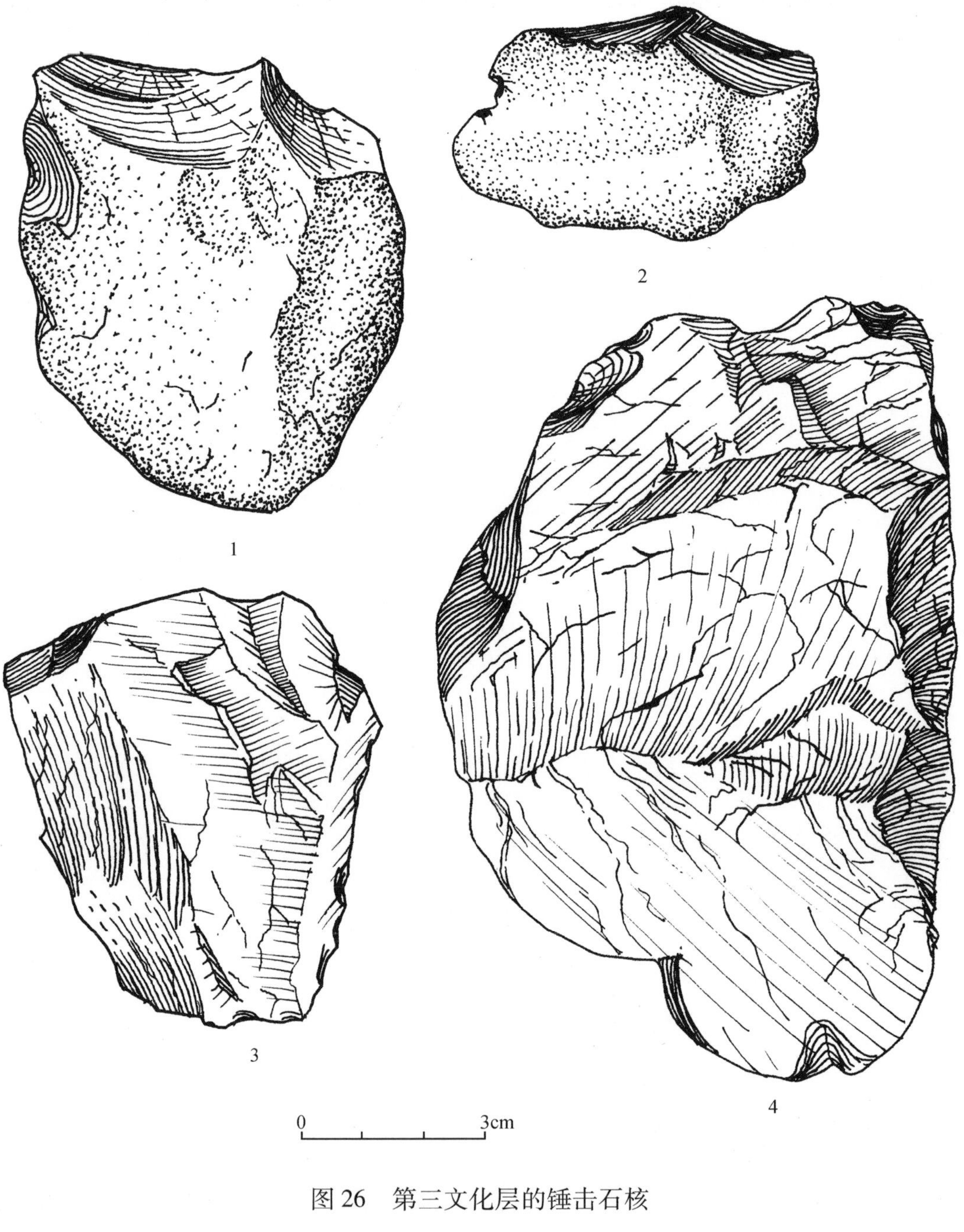

图 26　第三文化层的锤击石核

Fig. 26　Striking cores from the Third cultural level

1. TS8E3-12⑥B: 3　2. TS8E2-7⑥B: 1　3. TS8E3-12⑥B: 4　4. TS8E3-12⑥B: 2

单台面石核，6件。标本TS8E3-12⑥B:3，脉石英砾石，直接从砾石的较平一面打片，只有遗留3个疤痕，破裂面不整齐，长宽分别为65、56mm（图26-1）。标本TS8E2-7⑥B:1，较小的脉石英砾石，长34、宽52、厚28mm，从砾石较平的一侧向另一侧剥片，痕迹较小（图26-2，图版4-1）。标本TS8E3-12⑥B:2，是较大的锤击石核，以脉石英岩块为原料，长114、宽74、厚76.5mm，以岩块的节理面为台面直接打片，打片是顺时针方向沿着石核的周边进行的，其上遗有4个石片的疤痕（图26-4，图版4-2）。

多台面石核，2件。标本TS8E2-12⑥B:1，原料水晶晶体，经轻度磨蚀，直接以水晶晶体的一个晶面为台面打片，核体上可见遗有8个石片疤，水晶晶体的原砾石面仅剩余约1/5，长68.5、宽47.5、厚40.2mm。标本TS8E3-12⑥B:4，以脉石英岩块为原料，其上有从三个较平的岩块面（节理面）打片留下的6个片疤，长65、宽55.2、厚36.5mm（图26-3）。

砸击石核，23件，占石核中的74.2%。以脉石英岩块为原料的12件，以脉石英砾石为原料的3件，以水晶晶体为原料的8件。标本TS8E3-11⑥B:2，原料脉石英岩块，通身都有剥片的疤痕，且破裂面都较平，长51.5、宽47、厚36mm（图27-1，图版4-3）。标本TS8E3-18⑥B:1，原料为脉石英砾石，长68、宽46.5、厚43.5mm，沿着砾石周围有4个长条形的片疤，片疤最长的58mm（图27-2）。标本TS8E3-21⑥B:1，以水晶晶体砾石为原料的砸击石核，除遗有少部分原晶体砾石面外，其余都是石片疤痕。石核的两头都布满砸击点和砸坑，显然是反复砸击的结果，长120、宽与厚49mm（图27-3，图版4-5）。标本TS8E3-19⑥B:3，原料水晶晶体砾石，长、宽、厚分别为48、31、26.5mm，两端都有砸击后留下的大量坑疤，晶座的一头还有细小的崩落碎片的疤痕（图27-4，图版4-4）。标本TS9E2-19⑥B:1，脉石英砾石，通身均有片疤，仅遗有少部分原砾石面，片疤最大的长47、宽28mm，长60、宽32、厚25mm（图版5-1）。标本TS9E1-21⑥B:2，原料脉石英岩块，通身也都有片疤，只留有局部原岩块自然面，长58、宽33、厚27mm（图27-

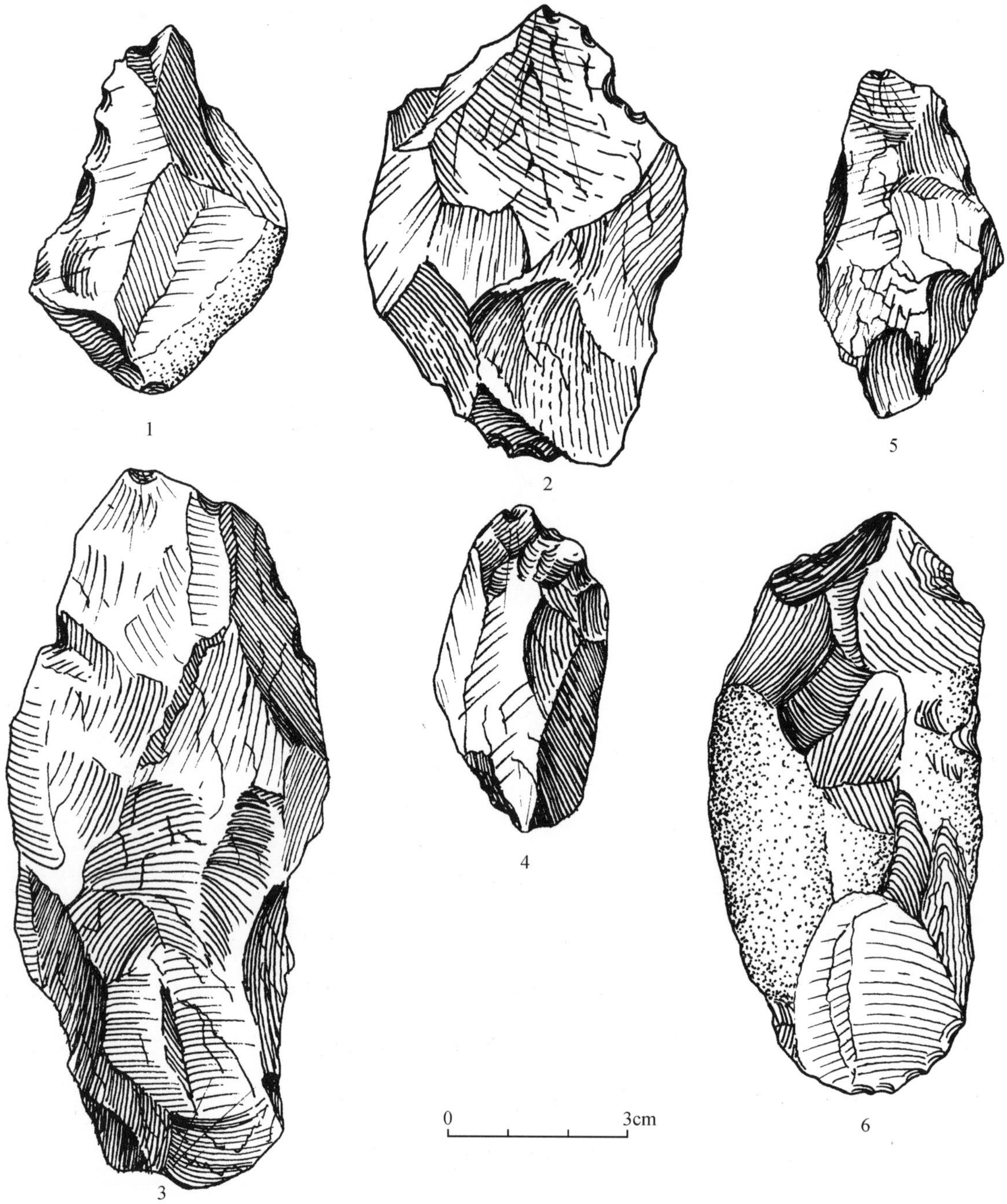

图 27 第三文化层的砸击石核

Fig. 27 Smashing cores from the Third cultural level

1. TS8E3-11⑥B: 2 2. TS8E3-18⑥B: 1 3. TS8E3-21⑥B: 1 4. TS8E3-19⑥B: 3

5. TS9E1-21⑥B: 2 6. TS8E3-12⑥B: 1

5）。最小的1件水晶石核，长45、宽24、厚22mm。标本TS8E3-12⑥B∶1，较大的水晶晶体砾石，略有磨圆，长96.5、宽与厚40.5mm，砸击后遗有许多片疤，最大的片疤长31、宽21mm（图27-6）。标本TS9E1-14⑥B∶9，水晶晶体经砸击从中部断裂，两侧可见较长较好剥片。保留部分砾石面。长、宽、厚分别为71、66、42mm（图版4-6）。

值得注意的是，在以水晶晶体为原料的石核中，有一部分是从水晶晶体的中间部位或近晶尖处作为砸击点砸击的，而后再利用带有晶尖部位的砸断面作为台面，向晶尖方向砸击产生石片，有的砸断面上还保留了水晶晶体的六面体切面形状。但是，多数以水晶晶体作石核，在砸击时都是采用晶尖朝下、晶座朝上，用水晶晶体作石锤，对准晶座位置砸击的方法。这种方法产生生产石片时晶尖和晶座部位都会出现破裂和出现较大石片的片疤，只是晶尖部位的片疤较少，而是大量崩裂细小碎片的疤痕。

断块与断片　共70件，占总数的21.4%。其中属于水晶的44件，脉石英的26件，形状大多不规则。断块尺寸稍大，少量超过70mm的；断片的尺寸普遍较小，长度大多在30mm以下。

碎块与碎片　共166件，占总数的50.7%。其中水晶质的有53件，脉石英的113件。碎块和碎片的尺寸都较小。

石片　43件，占石制品总数的13.1%。其中水晶质的12件，脉石英的31件。最大的脉石英石片尺寸为长87、宽48、厚27mm；最小的长25、宽17、厚9mm。分锤击石片和砸击石片两种，其中有3件属于砸击时出现的长条形石片。

锤击石片，24件。标本TS8E3-8⑥B∶4，脉石英，破裂面整齐，边缘具细小的剥落痕迹，可能是使用的结果，长宽厚分别为30、21、16mm（图28-1，图版5-2）。标本TS8E3-7⑥B∶2，从脉石英砾石锤击下来的石片，长43、宽32.5、厚28.2mm，破裂面不整齐，打击点清楚，放射线可见，背面遗有3个片疤和少部分原砾石面。从破裂面观，左侧缘锐利，似曾使用过（图28-3，图版5-3）。

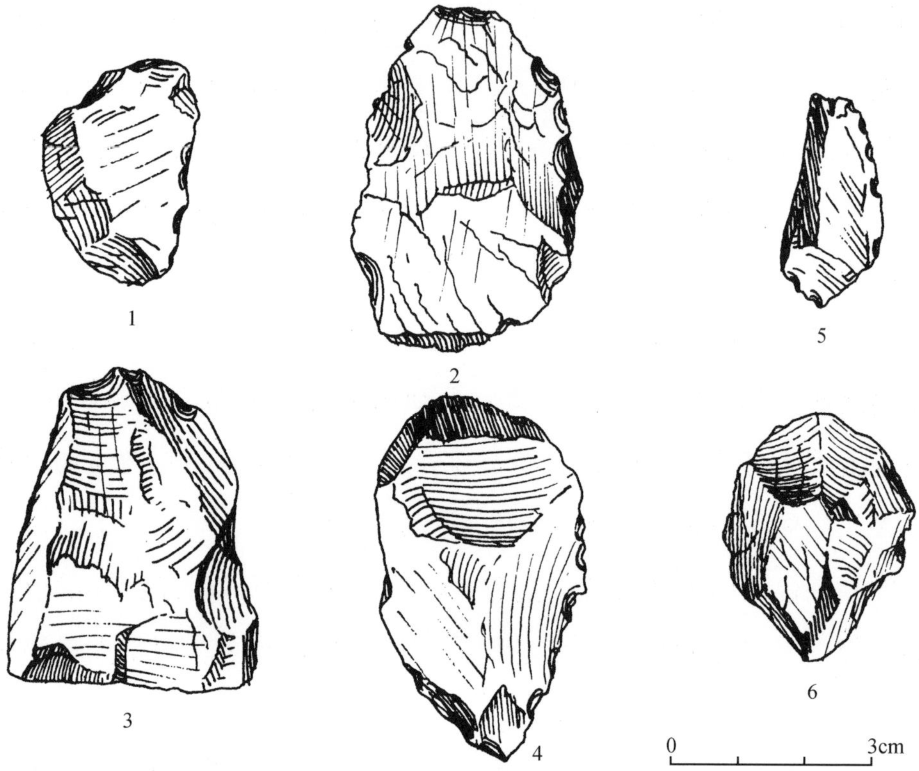

图 28　第三文化层的石片

Fig. 28　Flakes from the Third cultural level

1、3. 锤击石片（TS8E3-8⑥B∶4、TS8E3-7⑥B∶2）　2、4～6. 砸击石片（TS9E3-3⑥B∶3、TS9E2-2⑥B∶1、TS8E3-17⑥B∶1、TS8E3-21⑥B∶4）

砸击石片，19 件。标本 TS9E3-3⑥B∶3，原料水晶，长 45、宽 27.2、厚 14.5mm，破裂面不平整，打击点清楚，放射线可见（图 28-2，图版 5-4）。标本 TS9E2-2⑥B∶1，最大的砸击石片，破裂面较平齐，边缘薄，似有使用痕迹，背面全为砾石面，长 48、宽 29、厚 21mm（图 28-4，图版 6-1）。标本 ZLP 中∶1247，为脉石英石片，长、宽、厚分别为 71、25、17mm，背面和腹面都有崩落小片的痕迹。标本 ZLP 中∶203，水晶质石片，长、宽、厚分别为 50、23、12mm，其背面有剥落 3 个小片的痕迹，但保留了部分原水晶面。标本 ZLP 中∶205，也是一件砸击水晶石片，长、宽、厚分别为 66、22、18mm，前端的一侧具很薄的刃缘，但未经加工，细小的崩落疤痕有可能是使用的结果。标本 TS8E3-17⑥B∶1，水晶，长 36、宽

22. 5、厚 11. 5mm，破裂面平整，打击点清楚，放射线可见，由于石片很薄，边缘锐利，似可直接使用（图 28-5，图版 5-5）。标本 TS8E3-21⑥B∶4，为一件从较小的水晶晶体上砸击下来的半边石片，长 60、宽 45、厚 32mm（图 28-6，图版 5-6）。

2. 工具类

共 17 件，占石制品总数的 5. 2 %，包括石锤、砍砸器、刮削器、尖状器和石锥。

石锤　2 件，以水晶晶体砾石为原料，作砸击或锤击石片的石锤之用。标本 TS8E3-9⑥B∶1，晶座部位稍有凹陷，应是砸击的结果，凹陷中布满大量砸击点和砸击坑，长 105、宽 66、厚 58mm（图 29-1，图版 6-2）。标本 TS9E1-21⑥B∶1，是一件保存基本完整的水晶晶体，长 84. 2、宽 43. 5、厚 46mm，晶座部位布满因砸击或锤击时留下的坑疤和条状疤，晶尖也有砸击痕迹以及崩落碎片留下的痕迹（图 29-2）。

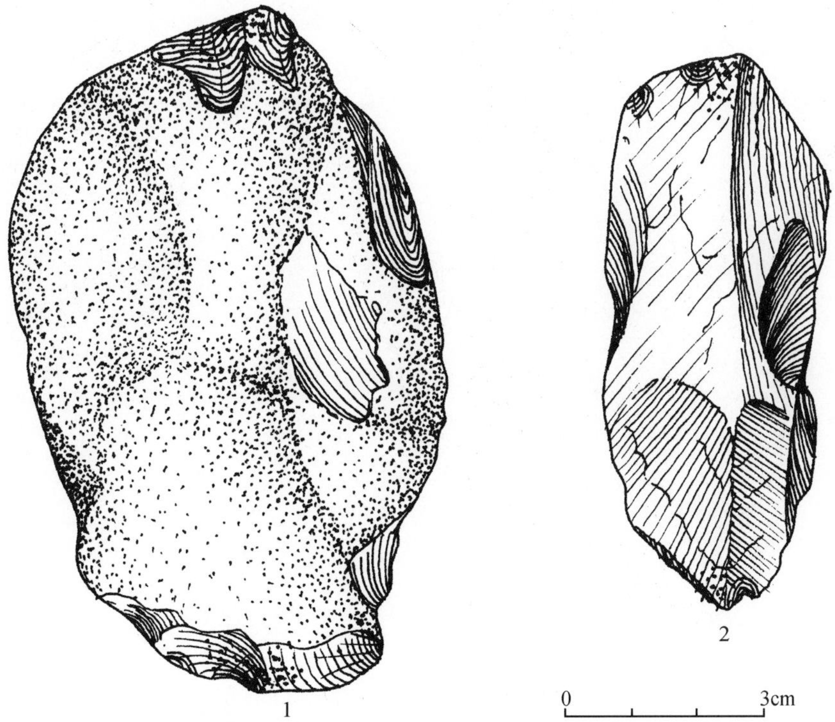

图 29　第三文化层的石锤

Fig. 29　Stone hammers from the Third cultural level

1. TS8E3-9⑥B∶1　2. TS9E1-21⑥B∶1

砍砸器　3件。TS8E3-19⑥B∶1，器形大，属重型类工具，长144、宽105.5、厚65mm。此件原本是一件砸击石核，因经砸击后前端变薄，遂利用这一特点再从破裂面向背面打去3个小片，使其形成大的锯齿状刃缘，因此它是一件石核石器或重型单端刃砍砸器（图30-1，图版6-3）。标本TS9E2-7⑥B∶1，采用脉石英砾石经砸击后剩余的一小半作毛坯，破裂面由两个片疤组成，中脊贯通前后。背面均为砾石面，标本长方形，长84.5、宽34、厚36.6mm。在前端从破裂面向背面打出一个大片，再在片疤上敲击5个小片使其形成微微凸出的具锯齿状刃口，刃口长38mm，刃角40°（图30-2，图版6-4）。

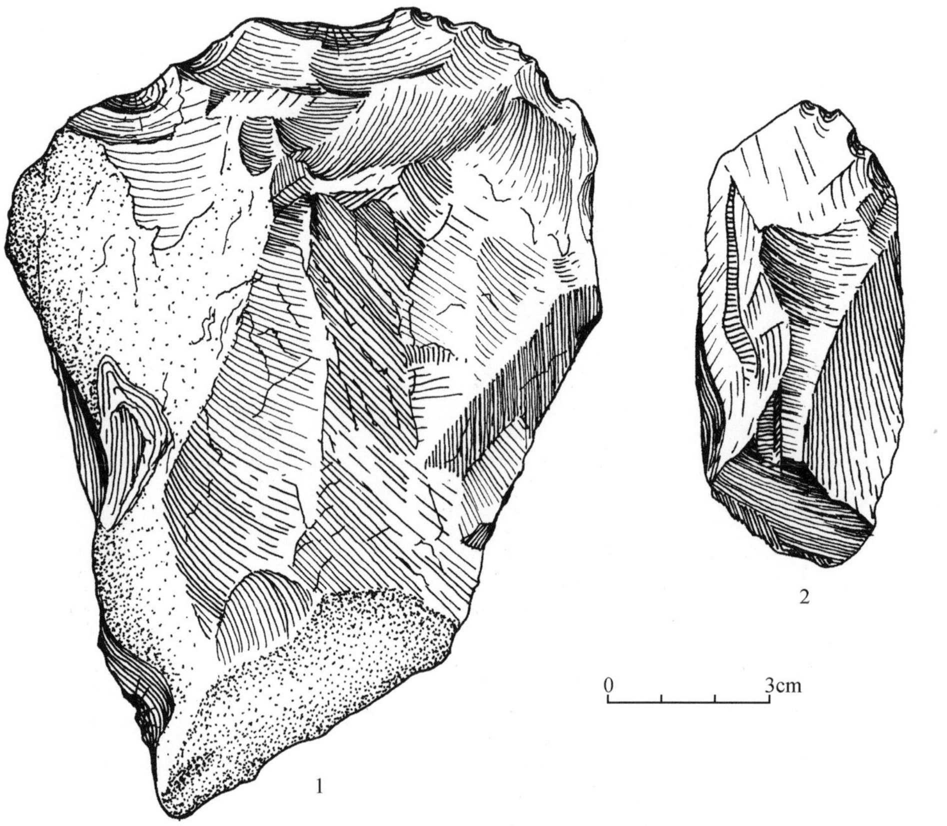

图30　第三文化层的砍砸器

Fig. 30　Chopper-chopping tools from the Third cultural level

1. TS8E3-19⑥B∶1　2. TS9E2-7⑥B∶1

刮削器　9 件，占石制品总数的 2.8%。分单直刃、单凸刃、双直刃、双凹刃、端刃和凹凸刃刮削器。

单直刃刮削器，1 件。标本 TS9E1-14⑥B∶4，以锤击脉石英石片作毛坯加工而成，长 61.5、宽 34、厚 17.5mm，较薄。背面观右侧边缘靠上部有从破裂面向背面去片的较大疤痕，并在此疤痕上由破裂面向背面打出长 28mm 的刃口（图 31-1，图版 7-1）。

单凸刃刮削器，2 件。标本 TS8E3-8⑥B∶1，原料为脉石英，近矩形。两面较平坦。一边正向加工，形成一凸刃，刃长 17mm，疤痕层叠连续，大小不一。保留少

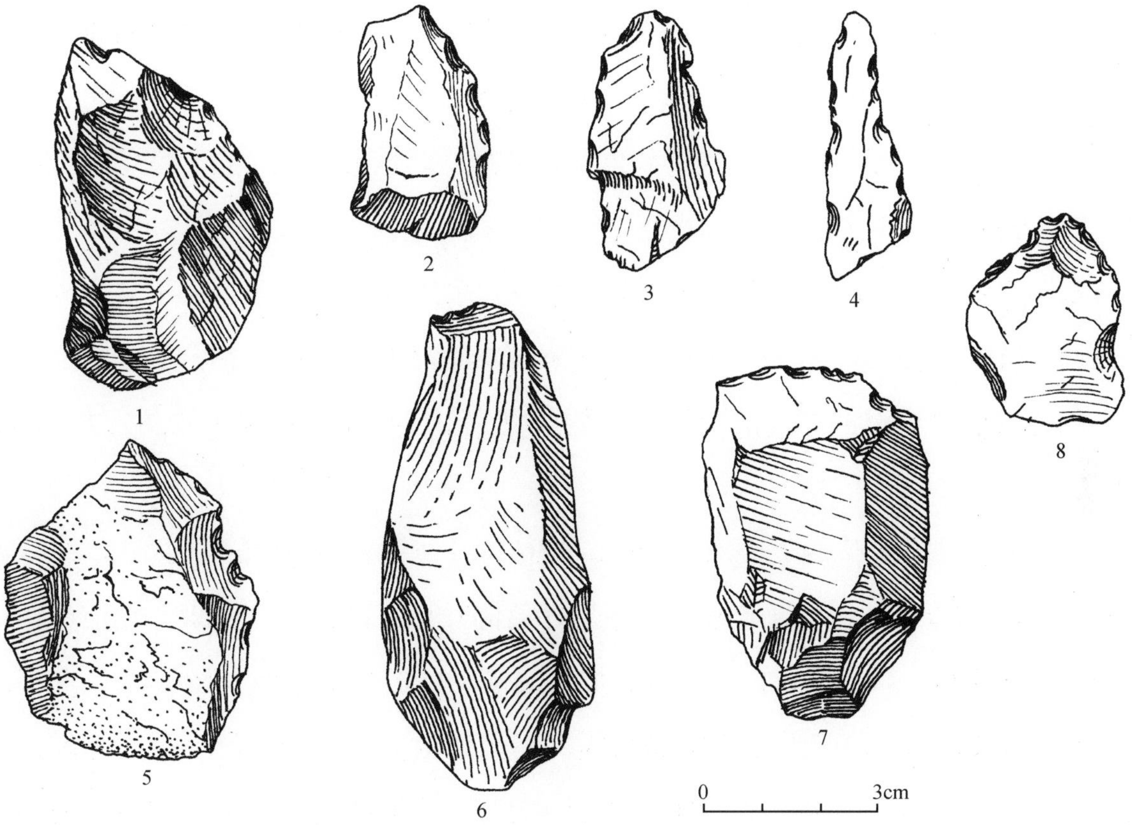

图 31　第三文化层的刮削器

Fig. 31　Scrapers from the Third cultural level

1. 单直刃刮削器（TS9E1-14⑥B∶4）　2. 单凸刃刮削器（TS8E3-8⑥B∶1）　3. 双直刃刮削器（TS9E2-24⑥B∶13）　4. 双凹刃刮削器（TS9E2-7⑥B∶4）　5. 单凸刃刮削器（TS9E1-14⑥B∶7）　6. 单端刃刮削器（TS9E1-20⑥B∶1）　7. 单端刃刮削器（TS8E2-8⑥B∶12）　8. 凹凸刃刮削器（TS8E2-23⑥B∶3）

量砾石面。长、宽、厚分别为22、17、8mm（图31-2，图版6-5）。标本TS9E1-14⑥B∶7，采用锤击脉石英石片作毛坯，长、宽、厚分别为63、46、17.2mm。背面观左侧缘为片疤，右侧缘有从破裂面向背面打出的大的片疤，再在这个片疤上由破裂面向背面修出长35mm的刃口，刃角30°（图31-5，图版6-6）。

双直刃刮削器，2件。标本TS9E2-24⑥B∶13，利用水晶石片加工的双直刃刮削器，形体较小，长、宽、厚分别为40、31、12mm，外形略呈菱形，一侧缘有由自背面向腹面加工的痕迹，另一侧加工方向相反（图31-3，图版7-4）。标本TS9E1-15⑥B∶1，以脉石英为原料。近梯形，以正向加工为主，在两侧边形成两条直刃，左侧边刃角54.4°，长19mm，单层修疤，疤痕连续，较减平。右侧边刃角96.3°，长22mm，疤痕层叠，大小不一。周边均经锤击修理。两面较平坦。长、宽、厚分别为31、22、9mm（图版7-3）。

双凹刃刮削器，1件。标本TS9E2-7⑥B∶4，采用水晶晶体砸击时出现的碎片加工而成。长46、宽16、厚12.5mm，外形和横断面都为三角形，三个边均有加工痕迹，只有两个边形成刃口。破裂面观左侧缘凹刃长21mm，右侧缘微凹刃长32mm（图31-4，彩版6-3）。

单端刃刮削器，2件。标本TS9E1-20⑥B∶1，锤击脉石英石片，长75、宽36mm，后半部厚27mm，前半部厚9mm。外形柳叶形，横断面凸镜形。在前端由破裂面向背面修出一微凸的刃；后端也有加工痕迹，可能为了手握（图31-6，图版7-2）。标本TS8E2-8⑥B∶12，采用水晶晶体靠晶座部位砸开后剩余的一半作毛坯加工而成，外形长方形，后端较厚，向前端逐渐变薄，从破裂面向背面在前端的薄刃上敲击，使之出现锯齿状刃口。刃口长25mm。长54、宽35、厚28.5mm（图31-7）。

凹凸刃刮削器，1件。标本TS8E2-23⑥B∶3，以锤击石片作毛坯，外形近椭圆形，长56、宽42、厚18mm，加工在两侧边，由破裂面向背面修理，刃口锯齿状，右侧缘凸刃，刃口长36mm；左侧缘凹刃，刃口长23mm（图31-8，图版7-5）。

尖状器　2件。标本TS8E3-11⑥B∶1，以砸击产生的长石片做毛坯再加工而成，原料水晶质，破裂面略平，中间有一条纵贯前后的棱。背面保留原有的两个晶面，中部也是贯穿器身前后的棱嵴，外形呈三角形。横切面大致呈平行四边形。从两侧边缘的靠下部起，向前端轻敲细琢，修出一个夹角约40°的尖头。长、宽、厚分别为67、43、24mm（图32-2），标本TS8E1-12⑥B∶8，砸击脉石英石片，柳叶形，横断面凸镜状，两头均收缩成尖，仅在一个尖端有少许加工的痕迹，长60.5、宽23、厚16.8mm（图32-1，图版7-6）。

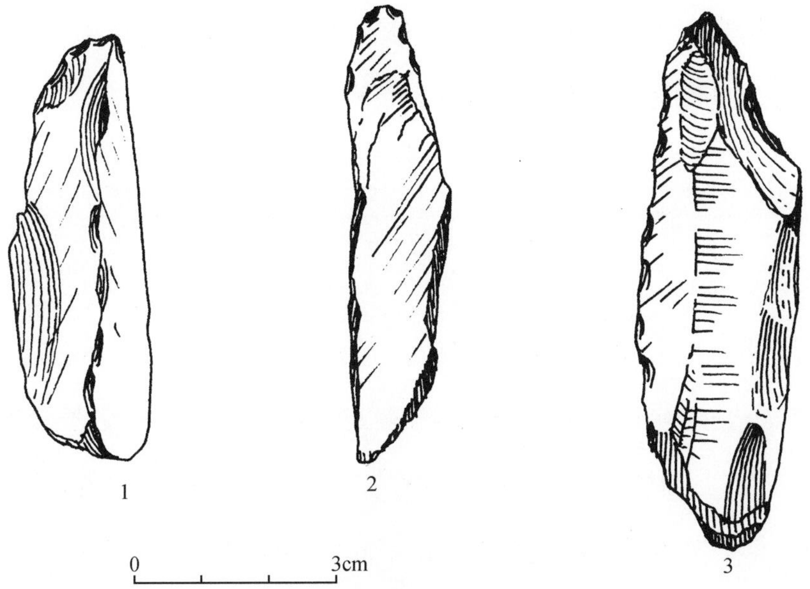

图32　第三文化层的尖状器和石锥

Fig. 32　Points and stone awl from the Third cultural level

1、2. 尖状器（TS8E1-12⑥B∶8、TS8E3-11⑥B∶1）　3. 石锥（TS9E2-6⑥B∶1）

石锥　1件。标本TS9E2-6⑥B∶1，采用砸击方法，先把一件较小的水晶晶体砸开成两片，取其中较小的一半作毛坯加工而成。标本上的晶尖已不复存在，晶座依然保留大部分，后端（晶座位置）稍厚，向前（晶尖方向）渐变薄，从两个侧边靠上部向晶尖方向轻敲细琢，使最前端形成一个锥状的尖头。锥部长14.5mm，横断面三角形，每个边边长4mm，三个边都有经过仔细加工的痕迹。长67.3、宽22、后端厚23、前端厚17.5mm。这件石锥是“石制品组合C”中加工最好的一件（图32-

3，彩版 6-2）。

仅就第三文化层石制品（“石制品组合 C”）的特点看，其原料、器物类型等都与“石制品组合 A”、“石制品组合 B”大同小异，都采用水晶晶体、脉石英砾石和脉石英岩块作原料，产片既有锤击法，又有砸击法。锤击法产生的石片一般形体较小，且宽大于长；砸击法产生的石片则相对较大，大多长大于宽。除一件大型砍砸器属重型器外，其他的石器工具都比较小，这显然与南方砾石石器的特点有悖。尽管部分工具外形相当工整，但加工相对简单，少有进一步精细加工者。由于这一组合的石制品也是经过搬运而来的，因此不具备自身的文化性质。

三、第四文化层（原生文化层）石制品

第四文化层即原生文化层，是莲花池山遗址最早的文化层，也是莲花池山文化的真实代表。该层位于中网纹红土层和下网纹红土层之间的砂砾石条带中（或在下网纹红土的层面上）。原生文化层石制品的分布可参见图 16。在全部石制品材料中，已拼合出 4 例标本。从石制品的分布关系，看出本文化层未经流水搬运，当属原地埋藏类型。

原生文化层出土的石制品数量和石制品类型最多，共计 3308 件。其中非工具类 3199 件，占石制品总数的 96. 7%；工具类 109 件，占总数的 3. 3%。

非工具类包括石核、断块、碎块、碎片、碎块和石片 6 种；工具类有石锤、砍砸器、刮削器、凹缺器、尖状器、薄刃斧和手镐 7 个大类。其中刮削器包括直刃、凸刃、多刃、凹凸刃、圆头和端刃等；尖状器包括大型的和中小型的；砍砸器有重型和中小型等（表 6）。

1. 非工具类

石核　226 件。以水晶晶体为原料的 38 件，以脉石英砾石为原料的 42 件，以

脉石英岩块为原料的 146 件。

石核大多数属于大型，最大的石核是一件脉石英岩块，长 225、宽 210、厚 138mm。另有一件脉石英岩块长、宽、厚为 210、137、85mm。这些大型石核上常有打去 2～6 个大的片疤，一般疤痕显得较凹。除个别外大多数石核上保留有脉石英砾石磨蚀面，或者脉石英岩块的节理面。另有一件较大的大型石核，长 179、宽 84、厚 76mm。

表 6　原生文化层石制品的分类、测量与统计表

Table 6　Classification, measurement and statistics of artifacts from Original cultural level

测量项目 / 数量 / 统计		石核		断块与断片	碎块与碎片	石片		刮削器							石锤	尖状器	手镐与薄刃斧	砍砸器	凹缺器	统计
		锤击石核	砸击石核			锤击石片	砸击石片	单直刃	双直刃	单凸刃	多刃	凹刃	端刃	圆头						
原料	脉石英岩块	110	36	536	1258	118	51	13	1	6		2	3			15	2	13		2164
	脉石英砾石	39	3	19	225	10	15						3			2		2		318
	水晶晶体	14	24	248	425	9	59	5	1	1	3	2	11	1	10	7	2	2	2	826
毛坯	石片							17	1	5	2	2	17	1		13	1	6	2	67
	断块							1	1	2	1	2				7		9		23
	石核														10	4	3	2		19
长宽厚（mm）	最长	210	86	76	67	46	98	71	62	73	60	79	67	29	131	122	118	167	51	
	最宽	137	58	58	43	38	58	51	26	46	55	66	55	23	85	98	76	118	41.5	
	最厚	85	56	49	38	26	35	18	26	20	26	33	36	17	71	45	41	73	14.5	
分类统计		163	63	803	1908	137	125	18	2	7	3	4	7	1	10	24	4	17	2	109/3308

注：分子代表石器数量，分母代表石制品总数。

以脉石英砾石作石核的，多数采用锤击方法生产石片，通常表面有1~4个石片疤痕。脉石英砾石最大的长不超过100mm，最小的一件长、宽、厚分别为43、33、28mm。以脉石英岩块为原料产生石片的，既有砸击法又有锤击法，但以砸击法的占多数，有单、双台面和多台面3种，打片一般不多，通常2~3个，最多的6个，片疤多宽大于长。利用水晶晶体为原料生产石片的，基本上采用砸击方法，个别采用锤击法。采用砸击法的，核体上遗留下来的片疤较多，少则3~4个，有的则通身都是片疤和碎小的疤痕，石核上可见大量点状的或条状的砸击点、砸击坑。

锤击石核，163件。占石核总数的72.1%。

单台面石核，78件。标本TS9E2-1⑦B:2，原料脉石英岩块，长108、宽97.5、厚71.5mm，上、下面都为自然面，相对较平，从一个面的不同位置向另一个面锤击石片，3个石片疤中，最大的长86、宽76mm（图33-1，图版8-1）。标本G2:33，原料脉石英岩块，上、下面较平，自然台面，沿岩块的周围遗有4个大小不等的石片疤，最大的片疤长41mm。石核长93、宽59、厚54mm（图33-2）。

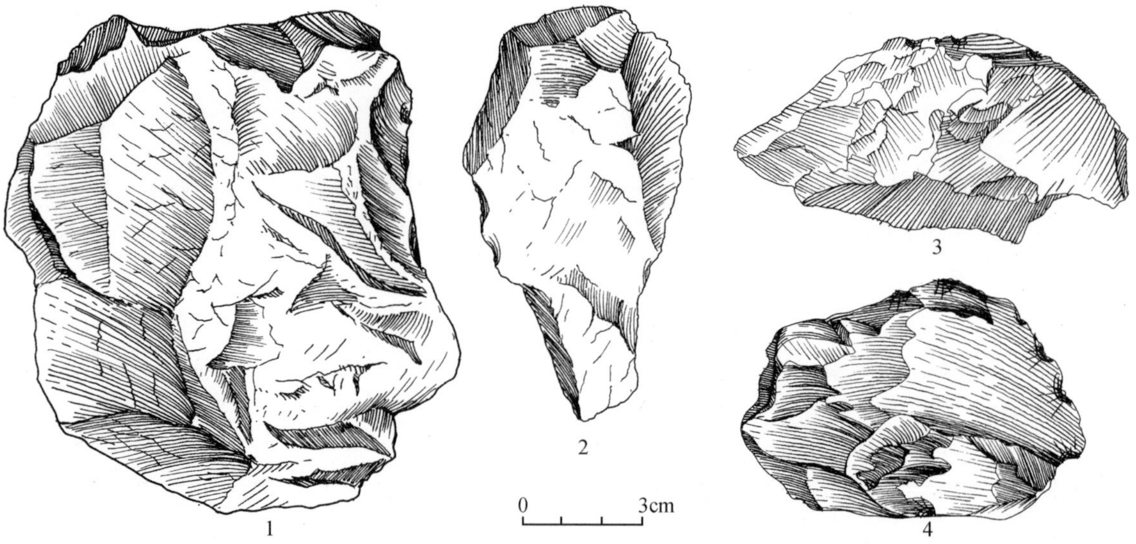

图33 原生文化层的锤击石核

Fig. 33 Striking cores from Original cultural level

1、2. 单台面（TS9E2-1⑦B:2、G2:33） 3. 双台面（TS8E3-2⑦B:4） 4. 多台面（TS9E2-20⑦B:1）

双台面石核，16件。标本TS8E3-2⑦B:4，由脉石英岩块砸击后沿裂隙裂开的较大的断块作石核。长46、宽89.5、厚41mm，有两个工作面从两个方向打片，核体上遗有5个片疤（图33-3，图版8-2）。标本TS8E3-1⑦B:2，原料脉石英岩块，形状不规则，在岩块的两个较平面上打片，仅遗留3个片疤，其中的两个片疤为同一个打击点，片疤短、宽。长155、宽80.5、厚74.5mm。标本G2:58，原料为脉石英，呈圆饼状。两面较平坦，一为砾石面，一为节理面。以两面为台面可见4次剥片，其中一较好者长32、宽47mm。器身长、宽、厚分别为79、86、33mm（图版8-3）。标本G2:54，原料为水晶质，呈三角形。以一平坦砾石面为台面，多次剥片，仅见一次较好剥片，长、宽分别25、29mm，台面角近90°。转向继续剥片，剥片多不成功，呈断层状。保留大量砾石面。长、宽、厚分别为46、58、29mm（图版8-4）。

多台面石核，32件。标本TS9E2-20⑦B:1，长83、宽54、厚51.5mm，通身都有剥片的疤痕。有3个工作面，打片是从3个方向进行的，一个是自然面，两个是人工台面，至少有6个片疤，打击点清楚，放射线隐约可见（图33-4，图版8-6）。标本TS8E3-12⑦B:12，以脉石英为原料，呈不规则形，器身节理发育。可见较好剥片长108、宽69mm。器身长、宽、厚分别为226、152、104mm（图版8-5）。

砸击石核，63件。标本ZLP下:7，1件水晶晶体被砸开形成的晶体，剥片从砸开的断面或晶面进行，至少具有5个剥片的痕迹。标本TS9E3-7⑦B:1，原料水晶晶体，长65.5、宽45.5、厚45.5mm，从核体保留下来的片疤看，是从晶座的底面向晶尖砸击的，核体遗留有3个大片、1个小片的疤痕，大片疤周围有崩裂小片的疤痕以及因砸击而出现的砸痕（图34-1，图版9-1）。标本TS8E3-12⑦B:10，较大的水晶晶体，晶座已断损，可能是在砸击时断裂的，晶尖具有大量因砸击而遗留下来的痕迹，长105.5、宽与厚53.5mm（图34-2，图版9-2）。标本TS7E3-17⑦B:8，较大的水晶晶体，长86、宽58.5、厚41mm，晶座部位具大量砸击坑疤和剥落的片疤，晶尖周围布满崩落的小片疤痕。从晶座剥落的最大片疤长65、宽54.5mm（图34-4，图版9-3）。标本G2:25，很大的水晶晶体，长225、宽91、厚82mm，晶座和晶尖都有因砸击遗留下来的片疤和崩落碎片的痕迹，晶座部位还有大量砸坑。从晶座部位剥落的最大片疤长80、宽54mm（图版9-4）。标本TS8E3-2⑦B∶3，较细长的水晶晶体，通身均有剥落石片的疤痕（图34-5，图版9-5）。标本TS9E1-22⑦B∶3，水晶晶体，晶座有剥落3个石片的疤痕，晶尖遗留大量砸击痕迹和砸坑。长82、宽42.5、厚40.5mm（图34-3，图版9-6）。标本TS9E3-11⑦B∶5，为最小的水晶晶体砸击石核，长59、宽24、厚17.5mm，晶座有砸坑、3个片疤和许多崩片。晶尖仅有崩落小片的痕迹，晶尖断损。标本TS9E3-3⑦B∶1，大型水晶晶体，通身有剥落石片的疤痕，长111、宽49mm，两端经砸击后形成尖头，似可用于尖状器使用（图34-6，图版10-1）。标本G2∶51，水晶晶体直接砸击剥片。可见由两端砸击形成的层叠断裂疤痕。未见较好剥片。保留大量砾石面。长、宽、厚分别为61、42、39mm（图版10-2）。标本G2∶45，水晶晶体经砸击剥片，在一端形成较浅平的数个疤痕，从中部断裂后，断裂面经锤击剥片，可见密集的锤击疤痕，但剥片均不成功。保留大量砾石面。长、宽、厚62、38、39mm（图版10-3）。

断块与断片　803件，占石制品总数的24.3%。其中属于脉石英岩块和砾石的有555件，占断块和断片总数的70%，均为不规则的块状体和打片时断裂的小片；水晶质的有248件，占30%。断块的尺寸稍大，断片的尺寸较小，最大的长、宽、厚为49、40、38mm，最小的长、宽、厚31、27、21mm。

碎块与碎片　共1908件，占石制品总数的57.7%。多数是在打片时碎裂的，有的是砸击时出现的崩片。碎块稍大，碎片很小。

石片　262件，占石制品总数的7.92%，分锤击石片和砸击石片。

锤击石片，137件。标本TS7E3-17⑦B∶4，脉石英锤击石片，长46、宽38.5、厚12mm，三角形，打击点清楚，破裂面不整齐，台面具有加工修理痕迹，是为数不多的人工台面标本（图35-1，图版10-4）。标本TS8E1-14⑦B∶1，脉石英岩块锤击石片，打击点十分清楚，放射线可见，破裂面不整齐。标本长45、宽28、厚18.5mm（图35-3，图版10-6）。标本TS8E1-11⑦B∶3，脉石英岩块锤击石片，是另

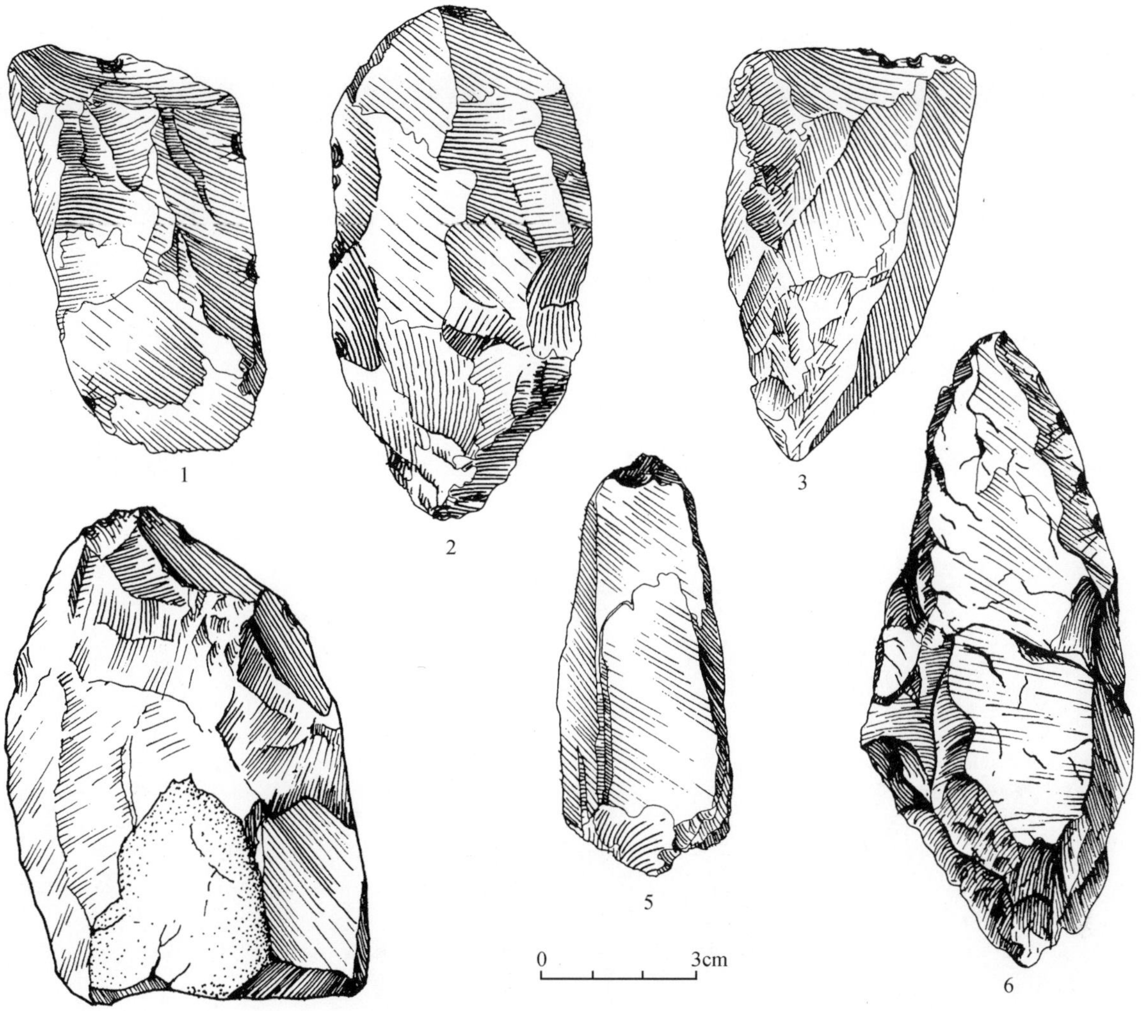

图34　原生文化层的砸击石核

Fig. 34　Smashing cores from Original cultural level

1. TS9E3-7⑦B∶1　2. TS8E3-12⑦B∶10　3. TS9E1-22⑦B∶3　4. TS7E3-17⑦B∶8　5. TS8E3-2⑦B∶3　6. TS9E3-3⑦B∶1

一件修理台面标本，背面具有先前剥片的疤痕，长32、宽16、厚8mm（图35-2，图版10-5）。标本TS9E3-6⑦B∶1，原料脉石英岩块，是锤击石片中最大的，长119、宽82、厚36mm，破裂面较整齐，背面保留较多原砾石面，背面边缘留有剥片痕迹，可能是制作大型器物的毛坯（图35-4）。标本TS8E3-22⑦B∶3，纵断断片，以脉石英为原料。素台面，劈裂面较平坦。背面有一横脊。保留部分节理面。长、宽、厚分别为 53、25、13mm（图版 11-4）。标本 TS8E3-22⑦B∶4，原料为脉石英。近矩形。台面一半疤痕，一半为自然面，远端较厚。因器身有一纵向节理，劈裂面沿节理稍向内凹，背面多节理面。长、宽、厚分别为 45、33、15mm（图版 11-5）。标本 TS8E1-18⑦B∶1，原料为脉石英，长条形。自然台面，劈裂面较平坦，保留少量砾石面。长、宽、厚分别为 54、39、14mm（图版 11-1）。TS8E3-12⑦B∶7，原料为脉石英。背面突起，腹面较平坦，可见放射线。台面及打击点缺失。长、宽、厚分别为 66、53、32mm（图版 11-2）。标本 TS8E3-16⑦B∶3，脉石英为原料，呈长条形，截面为三角形，背部有一脊，劈裂面较平坦，可见放射线。长、宽、厚分别为 74、31、25mm（图版 11-3）。

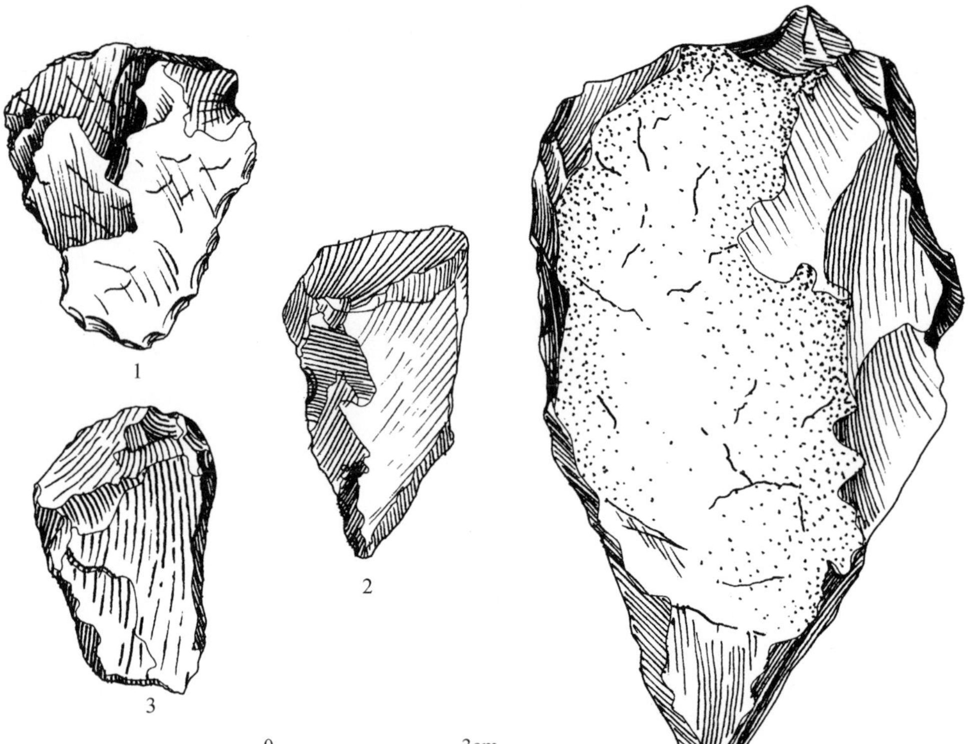

图 35　原生文化层的锤击石片

Fig. 35　Striking flakes from Original cultural level

1. TS7E3-17⑦B∶4　2. TS8E1-11⑦B∶3　3. TS8E1-14⑦B∶1　4. TS9E3-6⑦B∶1

砸击石片，125 件。标本 TS8E3-6⑦B∶1，从脉石英岩块上砸击下来的较厚石片，长 111、宽 57.5、厚 31mm，破裂面较平整，后端为砸击点，背面也有崩落的片疤和砸坑。TS8E3-6⑦B∶3，砸击水晶质石片，破裂面和边缘均参差不齐，且具裂纹，可能是废弃的石片，长 72.5、宽 32、厚 19m（图 36-1）。标本 G2∶11，是一件从水晶晶体上砸击下来的石片，长 61、宽 21.5、厚 15.5mm（图 36-2）。标本 TS9E2-13⑦B∶1，水晶质石片，砸击点清楚，放射线可见，破裂面较整齐，边缘锐利，似可直接使用，长 64、宽 42.5、厚 21mm（图 36-3，图版 12-2）。属于砸击水晶质石片的还有 TS7E2-25⑦B∶1、TS8E3-16⑦B∶5 和 TS9E3-13⑦B∶1 等。标本 TS9E2-25⑦B∶8，原料脉石英，是为数不多的长条形石片，砸击点和放射线均不甚清楚，但边缘锐利，似可直接使用，长 66.7、宽 27、厚 20mm（图 36-4，图版 12-4）。标本 TS8E3-22⑦B∶5，水晶质，近椭圆形。由水晶晶体上砸击剥落。中间厚，两端薄，近端可见向两面劈裂形成的较小疤痕。劈裂面可见放射线。背面保留部分砾石面。长、宽、厚分别为 34、23、11mm（图版 12-1）。标本 TS8E3-16⑦B∶5，水晶质，近椭圆形。中间厚，两端薄锐，可见向两面砸击劈裂形成的较小疤痕。背面稍鼓，保留大量砾石面，腹面平坦。长、宽、厚分别为 41、46、18mm（图版 11-6）。标本 TS9E2-18⑦B∶2，水晶质，背面保留部分砾石面。器身较厚，两端稍薄锐，两端可见砸击在两面形成的疤痕。长、宽、厚分别为 44、35、18mm（图版 12-3）。标本 TS8E3-17⑦B∶7，脉石英质。近菱形。中间厚，两端较薄锐，劈裂面起伏较大。背面保留部分砾石面。器身可见少量钙质附着物。长、宽、厚分别为 68、38、19mm（彩版 7-1）。

2. 工具类

共 109 件，占石制品总数的 3.3%。

石锤　10 件，全部石锤都是采用水晶晶体或水晶晶簇作原料。以水晶晶体作石锤，晶尖和晶座两头都可以作为手握，另一端即可当作锤击或砸击的头部，故用作

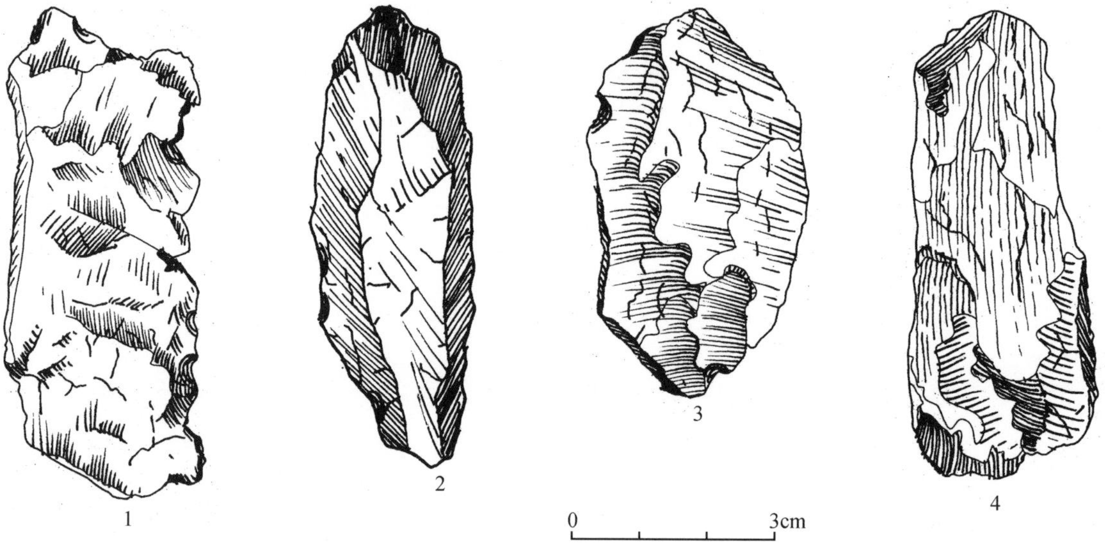

图 36　原生文化层的砸击石片

Fig. 36　Smashing flakes from Original cultural level

1. TS8E3-6⑦B: 3　2. G2: 11　3. TS9E2-13⑦B: 1　4. TS9E2-25⑦B: 8

石锤的水晶晶体两头都遗留有大量打击点或砸击时出现的坑疤、条坑和崩落碎片的小片疤。标本 ZLP 下: 19，为一件大致完整的水晶晶体，长 112mm，断面六边形，晶尖上的一个晶面具许多大小不等的坑疤，而另一头则有崩裂的较大片疤。标本 TS8E2-5⑦B: 1，长 131. 5、宽 49、厚 46mm，晶体表面具有较严重的腐蚀现象，晶体两头都布满大量凹坑和崩落小片的疤痕（图版 13-1）。标本 TS9E3-6⑦B: 1，原料为水晶晶簇，利用晶簇的底座作砸击或锤击的头部；故晶尖部分已崩裂，剩余的可作为把手，晶簇底座布满砸坑和崩片遗下的疤痕。长 105、宽 85. 5、厚 71. 5mm（图 37，图版 12-5）。标本 TS8E2-21⑦B: 2，水晶晶体直接使用。晶尖处可见锤击使用形成的大量疤痕。器身多保留砾石面。长、宽、厚分别为 80、39、29mm（图版 12-6）。

砍砸器　17 件，分重型砍砸器（12 件）和中小型砍砸器（5 件）。

我国广大南方红土分布区砾石石器传统中，不乏重型器物，例如大型砍砸器、大型手镐和薄刃斧等[23]。在莲花池山遗址中，重型砍砸器的器型也相当大而且厚

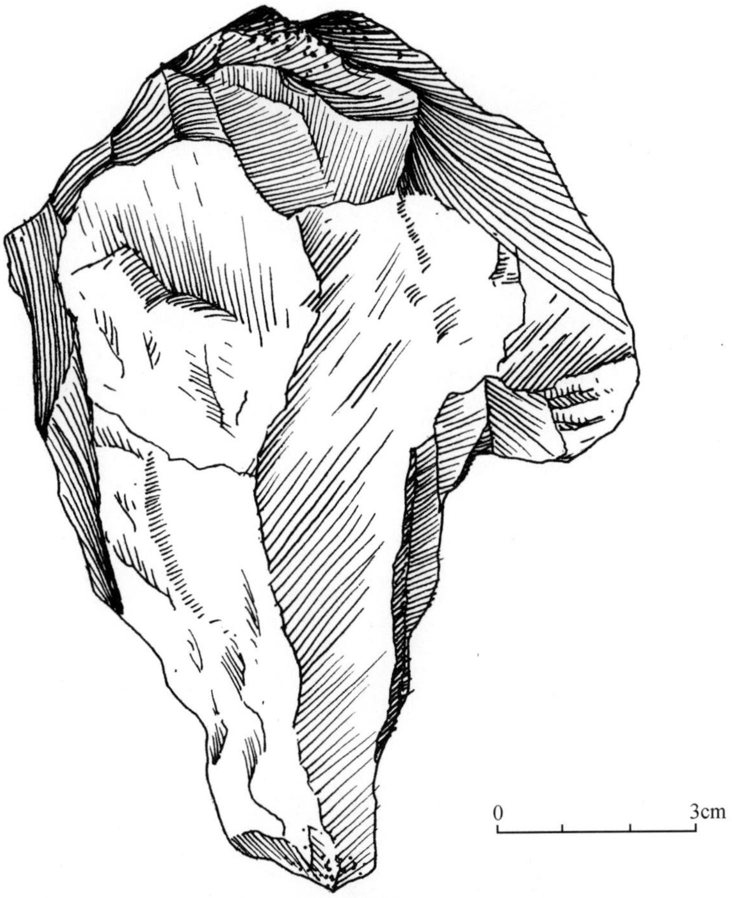

图37　原生文化层的石锤（TS9E3-6⑦B:1）

Fig. 37　Stone hammer from Original cultural level（TS9E3-6⑦B:1）

重，长度均超过100mm，都以脉石英岩块作原料，特点是在一个侧缘上或前端简单加工出一个刃部，故也可称之为单边刃重型砍砸器或单端刃重型砍砸器。

重型凸刃砍砸器，器型都很大，厚重，长大于100mm，宽大于或近于100mm。标本ZLP下:20，长、宽、厚152、107、73mm，在一侧有从背面向腹面剥去5个浅平的较宽片疤，再从腹面向背面打去两个较凹的片，刃口锯齿状，但稍钝。标本ZLP下:119，器型稍小，加工只在一侧边的上端，先打去两个大片，再在片疤上进一步加工成刃部。标本TS8E2-13⑦B:1，脉石英岩块，在一侧缘靠上部从较平的一面向较凸的一面打片，使其形成近90°的刃角，长167、宽118、厚23mm（图版13-

3）。标本 TS8E3-13⑦B∶1，以脉石英岩块砸击后的厚重石片作毛坯，在一侧缘上部从背面向破裂面敲击，再沿着凸出的缘加工成微凸的刃口，长 138、宽 112、厚 32.5mm（图 38-1，图版 13-4）。标本 G2∶24，脉石英砾石，长 175、宽 91、厚 47mm，两端均有加工痕迹，右侧边缘具连续修理疤痕，刃缘长 98mm（图 38-2，图版 13-2）。

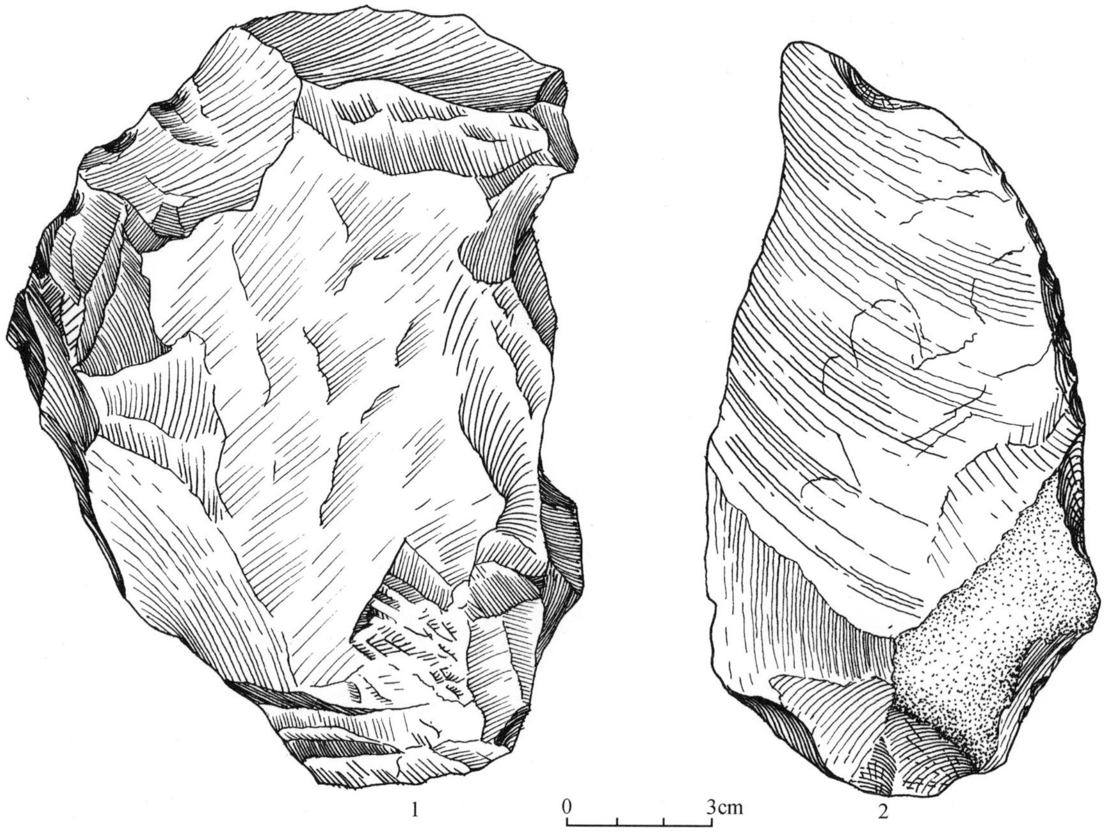

图 38 原生文化层的重型砍砸器（1）

Fig. 38 Heavy chopper-chopping tool from Original cultural level（1）

1、2. 单凸刃砍砸器（TS8E3-13⑦B∶1、G2∶24）

重型单端刃砍砸器，器型很大，十分厚重，加工只在前端。标本 G2∶27，以脉石英岩块经砸击后的剩余石核作毛坯，仅在前端从破裂面向背面加工出一个微微凸出的刃部，刃角 70°，长 144、宽 75、厚 30.5mm。标本 TS7E3-17⑦B∶3，也以脉石英岩块砸击后的块状体作毛坯，外形近似梯形，后端很厚，向前端逐渐变薄，最前端呈很薄的缘，在前端缘上由破裂面向背面少许加工成一平的刃，刃部长84mm。长164、宽113、厚71.1mm。标本TS8E3-1⑦B:5，仅在前端略加修理使之出现一个斜的刃口，刃口长50mm，后端也有修整的痕迹，可能为了手握，长155、宽75、厚48m（图39-1，图版14-1）。

重型单边刃砍砸器，标本TS7E3-16⑦B:7，外形斧形，脉石英岩块砸击产生的宽厚石片，背面遗留有岩块的风化面。背面观左侧边采用交互打击法形成的一个微凸的刃缘，痕迹细小。长145、宽81、厚42.5mm（图版13-5）。标本TS8E3-17⑦B:4，脉石英岩块，周围均有打片疤痕，在原有疤痕上从背面向破裂面沿左侧修理出刃口，长126.5、宽139、厚97mm（图39-2，图版13-6）。

重型双凹刃砍砸器，标本TS8E2-9⑦B:1，脉石英岩块砸击后的宽厚石片，长133.5、宽72、厚28mm，外形长方形，后端略有加工，前端断缺，两个侧缘薄，破

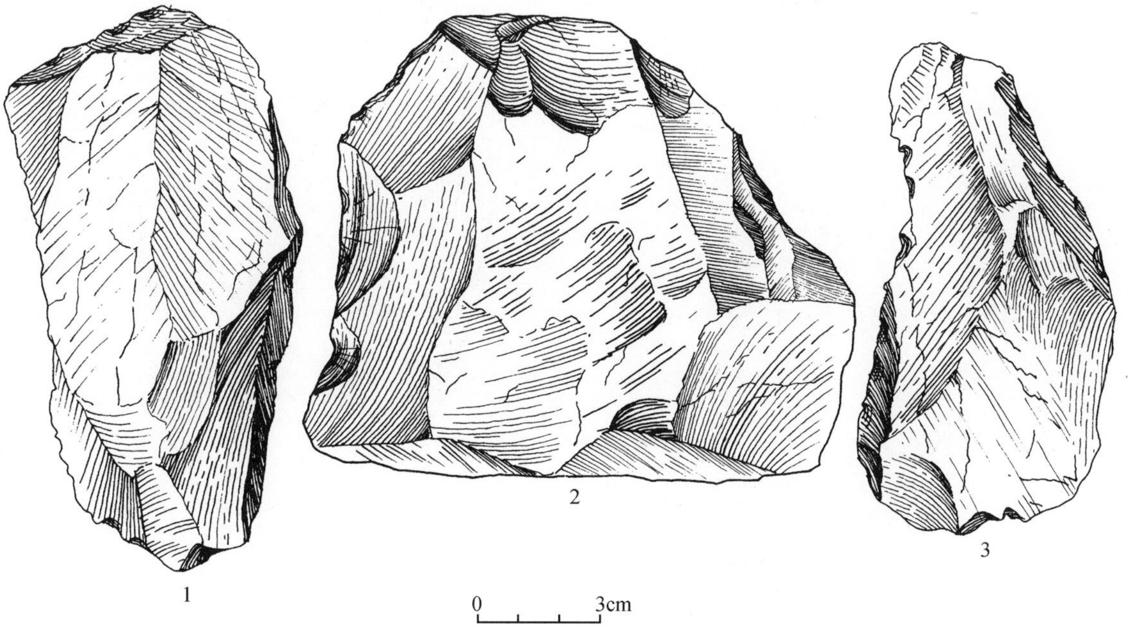

图39　原生文化层的重型砍砸器（2）

Fig. 39　Heavy chopper-chopping tool from Original cultural level（2）

1. 重型单端刃砍砸器（TS8E3-1⑦B:5）　2. 重型单边刃砍砸器（TS8E3-17⑦B:4）

3. 重型双凹刃砍砸器（TS8E2-9⑦B:1）

裂面观右侧边从破裂面向背面加工，刃缘长 89mm，左侧缘从背面向破裂面连续加工，刃缘长 110mm。两个刃缘均呈微微凹入的刃口（图 39-3，图版 14-2）。标本 TS7E3-23⑦B:1，原料为脉石英，呈长条形，截面近平行四边形。两边较薄锐，其上复向疤痕组成两刃，分别长 108、85mm。其中一边可能因使用原因损耗较重。两端经锤击修理。两面较平坦，均为节理面。长、宽、厚分别为 147、77、26mm（彩版 7-2）。

中小型砍砸器，5 件，长不超过 100mm，加工简单。

端刃砍砸器，3 件。标本 TS8E3-6⑦B:2，以水晶晶体砸击后的断块作毛坯，后端保留因砸击留下的大量砸坑和砸痕，向前部逐渐变薄成一刃缘，再从破裂面向背面多次加工出微凸的、锋利的刃，刃缘长 35mm。长 98、宽 53、厚 50.5mm（图 40-1）。

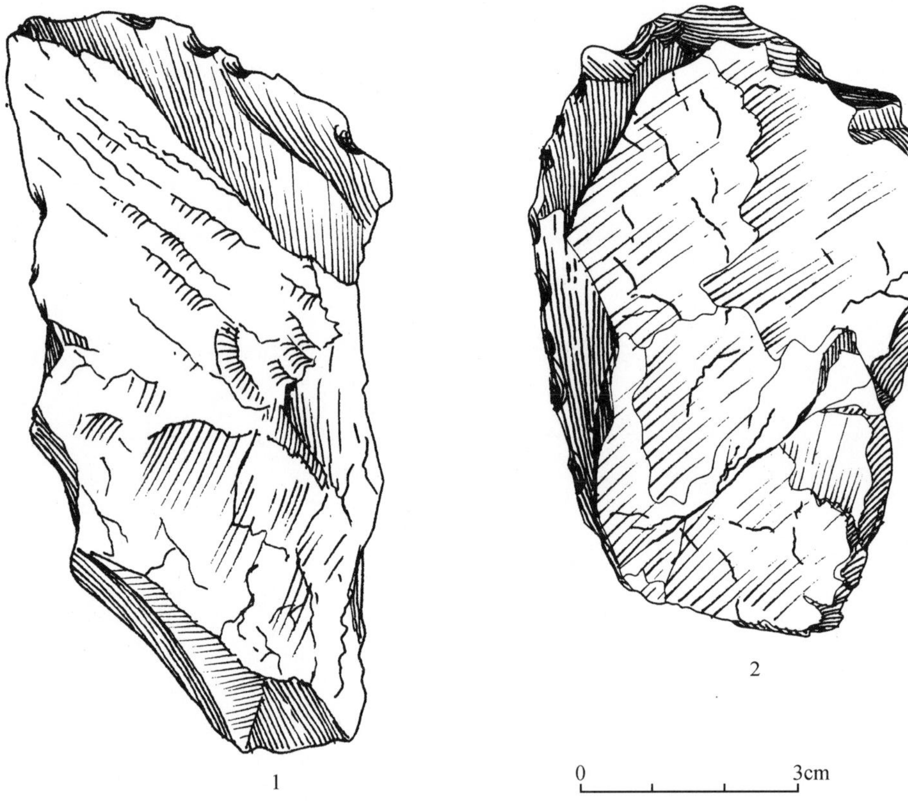

图 40　原生文化层的砍砸器

Fig. 40　Chopper-chopping tools from Original cultural level

1. 端刃砍砸器（TS8E3-6⑦B:2）　2. 凸刃砍砸器（TS7E3-23⑦B:6）

凸刃砍砸器，2件。标本TS7E3-23⑦B:6，脉石英岩块砸击石片，近长方形，长85、宽54、厚35mm。破裂面观左侧缘有从背面连续加工成的微凸的刃口（图40-2，图版14-3）。

刮削器　52件。根据刃缘的形状和刃缘数可分为单直刃刮削器、双直刃刮削器、单凹刃刮削器、单凸刃刮削器、圆头刮削器、多刃刮削器和端刃刮削器7种。现分别记述如下。

单直刃刮削器，18件。标本TS8E3-2⑦B:9，水晶质石片，仅在右侧边缘粗略加工，刃口长35mm（图41-1，图版15-1）。标本TS9E1-23⑦B:1，水晶砸击石片，破裂面不整齐，外形梯形，后宽前窄，背面观右侧缘为腐蚀面而凹凸不平，左侧缘从背面和破裂面相互加工，痕迹细小，互相叠压，是刮削器中加工最好的一件，长41、宽34.5、厚11.5mm（图41-2，图版15-2）。标本TS8E2-15⑦B:1，细小水晶质石片，仅在右侧边缘略有加工，长21、宽12、厚8mm（图41-3，图版14-6）。标本TS8E2-15⑦B:2，水晶质薄石片，右侧遗留有简单加工的痕迹，长32、宽13、厚10mm（图41-4，彩版7-3）。标本G2:39，以水晶质砸击断片作毛坯，从背面向断裂的面加工，痕迹较细小，刃长41mm。长51、宽28、厚18mm（图41-5，图版14-4）。标本TS8E2-14⑦B:1，水晶质较厚石片，右侧有简单修理痕迹，刃口长28mm，长宽厚分别为53、39、23m（图41-6，图版14-5）。在直刃刮削器中，有一些标本是采用砸击石片的断片作毛坯，如标本TS8E3-7⑦B:7，脉石英砸击断片，仅在一侧边缘从背面向破裂面打出一个直刃，长46、宽40、厚18mm。标本TS8E3-7⑦B:6，脉石英岩块砸击断块，长条形，长71、宽51、厚16mm，仅在一侧边缘加工出一直刃。

端刃刮削器，17件。标本G2:6，以砸击脉石英砾石后的半边石片作毛坯，外形椭圆形，长67、宽55、厚31mm，仅在前端从破裂面向背面（原砾石面）进行简单加工。标本G2:1，脉石英锤击断片作毛坯，后端较厚，前端薄，两向加工，刃部锋利，刃口长31mm。在端刃刮削器中有一些是采用断片加工的，但加工简单，如

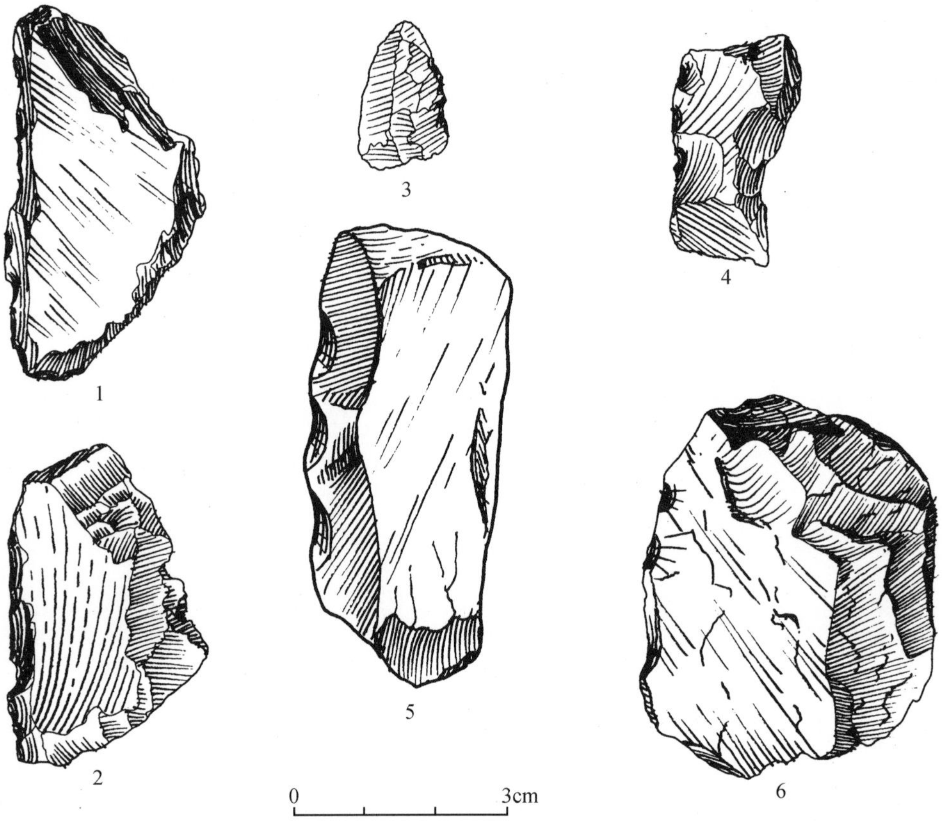

图41 原生文化层的直刃刮削器

Fig. 41 Straight scrapers from Original cultural level

1. TS8E3-2⑦B∶9 2. TS9E1-23⑦B∶1 3. TS8E2-15⑦B∶1 4. TS8E2-15⑦B∶2 5. G2∶39 6. TS8E2-14⑦B∶1

标本TS93-1⑦B∶38，脉石英砾石经砸击后遗留下来的一断片，后端较厚，前端薄，在端部从背面向破裂面加工，刃口长26mm，刃角70°。长51、宽31.5、厚25mm。标本TS8E2-4⑦B∶8，毛坯是水晶晶体经砸击后的断片，其后端尚遗留砸坑和砸击点，保留部分水晶晶面，长57、宽51、厚17.5mm。标本TS8E3-5⑦B∶7，也是水晶晶体砸击后的断片，前端锐利，仅在端部从破裂面向背面少许加工。标本TS8E3-3⑦B∶9，水晶质砸击断片，断裂的两端一厚一薄，加工位于薄的一端，加工痕迹陡直，刃缘微凸，长46.7、宽33.5、厚22mm（图42-1，图版15-4）。标本TS8E3-7⑦B∶9，脉石英砸击断片，后端为断裂面，向前端逐渐变薄，在前端部位有从破裂面向背面修理出一个微凸的刃口，刃口长28mm。标本长52、宽40、厚23mm。标本

TS8E2-22⑦B∶1，水晶质。近三角形，器身较厚。一端经正向锤击修理，形成一刃。刃长18mm，疤痕连续，较浅平。一侧边稍经修理。背面多为砾石面。器身有少量钙质附着物。长、宽、厚分别为69、33、33mm（图版15-3）。

单凸刃刮削器，7件。标本TS8E3-12⑦B∶11，水晶质薄石片，一侧缘连续加工，刃口锋利，长33.5、宽28.5、厚9mm（图42-2，图版16-1）。标本TS7E3-23

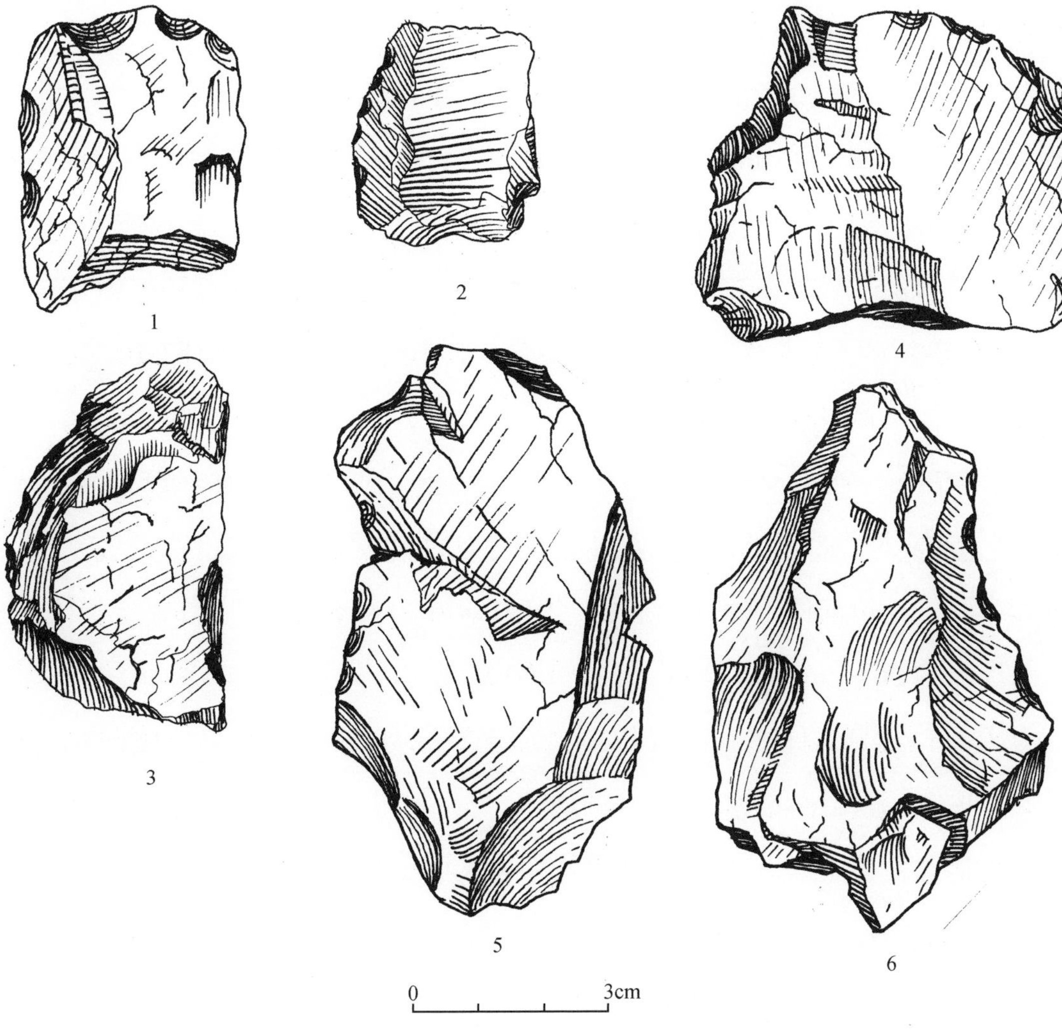

图42　原生文化层的刮削器

Fig. 42　Scrapers from Original cultural level

1. 端刃刮削器（TS8E3-3⑦B∶9）　2. 单凸刃刮削器（TS8E3-12⑦B∶11）　3. 单凸刃刮削器（TS7E3-23⑦B∶15）　4. 单凸刃刮削器（G2∶1）　5. 单凹刃刮削器（TS8E3-1⑦B∶6）　6. 单凹刃刮削器（G2∶34）

⑦B∶15，以脉石英锤击断片为毛坯，外形月牙形，背面遗有岩块风化面。背面观加工在左侧弧缘上，由破裂面向背面敲击出一个凸出的刃缘，右侧是断片断裂的面，长59、宽33、厚17mm（图42-3，图版15-5）。标本TS8E3-7⑦B∶5，砸击水晶石片，破裂面不整齐，砸击点清楚，仅在一侧缘上加工出凸刃，刃口长25mm。长73、宽46、厚20.5mm（图版15-6）。标本G2∶1，脉石英宽厚石片，仅在右侧上部略有加工，痕迹较小，长48、宽58、厚37mm（图42-4）。

单凹刃刮削器，4件。标本TS8E3-1⑦B∶6，水晶晶体砸击后的断片，中部具裂痕，长79、宽47、厚30.5mm，破裂面不整齐，背面观在左侧缘有从破裂面向背面连续加工的痕迹，刃口凹形，长41mm（图42-5，图版16-4）。标本G2∶34，脉石英厚石片，背面有剥片疤痕，右侧缘有从破裂面向背面连续加工的痕迹，痕迹较陡且细小，长95、宽58.5、厚42mm（图42-6，图版16-2）。标本TS8E3-16⑦B∶4，水晶质。近三角形，器身保留大量砾石面，一面稍鼓，一面较平坦。仅一侧边经锤击修理，刃长19mm，疤痕层叠连续，大小不一。长、宽、厚分别为55、42、19mm（图版16-5）。标本TS8E2-18⑦B∶2，以脉石英为原料，器身较厚，两面较平坦，均为节理面。一端经单向锤击修理，形成一凹刃，刃长41mm，多层修疤，疤痕连续。长、宽、厚分别为73、66、22mm（图版16-3）。

双直刃刮削器，2件。器型较规整，加工在边缘薄刃之上，痕迹细小。标本TS9E1-23⑦B∶2，砸击水晶质断片，外形桂叶形，横断面三角形，左右两个棱均有细小加工痕迹，左侧边缘稍钝，右侧刃缘锋利，长62、宽26、厚26mm（图43-1，图版16-6）。标本TS9E1-12⑦B∶2，脉石英砸击石片，梭形，背面中间部位均为原砾石面，两侧缘有从破裂面向背面加工的痕迹，标本长46、宽22、厚11mm。

多刃刮削器，3件。标本TS8E3-1⑦B∶2，水晶质砸击薄石片，外形近方形，除后端未经加工外，其余三个边都有双面连续加工的痕迹。长35、宽28.5、厚11mm（图43-2，彩版7-4）。标本TS7E3-23⑦B∶8，水晶质薄石片加工而成，前端和两侧均有仔细加工的连续痕迹，长宽厚分别为31、26、11mm（图43-3，图版17-2）。标

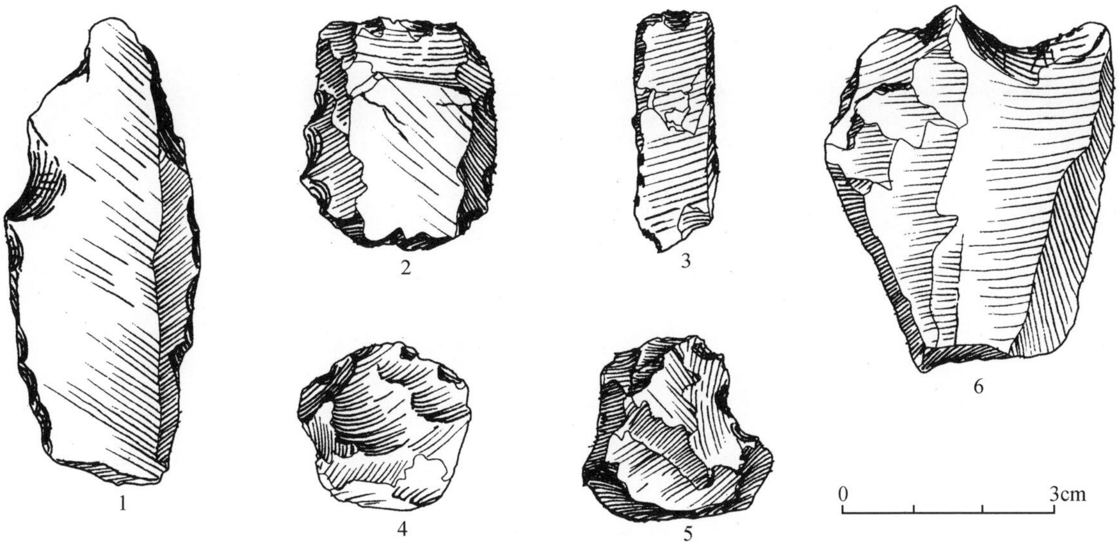

图43　原生文化层的刮削器及凹缺器

Fig. 43　Scrapers and notches from Original cultural level

1. 双直刃刮削器（TS9E1-23⑦B∶2）　2、3. 多刃刮削器（TS8E3-1⑦B∶2、TS7E3-23⑦B∶8）　4. 圆头刮削器（TS8E2-12⑦B∶5）　5、6. 凹缺器（TS9E1-22 ⑦B∶1、TS7E2－19⑦B∶2）

本G2∶40，水晶质砸击石片，长25、宽24、厚13.5mm，近四方形，除后端未经加工外，其余三个边缘都有从背面向破裂面连续加工的痕迹，刃缘锐利（图版17-1）。

圆头刮削器，1件。标本TS8E2-12⑦B∶5，水晶质小石片，仅在前端近半圆范围内有细小加工痕迹，而后端无任何加工（图43-4，图版17-3）。

凹缺器　2件。标本TS9E1-22⑦B∶1，水晶质砸击石片，长30、宽29、厚14.5mm，仅在一个边缘，由破裂面向背面和从背面向破裂面打出凹缺，再在凹缺中稍微加工，其他边缘无修理痕迹（图43-5，图版17-4）。标本TS7E2-19⑦B∶2，水晶晶体砸击后的薄片，长51、宽41.5、厚14.5mm，背面为水晶晶面，边缘均有断片疤痕。破裂面观左上部有从晶面向破裂面两次打击后形成一个较大的凹缺，缺距24mm，再在凹缺上由背面向破裂面加工，剥落的痕迹细小（图43-6，彩版8-1）。

尖状器　共24件。

大尖状器，9件。器型很大，厚重，加工简单。标本TS8E2-5⑦B∶1，器型大，长、宽、厚分别为118、46、52mm。该标本原为一完整的水晶晶体，从较宽的晶面上砸开后，采取留有晶尖的部分作毛坯，两个长边从背面朝腹面自后往前加工修理出一个呈30°的尖头，特别是在尖头部的两侧有明显的细小加工痕迹，背面依然保留三个原有的晶面，晶尖则作为手握部（图44-1）。标本TS8E3-13⑦B∶2，采用砸击脉石英石片作毛坯加工而成，外形不等边四边形，前端两侧均有加工痕迹，但仅前端的尖有进一步修理的痕迹，长122、宽98、厚45mm（图44-2，图版18-2）。标本TS8E3-7⑦B∶1，以脉石英砸击后的大型石片作毛坯，破裂面不整齐，背面遗留部分原岩块面，其余多是片疤。后端厚，向前端变薄，由两侧边向前部加工出尖头，器形大致呈三角形，底边最长，长105.5、宽92、厚36mm（图44-3，图版17-5）。标本TS8E3-3⑦B∶4，脉石英岩块经砸击后的大型石片，外形较规整，前端两侧有少许加工痕迹，可能为了手握，后端略有加工，长93、宽72、厚37.5mm（图45-1，图版17-6）。标本TS8E3-7⑦B∶2，以水晶晶体经砸击后的剩余石核核体作毛坯加工而成，长97、宽67mm，后端厚52mm，前端厚23mm。原为一完整水晶晶体，晶座经砸击后破碎，有一个向前面裂开的大片，裂面长82、宽45mm，晶尖也有崩落石片的疤痕，周围布满坑疤。此件标本原本可能属于一件石锤，因前端较薄出现尖头，故再从两个侧边向前加工出尖头作为尖状器使用（图45-2，图版18-1）。标本TS9E2-10⑦B∶1，砸击脉石英块状体，大致三角形，破裂面不整齐，可见裂隙纹，前端较薄，后端钝，遗有大量砸痕和砸坑，底边微凹，背面中部遗留原岩块风化面，前端两侧简单加工出一尖头长87、宽86.5mm，后端厚46，前端厚17mm（图45-3，图版18-3）。标本TS8E2-21⑦B∶1，采用脉石英岩块经打片后的剩余石核加工而成，外形不等边三角形，仅在前端的两个侧边稍有修理，尖头较钝，长宽厚分别为98、73、61mm（图45-4，彩版8-2）。

中小型尖状器，15件。标本TS8E2-25⑦B∶1，以脉石英砾石锤击石片作毛坯，背面保留少许原砾石面，其余均为片疤；破裂面不规整，中部微凹，后端厚，向前部变薄，在两侧边从破裂面向背面加工出夹角80°的尖头，长72、宽61、厚39mm

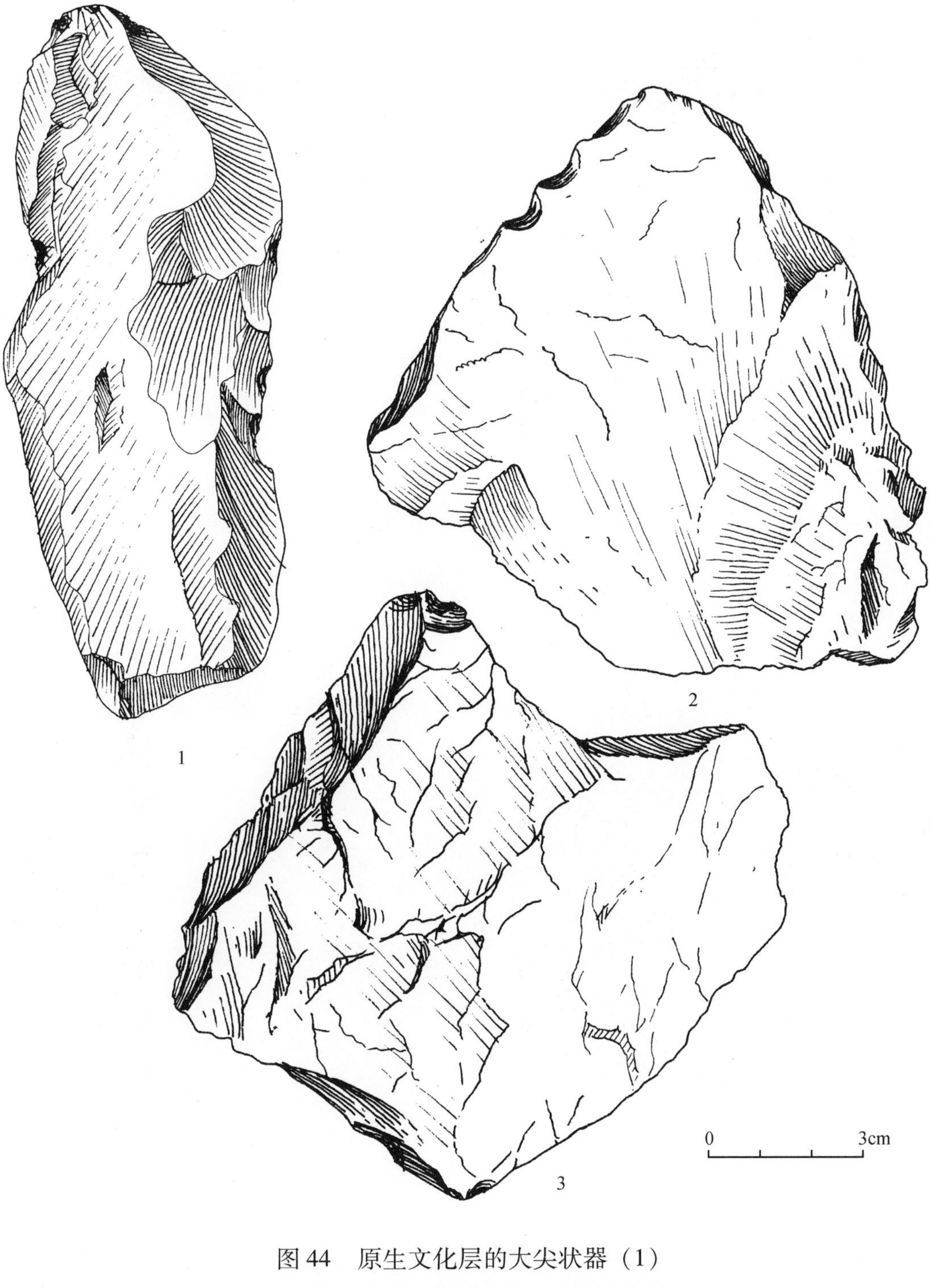

图44　原生文化层的大尖状器（1）

Fig. 44　Heavy points from Original cultural level（1）

1. TS8E2-5⑦B∶1　2. TS8E3-13⑦B∶2　3. TS8E3-7⑦B∶1

图 45 原生文化层的大尖状器（2）

Fig. 45 Heavy points from Original cultural level（2）

1. TS8E3-3⑦B: 4　2. TS8E3-7⑦B: 2　3. TS9E2-10⑦B: 2　4. TS8E2-21⑦B: 1

（图46-1，图版19-1）。标本TS8E2-3⑦B：2，脉石英砸击石片，外形椭圆，保留砸击点，前端部薄，由两侧边向前加工出一尖，多从背面向破裂面敲击而成，长68、宽50.5、厚32mm（图46-4，图版18-4）。标本TS8E3-12⑦B：5，以脉石英砸击断块为毛坯，棱形，加工部位在前端的两侧边，向前修出一尖头；后端呈尖状，无加工痕迹。长95、宽43、厚26mm（图46-2，图版19-3）。标本TS8E2-4⑦B：7，水晶晶体砸击后的剩余石核，通身都有砸击痕，晶座和晶尖均被砸击成尖状。背面观左侧缘上部从破裂面向背面、右侧缘从背面向破裂面加工成以锋利的尖头，两边夹角45°。标本长95.5、宽40.5、厚31mm（图46-3，图版18-5）。标本TS9E3-22⑦B：2，砸击水晶质薄石片作毛坯，仅在前端修理出一个尖头，长宽厚为31、25、14mm（图46-5）。标本TS7E2-17⑦B：1，脉石英锤击石片，从一侧后端向前连续加工，另一侧仅在尖部略加修理，形成一个较锐利的尖头，夹角30°，长47、宽33、厚26mm（图46-6，彩版8-3）。标本TS8E2-18⑦B：4，砸击脉石英石片，外形三角形，后端厚，向前部逐渐变薄，从破裂面向背面沿两侧边加工出尖头，器身附着有红色铁锰质胶结物。长88、宽80、厚41mm（图46-7，图版18-6）。标本TS8E3-2⑦B：12，由砸击水晶质石片加工而成，从遗有晶面的一面向砸击后的破裂面轻敲修出尖头，长、宽、厚分别为65、59、32mm（图46-8，图版19-2）。标本TS8E3-12⑦B：6，以脉石英为原料。两边复向锤击修理形成一尖，尖部锐利。手握处较厚，稍经锤击修整。两面较平坦，均保留有节理面。长、宽、厚分别为64、45、24mm（图版19-4）。

尖状器是旧石器时代石制品中最重要的工具之一，目前所知北方大石器传统中的尖状器以山西丁村最典型，而北方小石器传统中的尖状器器型变化甚大，类型复杂[24]。南方砾石传统中的尖状器有时与手镐等其他工具类型类似。

手镐　3件。全部由原料经砸开后，采用较规整的一半或较大的部分作为毛坯再行加工而成。标本TS9E1-17⑦B：1，其腹面是被砸后裂开的面，而背面基本上保留了原有的两个晶面，晶棱位于中部，并纵贯器身。在腹面，可见由两侧从背面向腹面连续修理的痕迹，疤痕宽浅，互相叠压。前端则为一弧形状，未经进一步加工，

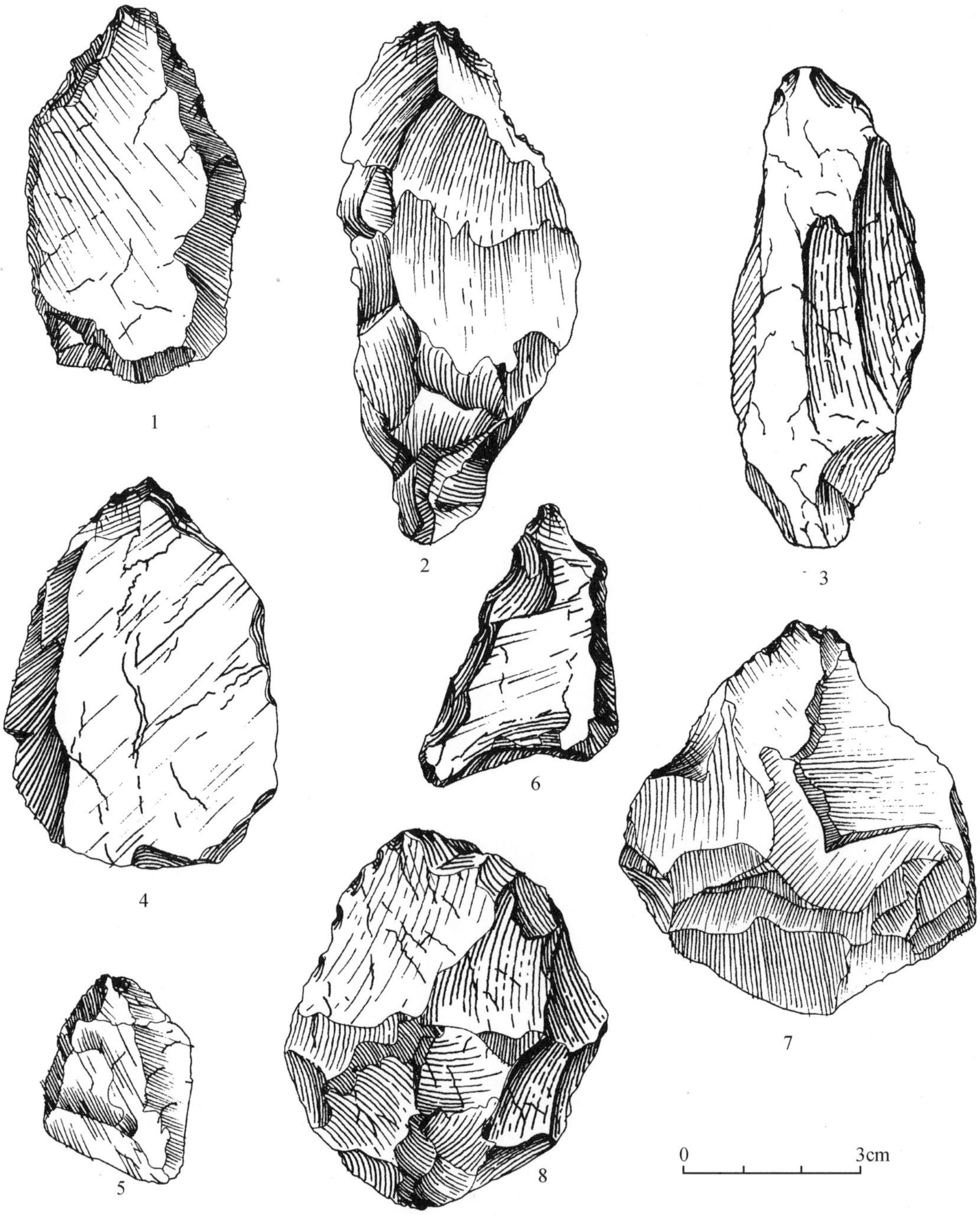

图 46 原生文化层的中小型尖状器

Fig. 46 Points from Original cultural level

1. TS8E2-25⑦B: 1 2. TS8E3-12⑦B: 5 3. TS8E2-4⑦B: 7 4. TS8E2-3⑦B: 2 5. TS9E3-22⑦B: 2
6. TS7E2-17⑦B: 1 7. TS8E2-18⑦B: 4 8. TS8E3-2⑦B: 12

长107.5、宽53、中间部位厚25.5mm，近前端厚度为14mm（图47-1，图版19-7）。标本G2∶23，采用水晶晶体砸击后的剩余石核作毛坯加工而成。破裂面中部隆起，整个面都是砸击时遗留的片疤，边部都经进一步修理，两个侧边交互打击，后端有为了手握而加工的痕迹。前端除原有的砸痕外，也有修理痕迹。前端薄刃，两侧边缘较钝。长118、宽75.5、厚41mm（图47-2，图版19-6）。标本TS9E1-17⑦B∶2，树叶形，仅在尖部略加修理，部分边缘的打片可能是为了使器型更加规整，长133.5、宽55、厚42mm（图47-3，图版19-5）。

薄刃斧　1件。标本TS7E3-16⑦B∶6，由砸击后出现的较大、较厚的石片经修制而成。薄刃斧的外形大致呈平行四边形，长、宽、厚分别为128.5、74.8、30.5mm。破裂面较平整，背面平，保留原岩块的裂隙面。加工主要在两个侧边和后

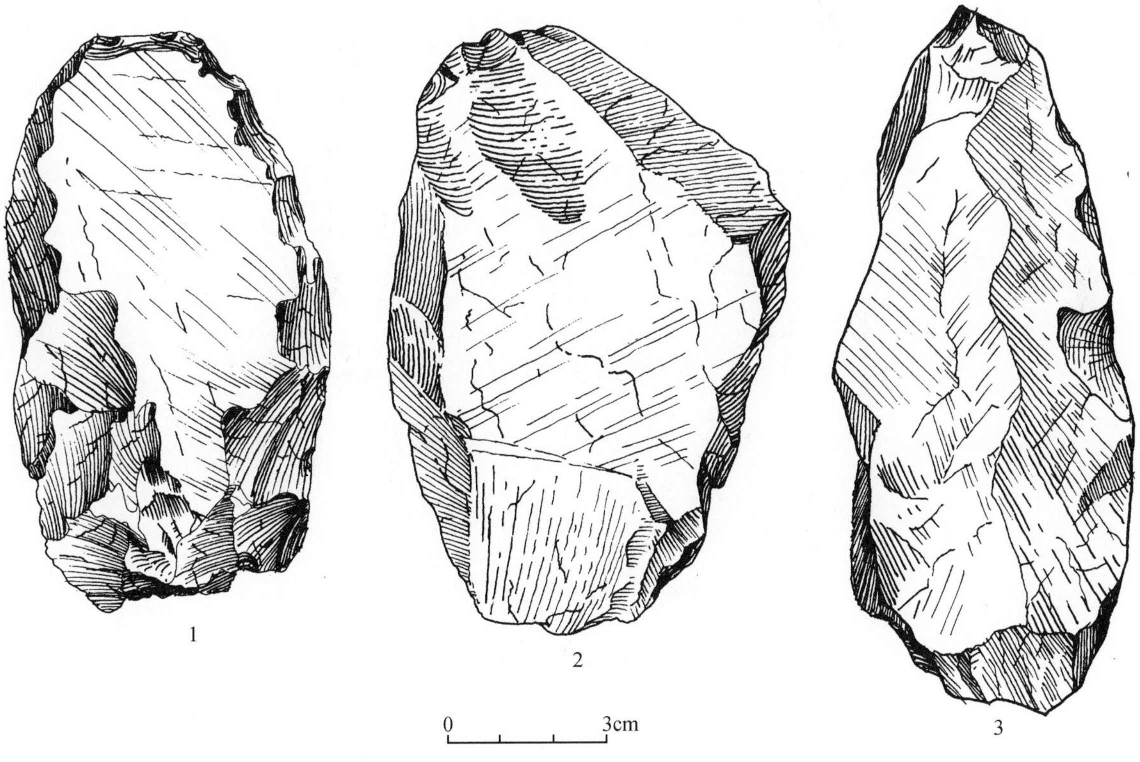

图47　原生文化层的手镐

Fig. 47　Picks from Original cultural level

1. TS9E1-17⑦B∶1　2. G2∶23　3. TS9E1-17⑦B∶2

端，破裂面观右侧边缘虽然经过加工，但相当厚、钝，似不作刃缘使用；左侧边的上、下两个面砸击剥片时出现的既薄且锋利的锐角，可直接作为斧的刃口使用（图48，彩版8-4）。

关于薄刃斧，在欧洲和非洲的旧石器考古中，被认为是阿舍利石器工业最具代表性的工具类型之一[25]，J. Le. Tixier 所记述薄刃斧定义，是一种采用大型石片加工

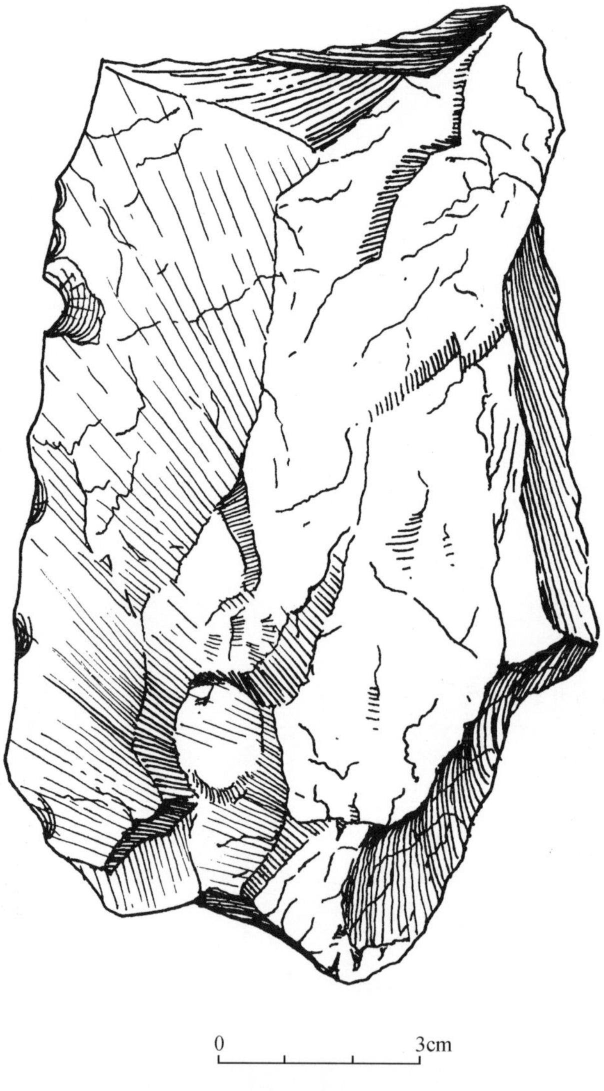

图48 原生文化层的薄刃斧（TS7E3-16⑦B∶6）

Fig. 48 Cleaver from Original cultural level（TS7E3-16⑦B∶6）

的工具，具有斜向刃口，并无过多的加工程序，侧边或两面加工或单面加工，主要功能在于砍伐之用[26]。薄刃斧形制多数学者认为它的特点是：①形体较大；②后部和侧缘多经修理；③刃口一般是自然刃或少有加工；④两个侧边几乎平行；⑤刃口直或斜，器身横切面梯形、平行四边形或凸镜型[27]。从莲花池山遗址第四文化层出土的薄刃斧的形制看和梁山遗址的比较接近。王社江曾报道陕西洛南旧石器遗址和地点发现的117件薄刃斧，但多数加工不够精细[28]。莲花池山遗址的薄刃斧加工较好，从器形看也十分规整，不失为一件精品。该件薄刃斧也是福建境内的首次发现。

第四文化层（原生文化层）石制品组合是莲花池山遗址文化的真正代表。鉴于第一文化层、第二文化层和第三文化层（“石制品组合A”、“石制品组合B”和“石制品组合C”）石制品，是经片流作用或雨水冲刷破坏了原生文化层后再搬运、沉积的产物，因而不属于原生层位，故它们不能反映自身文化的特性，只能在讨论莲花池山遗址文化时作为参考。

关于莲花池山遗址文化的性质：莲花池山遗址石制品的原材料除1件是硬砂岩外，其余全部是脉石英和水晶。以脉石英为原料的，既有取自岩脉中的岩块又有拣自山坡或河流中的砾石，脉石英岩块和脉石英砾石的大小差别很大：脉石英岩块最大的可超过200mm，最小的80mm；而脉石英砾石最大的小于100mm，最小的不大于50mm。当采用脉石英岩块和砾石打片时，都是在较平的一面作台面，以锤击或砸击的方法产片，除个别之外，大多数石核几乎不作任何台面上的修理工作，显示了遗址的主人在生产石片时存在较大的随意性。当采用水晶晶体作石核生产石片时，基本上只采用砸击方法，但产片时缺乏固定性，也很难砸击出具有目的性的石片，因此石片的大小差异也较大，因为水晶晶体存在裂痕，在砸击时可能崩裂，但是，采用砸击方法往往却能生产出较薄、较长的石片来。遗址的主人可利用这种较薄的石片制作小型工具，如小尖状器和小刮削器等。莲花池山遗址出土的刮削器和尖状器，总体看要优于其他类型的工具，不仅表现在有较好的加工修理，而且器形较小、外形也规整。按照通常的标准衡量，莲花池山遗址出土刮削器都属于中—小型；而其他类型石器的器形（除少量尖状器外）相比之下显得大而厚重，加工也较为简单，仅修出可以使用的刃缘即可，这些更类似于我国南方的“砾石石器传统”。

范雪春曾记述漳州西郊洋尾山地点的石制品，该地点石制品所利用的材料要比莲花池山遗址石制品的原料广泛得多，除了脉石英以外，还有石英岩、石英砂岩、火山岩等，几乎全部原料都拣自河滩上的砾石，并具有很高的磨圆度，但材料中缺乏水晶晶体材料，这与莲花池山遗址采用的石料存在明显差别。洋尾山地点石制品中以砍砸器占多数，虽然石制品加工并不十分精细，但尖状器一类的加工却相当精致；而莲花池山遗址出土的石制品从选材、产片到加工等工序看，似乎显得更为简单和粗糙。其可能的原因，一是石材影响制作石器，脉石英和水晶晶体打片第二步加工比较困难；二是年代较早，技术相对落后。

在福建省境内，已知的旧石器时代遗址和地点已超过30处，有些遗址石制品的选材较好，如闽中三明地区万寿岩船帆洞遗址和近期发现的永安黄衣垄遗址，石制品的选材更多地采用河滩上较大的、磨圆度良好的石英岩砾石，虽然在加工上也较简单，但明显地好于莲花池山遗址的石制品。总体看来，莲花池山遗址文化与我国南方“砾石石器传统”比较接近。据有关报道，我国南方属于“砾石石器传统”范畴的遗址和地点，石制品的制作和类型尽管在不同地区存在一定差别[29,30]，但与北方相对比，都显得器形更大、类型更少、加工更简单、粗糙，我们认为这种差别是由气候条件、生态环境所决定的。

值得一提的是，莲花池山遗址原生文化层所揭露出来的层面上，石制品的排布和自然流水作用下集聚的小石块呈无规律的混杂分布状态。原生文化层的层面略有起伏，并自东北朝西南方向倾斜，角度约15°，小石块形状各异，大小参差，成分除脉石英外还有砂岩、石英砂岩、铁锰结核和赤铁矿等，小石块具有清楚的定向性，表明这些是山坡片流作用下的产物。但是石制品则显然不同，既有巨大的脉石英岩块，也有结晶完好、大的水晶晶体。脉石英岩块和大水晶晶体在遗址和遗址附近并不存在，同时也绝非片流作用所能形成的，结论只有一个：早期人类从别处搬运到这里来的。巨大的脉石英岩块和大水晶晶体，在活动面上呈无序分布，并有大量具人工痕迹的断块、断片、碎块、碎片、石片和石器聚集，充分说明这里是人类在此打片、加工石器的地方。房迎三曾报道过发现于安徽宁国毛竹山的旧石器时代早期遗存[31]。该处的早期遗存使用砾石在活动面上排成石圈，砾石的倾角、倾向无序，其中夹杂13%的石制品，可能与人类居住相关，而莲花池山遗址原生文化层人类活动面上砾石的分布状态与该遗址却有明显区别，因此排除莲花池山遗址属居住所，而是一处旧石器加工场。

在莲花池山遗址的第二次发掘期间，我们尤其注意剖面的整体性和地层的顺序性，基本上理清层位关系和变化，为今后在红土地区寻找和发掘旧石器时代遗址，以及遗址的形成过程、遗址结构、遗址埋藏等一系列问题提供重要参考，特别是莲花池山遗址所存在的原生文化层自形成之后，在自然力作用下被破坏和再搬运等相关信息。

第四章 莲花池山遗址若干问题的探讨

第一节 原料的来源与利用

莲花池山遗址出土的石制品所采用的原料除个别为硬砂岩外，绝大多数是脉石英和水晶晶体。在我国，采用脉石英制作石制品的遗址和地点屡见不鲜，但以水晶晶体作主要原料制作石器的则不多见。莲花池山遗址全部石核逐一观察和分析以及区域地质调查表明，重要原料脉石英的来源基本上有两种：第一，较大的脉石英岩块均出自漳州市以北山区花岗岩、花岗闪长岩和二长岩岩体中的石英脉。这种出自岩体中的石英脉，在长期风化后逐渐脱落，大多呈块状体，体积相对较大，形状极不规则，既有大块的，也有扁平状的，自然脱落的岩块，通常长度可达200mm以上。遗址出土的脉石英岩块石核，最长的超过210mm，宽大于100mm，厚至少60mm。漳州山区岩体中的石英岩脉极多，但质地参差不齐，因受后期地区性地质构造运动的影响，岩脉裂隙发育，表面风化程度甚高，因而硬度与水晶相比稍逊。第二，较小的脉石英砾石更可能取自河滩上或阶地的底砾石层中，这种脉石英砾石都经过距离或长或短的流水作用和搬运，其表面通常具有明显的冲磨痕迹，磨圆度属于中等或较差。有的砾石在搬运过程中因碰撞而出现破裂痕迹。拣自河滩和阶地底砾石层的脉石英砾石形体相对较小，长度基本上小于100mm，宽与厚不超过50mm。

原材料中的水晶晶体，有出自晶洞花岗岩岩体晶洞中形成的水晶，也有拣自山坡上或河滩上的砾石。直接取自晶洞花岗岩或者拣取于晶体产地的水晶晶体，其形体相对较大，表面未经或少经冲磨，而且表面具有新鲜感；而取自河滩上的水晶晶体，形体相对较小，且都经过短距离搬运和冲磨，有一定的磨圆度，表面常附着其他杂质，且缺乏新鲜感。根据福建省区域地质调查报告书和发掘队的调查得知，莲花池山遗址周围以及附近的河流阶地底砾石层、河床砾石层中，难以见到水晶晶体和水晶晶体砾石，因此排除了原料出自遗址周边地带的可能性。漳州市西郊天宝山一带、漳浦县以南、华安沙建镇汰内盆地，都有关于水晶矿产地的记载，因此，生活在莲花池山的远古居民，更有可能到这些产出水晶的地点去索取。依据作者的分析，最有可能搜集水晶晶体的地点是在天宝山一带以及天宝山山麓，这样可以就近避远（图49）。

当莲花池山遗址的主人采集块状脉石英作为石核用以产生石片时，只用砸击或锤击两种方法，不见碰砧法和锐棱砸击法，而后者产片方法却见于洋尾山地点。块状脉石英石核个别标本虽有轻度磨蚀，但大多数表面未见或少见磨蚀痕迹，说明这些岩块从花岗岩体的岩脉中脱落下来的时间并不很长，个别轻度磨蚀的岩块也是崩落之后不久或仅仅经过近距离的搬运。莲花池山遗址主人选用的岩块一般长100～200mm。鉴于形体较大的脉石英岩块很难采用手握方法直接锤击石片，因此他们不得不将岩块放置在花岗岩石砧上，再用较大的水晶晶体作石锤进行砸击以便生产所需的石片。由于这种砸击方法有较多随意性，因此生产出来的石片有的很大，有的则很小，少有很规整的石片。倘若有的石片顺着裂隙裂开，偶尔也会出现较宽的、上下两面较平的石片，少数扁、宽型的石器就是利用这种石片再进行第二步加工而成的。从总体看来，采用砸击方法生产石片时，断块和碎片的出现率必然增多。对于形体较小的脉石英砾石（通常长度小于100mm），基本上可以采用直接锤击的方法。

观察和实验表明，在多数情况下以水晶晶体作石核产片，更多地采用砸击方法。

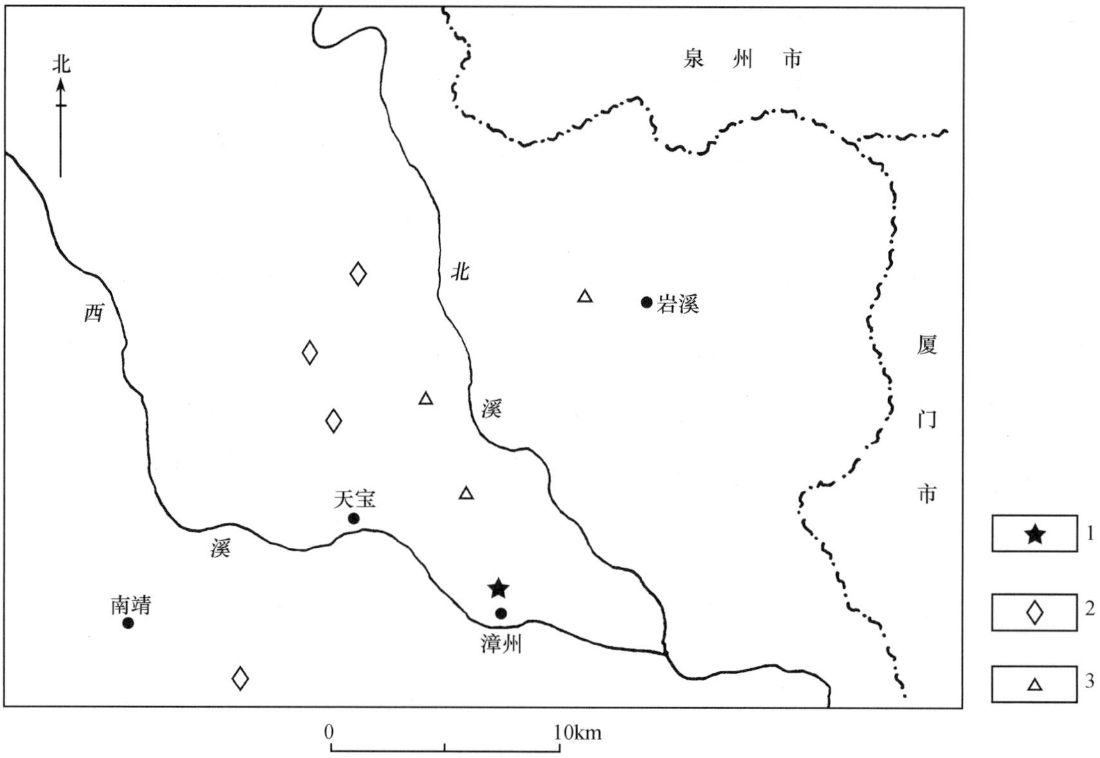

图 49 莲花池山遗址周围脉石英和水晶晶体产地

Fig. 49 Producing area of quartz and quartz crystal around the Lianhuachishan Site

1. 遗址位置（Position of Site） 2. 脉石英出露地点（Producing locality of Quartz） 3. 水晶晶体产地（Producing locality of quartz crustal）

这种方法是把水晶晶体倒置，即晶尖朝下接触花岗岩石砧，而晶座则朝上，用另一个水晶晶体当石锤，直接对准晶座砸击，这种砸击方法生产石片时，由于晶体在强力的打击下出现崩裂，所以石片的尺寸普遍较小，可作为小型工具的毛坯之用。

水晶晶体是遗址主人制作石制品最重要的石质原料，由于这种晶体具有较均匀的质地和规整的外形，可以产生比脉石英岩块更为理想的石片，因此遗址的石制品中经过第二次加工的工具类器物，更多的是利用从水晶晶体砸下来的石片制作而成的。与我国许多旧石器时代遗址和地点明显不同的是，莲花池山遗址出土的石制品中所有石锤一类的工具，全部是利用水晶晶体。水晶晶体既具有很高的硬度，同时晶体上的晶尖就是十分坚硬的尖头，既可作为锤击和砸击之用，也是一种可以不必进行任何加工和修理的尖状器。根据观察，莲花池山遗址出土大量水晶晶体，几乎所有晶体的两端，都保留有因砸击或锤击而遗留下来的大量痕迹以及因砸击而从晶体上崩落碎片的较细小痕迹。固然大多数晶体在砸击时会出现这样那样砸痕、条坑或崩裂碎片、碎块的痕迹，但作者并不排除水晶晶体的晶尖有直接作为尖状器使用的可能性。当利用水晶晶体作石核产片时，由于水晶晶体的特殊性质，砸击法更易于产生理想的石片。按照作者的观察和多次实验表明，当把水晶正置（晶尖朝上，晶座朝下），砸击时容易出现晶尖断裂现象，剥落的石片更小、更不规整。以水晶晶体作原料并用砸击方法生产石片，可以说是莲花池山遗址最具自身特色之所在。

第二节　石制品加工工艺

我国旧石器时代文化的研究已有90年历史，研究的着重点也逐步从早期只注重石制品的分类和器型的描述，转变到更加重视石料的质地、来源，石制品与石料之间的关系，石制品的加工程序、使用、再加工和废弃，以及遗址周边的古环境对人类活动、对制作工具的影响等一系列相关问题的探讨[32,33]。

莲花池山遗址原生文化层出土的石制品类型多样，加工较简单，其工艺水平的总体面貌显得比较原始，作者推测其原因所在最主要的是受到石料的限制。虽然遗址周边存在河流和阶地，可以从河滩上或阶地上拣取各种各样岩石砾石，比如石英岩、燧石这些比较理想的材料加以利用，但是遗址的主人并不如此做，却仅仅采用石英脉岩的块体、脉石英砾石和水晶晶体，究其原因，应该是不得已而为之。因为漳州地区地处南亚热带，降水充沛，植被覆盖率高，索取阶地底砾石层砾石要比拣取地表的岩块和水晶晶体困难得多，从某种程度看，却反映了莲花池山一带自然条件的优越性，以及遗址主人对石料并不过于苛求的心态，对原料和石制品加工的不经意。

当遗址主人利用块状脉石英作原料、采用砸击方法产生石片时，因石块上发育的节理往往难以出现较大的、较长的和较薄的石片，这也是遗址出现大量断片和碎块的重要因素。但是，当岩块具有规则节理时，砸击出来的石片可能较大、较宽并较平，这种上、下较平的宽大石片，便是制作厚重的大型工具的理想毛坯。由锤击产生的石片大多数不很规则，边缘具有薄刃的石片极少，在打片时常常会因石料的节理和缝隙造成打出的片中途被折断。锤击产生的石片只要稍有规整或边缘稍薄的，几乎都被利用，并有第二步加工修理的迹象。对于块状脉石英，有时也会根据外形和某种工具的需要，将石核砸击后，再选取适当的块体直接采用锤击法加工，沿着较薄的刃缘或较扁的前端修理成大型工具，如厚重的大型尖状器和大型砍砸器就是用这种方法制作的。一些大型石器的加工，常常从破裂面或较平的一面，向背面先打出刃缘，或从背面向破裂面打击，但这种加工的痕迹并不连续，似乎只求出现刃缘，再在刃缘上加工修理成器。

莲花池山遗址以水晶晶体为原料的石制品，有其独特的产片方法和加工方法。作者曾对此做过实验，砸击较小的水晶晶体时，经常出现从中间裂开的现象，我们将这种砸击时出现一分为二的水晶质石片也归入半边石片。砸击较大的水晶晶体往往会产生较薄的和较长的石片，与此同时也出现大量碎片和片渣。较薄和较长的石片，由于具有薄和锋利的边缘，第二步加工更加容易。也许漳州优越的自然条件和良好的生态环境为遗址的主人提供充足的物质来源，使他们在制作工具方面无需过于耗费更多时间和精力。下图是对莲花池山遗址石制品制作工艺流程动态的剖析（图 50）。

纵观莲花池山遗址石制品的制作工艺流程，显示出相对简单、粗糙的性质，这可能与采用的石料有关，因为遗址出土的石制品所采用的石料是脉石英和水晶晶体，这两种石料在很大程度上限制了制作水平的充分发挥[34]。安德列夫斯基认为，制作石器时，原料的来源、数量以及原料的质量，都会极大地影响剥片技术和制作工具的水平的发挥，甚至会影响整个石工业的特性[35]。例如，在制作工具时，采用质地良好的燧石和采用质地较差的脉石英比较，两者之间的剥片和制作水平定然相去甚远。

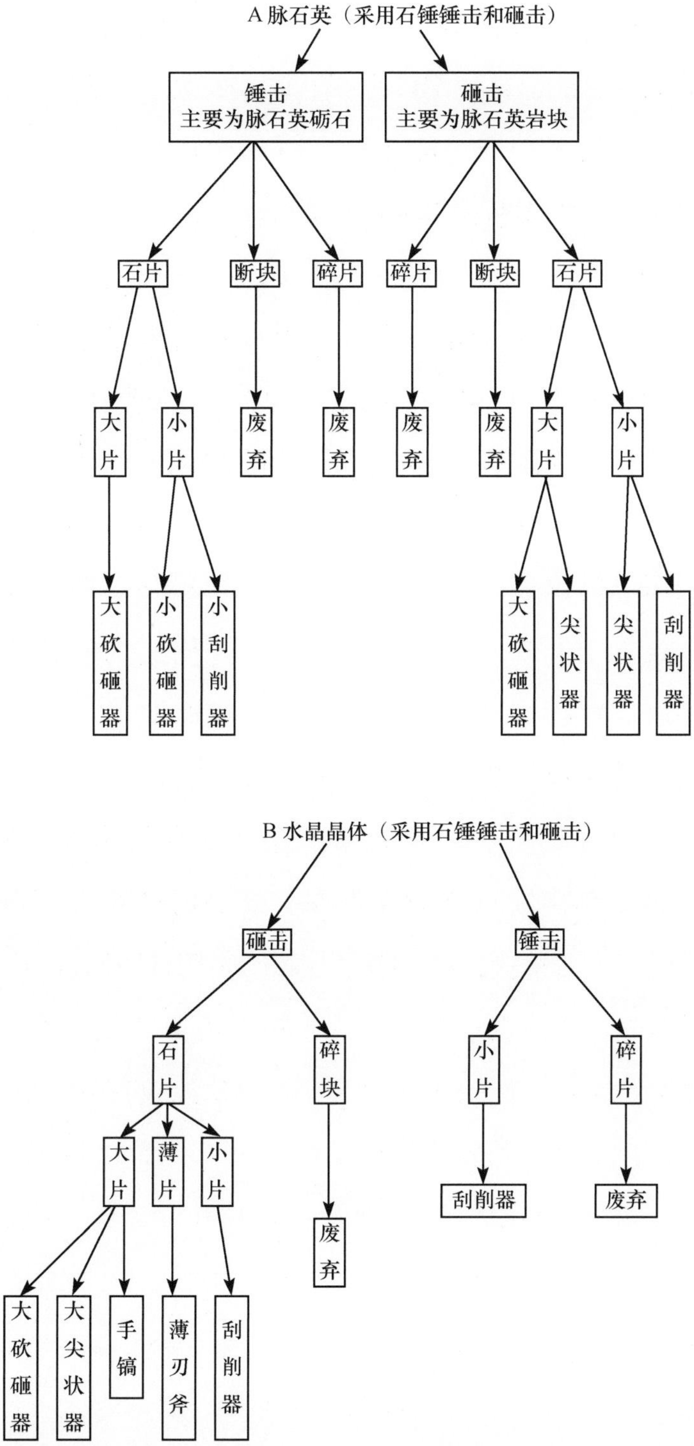

图 50　石制品制作工艺流程动态一览

Fig. 50　General view of technological process

确切衡量莲花池山遗址的石制品，可以说，它仅仅是属于一种“权宜性的制作工艺”和“权宜性石器组合”。因为从石核、断块、断片、石片到石器，比较定型的石片和石器以及具多种用途的生产工具几乎不见，大部分工具却显示出在制作过程中的随心所欲和只求简单易行即可。美国新考古学代表人物宾福德（Lewis Binford），早在20世纪80年代就曾提出过“权宜聚落组织理论”[36]。他认为，石器的加工水平，与早期人类的聚落组织形式有着千丝万缕的联系。由于聚落的实际需要，在制作石器时，往往要考虑到当时当地的生态环境和食物来源。因为，在制作工具时必然受到周围环境的各种制约。宾福德将制作石器的技术水平划分成“精细加工”和“权宜加工”两个大类。所谓“精细加工”，主要表现在对工具进行相当用心的修制，加工的工具目的性很强，器形相当规整，外形显得精巧，许多工具还能一器多用。这种规整的、多用途的石器，既便于携带，也便于使用，而且使用后容易再进行加工修理。“精细加工”的聚落，往往表现出他们在一个地方生活或在迁徙过程中，对将来或将要停滞地点的生态环境和原料来源存在某种担心，有人也将这类人群称之为“具有前瞻性的群体”。而“权宜加工”恰恰相反，他们制作的石器通常表现出修制时的粗糙性和简单性，只求能够获取食物便万事大吉。这种群体在制作工具和使用工具时，往往表现出随时制作、随时丢弃的习性，因为，在他们看来，充分的物质资源使他们有不必精心制作工具的心理。“权宜性石器组合”从某种角度分析，正是他们在活动的范围内，有着相对良好的生态环境，有着比较充分的食物来源，可以过着比较稳定的生活方式。从另外一个因素分析，就是他们制作石器所需要的原料丰富且容易获得，也是影响他们精心制作工具的原因。

从莲花池山遗址所处的地理位置和生态条件判断，这也许是促使遗址的主人制作“权宜的石器组合”的原因。高星曾在《周口店第15地点石器原料开发方略与经济形态研究》一文中强调：“早期人类制作石器时，如何选取材料和利用材料，与他们所处的环境以及他们的经济形态有密切关系。”[37]某一遗址制作石制品的原料种类、各种原料的利用率无不承载着远古人类对原料的开发方略；石片、断块、断片、碎块、碎片等的比例，同时也反映了人类在制作石器时石料的消耗量和可用量，这也可从另一个角度来判断当时人类制作工具的质量。高星还强调：“原料和技术与人类生存的模式相关。”作者十分赞同这一观点，因为在不同生态环境下，人类的需求不同，他们面对的是自然状态的物质来源，有的只能狩猎，有的只能采集，有的两者兼有，为了获得生活的必需品，他们当然要根据实际情况选择石料和制作合适于自己的工具。统计表明，莲花池山遗址原生文化层石制品的原料显得很单调，大多数石核遗存的片疤很少。断块与断片、碎块与碎片等废弃物所占比例较大，其中断块和断片占24. 3%，碎块和碎片占57. 8%，两项相加共占82. 1%，表明石料选取地近，而且数量十分充足、搬运到制作场所来也容易。这些都充分反映了莲花池山遗址的主人对石料来源不存在任何顾虑，制作石器的不经意度决定了工艺水平的低下。

图51是第一文化层、第二文化层、第三文化层和第四文化层各类石制品数量的比较。

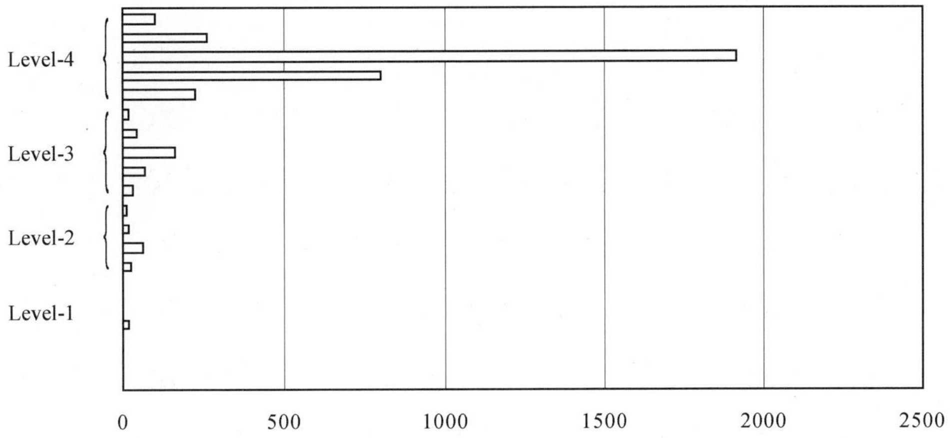

图51　四个文化层各类石制品数量的比较

Fig. 51　Scalar compare of various type of artifacts from Lianhuachishan Site

注：Level-1代表“石制品组合A”，Level-2代表“石制品组合B”，Level-3代表“石制品组合C”，Level-4代表“石制品组合D”。每个文化层以石核、断块和断片、碎块和碎片、石片、石器五项的实际数量做比较。

第三节 莲花池山遗址埋藏过程

根据对莲花池山遗址的地层、物质成分、遗迹和埋藏学等方面的研究，遗址中的原生文化层无疑属于原地埋藏类型，当时人类在这个遗址的地面上活动并生产工具，整个遗址自开始利用起到最终被遗弃直至埋藏，经历了相当长的时期，地质时代从中更新世早期起延续到晚更新世中期。

早在中更新世早期，莲花池山处在漳州市北郊花岗岩、花岗闪长岩山体的南缘地带，在南亚热带高温、湿热和多雨的自然环境条件下，促使花岗岩、花岗闪长岩的山前地带发生强烈风化、侵蚀和剥蚀，渐渐形成了宽阔的、微微向南倾斜的基岩侵蚀—剥蚀平台。这个平台的表面，覆盖着花岗岩风化后的残存物质——风化壳。在这基础上，开阔的侵蚀—剥蚀平台开始堆积了最早的沉积物——黏土层。该黏土层是由花岗岩体逐步风化剥蚀后的细小物质，通过片流作用堆积到平台上的，再经过长期风化、淋漓作用，才最后形成了下部网纹红土层。

当下部网纹红土形成后，整个漳州地区经历了一个短暂的沉积停顿时期，已经形成的下部网纹红土表面，重新在片流的冲蚀下，出现略为起伏的地表面和排水形成的浅浅的流水沟槽，与此同时，片流作用所携带的黏土物质和细小砾石渐渐地在微凹的地表和流水小沟中停滞和集聚起来，这就是压覆在下网纹红土之上薄薄的砾石层。鉴于莲花池山的位置良好，南侧有面对开阔的近海低地——漳州平原，北侧又背靠低山，东面临近较大河流——北溪，因此远古人类就选择这里作为制作工具的场所，从漳州西郊天宝山和东面的北溪收集原料在这里打制石器。鉴于这个石器制作场所利用的时间较长，所以才遗留下了大量石制品。

经历一段时间之后，莲花池山开始了新的一轮堆积，形成了中部网纹红土层，并压覆在薄薄的砾石层之上。中部网纹红土层形成后，有一次较大的侵蚀过程，尽管时间并不很长，片流作用破坏了莲花池山北区早期沉积的下网纹红土层和原生文化层，并将部分原生文化层中的石制品连同细砂和黏土一起携带到靠南面的中网纹红土层表面上，这就是出土第三文化层（“石制品组合 C”）的砂砾石条带，也是石制品少于原生文化层的原因。

中更新世中期晚一阶段，莲花池山又迎来新的堆积期，上网纹红土重新叠覆在已经沉积了的中、下网纹红土之上。随着片流的再次冲刷作用，又破坏了较高处的原生文化层和中网纹红土层，把一些石制品重新堆积在上网纹红土层的表面上，形成了砂砾石条带和其中的第二文化层（“石制品组合 B”）。从图 16～19 和图 52 可以看出，“石制品组合 D”（原生文化层）、“石制品组合 C”、“石制品组合 B”和“石制品组合 A”石制品的分布存在由北向南位移的现象，这与石制品从下而上逐渐减少和大型石制品逐渐减少的事实，显然是在自然状态下不断侵蚀、剥蚀、搬运和堆积的结果。

晚更新世早期开始，莲花池山一带又迎来新的一轮侵蚀期，莲花池山的南坡随着较强烈的冲刷和侵蚀作用，原有相对较平坦的红土台地表面再次发生较大的变化，形成了波状起伏的地表，遗址所在的台地表面，从北区到南区构成一个相当大的斜坡（约 15°），并在南端以较大角度插入漳州平原并为近期堆积物所覆盖。在流水冲刷的同时，带来的黏土质物质覆盖了三个网纹红土层，这就是下砖红土层。晚更新世中期起，莲花池山出现一次快速的沉积时期，台地上集聚了大量黏土物质，形成了上砖红土层和底部的砂砾石条带以及零星分布的第一文化层（“石制品组合 A”）。当莲花池山遗址被上部砖红土层覆盖后，才真正结束了遗址的整个埋藏过程，接着便开始了晚更新世末次冰期的风成砂质黏土沉积，最终完成漳州北郊红土台地的形成，地层中出土的石制品、遗迹和可以拼合的 4 例标本，说明莲花池山遗址的原生文化层属于原地埋藏类型的旷野遗址[38,39]。

晚更新世晚期，受到末次冰期气候变冷和大气环流的共同影响，漳州地区普遍堆积了风成的黄红色砂质黏土层。末次冰期结束，进入全新世之后，气候转暖，在湿润的条件下，一方面加剧了台地堆积物的红化过程，另一方面由于降水量的增大，使红土台地的前缘部分遭受到前所未有的破坏，部分网纹红土层、红土层和砖红土层和其上的黄红色砂质黏土层不断被侵蚀后再由近期的杂土和表土所充填和替代（图 52）。

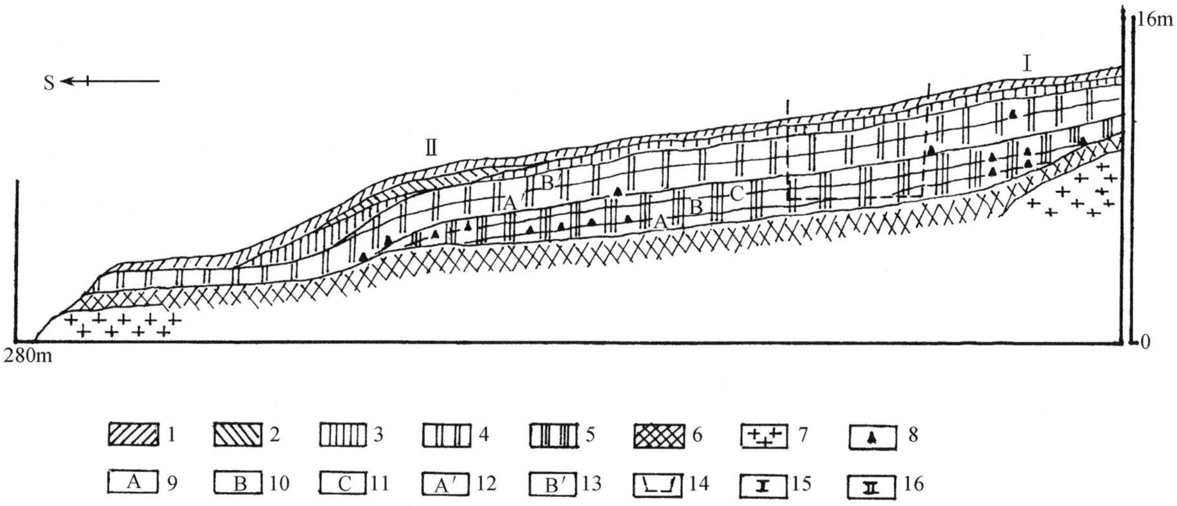

图 52　莲花池山遗址的埋藏过程

Fig. 52　Burried layers process of Lianhuachishan Paleolithic Site

1. 表土（Surface soil）　2. 灰黄色砂质黏土（Sandy soil）　3. 棕红色含砂黏土（Sandy soil）　4. 灰黄色砂质黏土（Sandy clay）　5. 砖红土（Brick red clay）　6. 网纹红土（Reticulated red clay）　7. 风化壳（Weathering crust）　8. 石制品（Stone tool）　9. 下网纹红土（Lower reticulated red clay）　10. 中网纹红土（Middle reticulated red clay）　11. 上网纹红土（Upper reticulated red clay）　12. 下砖红土（Lower brick red clay）　13. 上砖红土（Upper brick red clay）　14. 北环路（North ring highway）　15. 遗址北区（North part）　16. 遗址南区（South part）

第五章　莲花池山遗址文化的基本性质及其与相关地点的比较

莲花池山遗址第一次和第二次发掘，出土的石制品总数3780件，其中第四文化层（原生文化层）3308件，工具类109件，占石制品总数的3.3%；第三文化层（“石制品组合C”）327件，工具类17件，占总数的5.2%；第二文化层（“石制品组合B”）118件，工具类15件，占总数的12.7%；第一文化层（“石制品组合A”）27件，工具类6件，占总数的22.2%。从原生文化层到第一文化层，器物明显地从大到小，工具类型从多到少，石制品数量也从多到少。这种变化与原生文化层多次被侵蚀、剥蚀和逐渐被破坏有关。因此，除原生文化层外，其他三个石制品组合只能视为“脱层的器物”。尽管它们在发掘时出自不同层位，但真正的时代应当与原生文化层的时代相同。有鉴于此，作者在讨论遗址文化的基本性质时主要根据原生文化层石制品所反映的特征，其他三个组合仅仅作为参照。原生文化层石制品的基本性质大致可以归纳如下几点：

第一，制作石制品的原材料十分单调，仅有脉石英和水晶晶体两种。虽然文化层所在的砾石条带还存在极少量其他石料，如石英岩、硬砂岩、铁锰结核和赤铁矿等砾石，但很可能是因为这些砾石的砾径偏小，不宜作为石核来打制合适的石片，故均未被利用。脉石英和水晶晶体的原料在遗址的周围地点相当丰富，且取之方便，是他们最终选择和利用的对象。原生文化层出土的石核共226件，占石制品总数的6.83%，大多数形体较大，尤其是脉石英岩块，最大的长、宽、厚分别为210、137、85mm，最小的脉石英砾石长度也超过80mm。水晶晶体最大的长198、宽142、厚83mm，最小的长也超过40mm。根据调查，漳州市北郊及其遗址附近均不存在脉石英岩块、脉石英砾石和水晶晶体，除遗址外凡是砖红土层和网纹红土层中的砾石层也未曾见到过脉石英岩块和水晶晶体砾石，因此石核的原料理所当然是从周边山地搬来的。

第二，根据生产石片后在石核上遗留下来的石片疤痕判断，遗址的主人在产生石片时只采用砸击法和锤击法。当以水晶晶体作为石核生产石片时，基本上只采用砸击方法，个别采用锤击方法，凡较大的水晶晶体一律采取砸击方法产片。尺寸较大的脉石英岩块也同样采用砸击。对于形体稍小的脉石英砾石和具有一定磨圆度的水晶晶体砾石，锤击法和砸击法兼用。原料为脉石英砾石的石核，核体上通常只有1~2个工作面，剥片最多的3~4个，少的1~2个。双台面和多台面石核只采用脉石英岩块，个别采用脉石英砾石。双台面和多台面石核一般以较平的面（多数是节理面）作台面，台面不做修理而直接打片。多台面石核全是块状脉石英，形体都很大，但石核上剥离石片的疤痕并不多，最多不超过6个。

遗址中存在大量断块、断片、碎块和碎片（共2711件，占总数的80%以上），说明在砸击或锤击产片时，出现大量碎块和碎片，采用砸击法生产石片时，更容易出现大量崩片和碎片。这种情况在某种程度上反映了原料质地较差和石核利用率偏低。另一方面，也可能是由于原料性质决定了生产石片时很难达到预想的目的，因为脉石英裂隙和节理发育，容易造成打片时出现不甚规则的碎片或碎块。观察表明，采用砸击法虽然崩片较多，但同时也会出现少量比较长的和边缘锐利的石片；采用锤击法产片通常以宽大于长的石片居多。

第三，莲花池山遗址原生文化层出土的石制品数量和类型较多，与福建境内其他旧石器时代遗址或地点出土石制品的数量和类型相对比更是如此。莲花池山遗址原生文化层出土的工具类型超过15种，其中包括砍砸器（直刃、凸刃、端刃、凹刃、单边、双边）、刮削器（直刃、多刃、凹刃、凸刃、端刃、圆头等）、尖状器（大型的、中小型的）以及石锤、手镐和薄刃斧。其中的薄刃斧是福建境内至今所见到的唯一标本。莲花池山遗址出土石制品的数量和类型，在福建境内显然是最多的。

第四，工具类总体加工水平比较简单、粗糙，有一定比例的重型工具（重型砍砸器和大型尖状器），经过仔细加工和进一步修理的工具不多，尤其是定型的工具极少。尽管有些器物的加工相对较好，比如石锥、小型刮削器和小型尖状器，其刃缘部位常具有连续的和较细致的加工痕迹或通体不见原岩石面，器物形制也相对较规整，但是这些都是从砸击出来的众多石片中挑选出来再加工的，可能存在着偶然因素。很显然，莲花池山遗址的“石器组合”以粗加工的工具占绝对优势，因此它不能归属于“精细型加工石器”的范畴，而只能纳入“权宜性粗加工石器”的系统之中。

第五，莲花池山遗址的文化性质，总体来看与漳州西郊洋尾山遗址大致相同，虽然两者都属于我国“南方砾石石器传统”的范围，但也存在某些差别。范雪春于2003年在漳州洋尾山一带发现的15个石器地点全部出自残丘坡积的红土层中，尽管出土的石制品数量有限，且加工也简单、粗犷，但其中的尖状器和几件刮削器甚是精致，原料的利用也较广泛，基本上都是采用河滩上磨圆度高的砾石作原料，石制品组合似乎更接近“南方砾石石器传统”。而莲花池山遗址显得更具自身的特色，主要表现在：大量利用水晶晶体作原料；多数采用砸击法；水晶晶体既作为锤击产片的石锤，也用于生产石片。依据作者的实验证明，采用水晶晶体作石锤砸击水晶晶体，往往能够砸出更长、更薄的石片以及具有锋利刃缘的石片。

一个遗址出土的石制品主要以水晶晶体作原料和大量制作水晶质的石器，在我国北方和南方上千个遗址或地点中似乎是唯一的，这也许是莲花池山文化最独具地方特色之所在。

长期以来，我国学者在探讨北方与南方两个区系的旧石器时代石工业时，普遍认为北方和南方之间存在明显的差别[40~43]。这种差别不仅仅表现在地理环境的较大差异，更重要的还表现在石制品制作的工艺水平、工具类型以及制作石制品所采用的石料[44~46]。

环境是决定早期人类生活条件最重要的因素之一，同时也极大地影响着早期人类的许多行为。为了索取食物，早期人类需要选择适宜于环境和为了搜集食物所必需的石料制作工具。然而，制作工具的原材料不可避免地会直接影响到工具的制作水平的发挥，影响到工具的类型和制作后工具使用价值的优劣。许多学者认为，石料对制作工具起到重要作用，陈淳在《旧石器研究：原料、技术及其他》一文中认为，原料对工具的制作起到决定性的影响[47]。虽然我国北方许多旧石器时代遗址的石制品也同时利用脉石英制作工具，但大多数却是利用较小的石英石片和燧石石片进行再加工。北方许多遗址的石质工具是采用燧石石片这种优质的材料制作的。燧石原料坚硬、性脆，制作方便，更有利于加工成所需的器型。燧石制作的工具，加工痕迹十分清楚，从外观上看似乎显得加工更加细致。当采用脉石英岩块或砾石作原料时，虽然硬度与燧石相同，但韧性较强，况且节理发育，容易破裂，既不易产片，又不易细加工，所以制作出来的工具往往显得更粗糙和更加简单。无论如何，劣质的石料必然极大地影响着制作石器时技术水平的发挥，这是毋庸置疑的。

我国北方旧石器时代从早期到晚期，其石工业发展的脉络已经相当清楚，不同时代的器物组合都显示出各时代石工业制作特性和加工水平[48,49]。我国北方石工业的两个系统有着鲜明的差别，贾兰坡等曾在《山西峙峪旧石器晚期遗址发掘报告》一文中指出：我国华北地区旧石器时代存在两个不同系统，一个是“匼河—丁村系（即大石器系统）”；另一个是“周口店—峙峪系（小石器系统）”[50]。匼河遗址和丁村遗址的文化遗物以石制品为主，基本上采用由河床中拣来的砾石加工而成，具有代表性的器物如大砍砸器、大三棱尖状器和石球等。研究表明，匼河和丁村两个遗址有着许多共同性，不仅表现在器型的雷同上，也表现在石器制作方法上的相似性，它们之间存在明显的传承关系。“匼河—丁村大石器系统”是我国北方以重型石器为代表的“北方砾石文化传统”，而“周口店—峙峪小石器系统”则是以细小石器为主，采用小石片作毛坯，经过仔细加工而成的类型繁多的小型石器，其代表性器物有多种刮削器、雕刻器、多种尖状器、箭镞和类楔型石核等。大小石器两个系统的形成以及石器的功能，既由环境也由原料所决定。

贾兰坡等还指出，华北大石器系统与较温暖的气候和较良好的生态环境有关，石器类型的功能更多地利用于采集，辅以狩猎；而小石器系统则以狩猎为主要生计，辅以采集或其他。张森水在《近 20 年来中国旧石器考古学的进展与思考》一文中指出，至今我国已发现的旧石器地点达 1000 多处，约有 80% 是近 20 年来发现的，纵观北方主工业，总的特征是：以小型为主，常用锤击法，偶尔采用碰砧法，不用锐棱砸击法；多台面，单台面者少，毛坯以片状为主，断片多；刮削器多，砍砸器少；手镐、手锛少，尖状器多，雕刻器多，手斧基本不见[51]。华北地区小石器系统采用的石器原料是丰富多彩的，许多器物的形制也相当规整，这与主要从事狩猎不无关系。与以采集为主要生计的生活方式不同，狩猎是一种动态性的获取食物方法，工具必须具有更加实用性和准确性，因此制作者必须具有前瞻性；而以采集为主要生计来源的，只是一种在静止状态下的获取食物方法，只要具有简单、易行的工具即可。这正是两个传统的最大不同之处。

我国北方广泛分布有第四纪黄土堆积物是众所周知的。黄土高原，是中华民族的发祥地之一，也是研究旧石器时代文化最早、最重要和最详细的地区。我国最早发现的旧石器就是出自黄土的底部砂砾石层中；最早发现的、最古老的文化遗址——山西西侯度遗址和匼河遗址，均出自黄土地区。多年来，黄土地区已经出土的人类化石包括猿人阶段的公王岭蓝田猿人、泄湖陈家窝蓝田猿人，早期智人阶段的大荔人、丁村人以及众多晚期智人阶段的化石材料，黄土地区对于我们探讨人类进化和文化发展过程，无疑是极其重要的。

近年来有关黄土研究所取得的重大进展举世瞩目，黄土中古土壤高分辨率、古气候格局和全球变化的深入研究[52]，为与黄土有关的旧石器时代文化的断代以及文化与环境的关系等研究，提供了十分重要和可资对比的资料。早期人类文化与环境的关系一直受到许多学者的关注，著名第四纪地质学家刘东生院士在《黄土石器工业》[53]一文中，根据黄土分布的地带性以及旧石器时代遗址和地点分布的规律性提出：至今黄土地区发现的早期遗址和地点有旷野类型的126处、洞穴类型的8处，并建议采用“黄土文化带”的概念。刘东生院士指出：“黄土是一个跟随人类发展脚步而形成的地质体。黄土地层像一部日记，记载了250万年以来的地质变化，其中包括人类的生活和生产劳动的历史。”他还建议，如果把旧石器文化和黄土地质生态环境包括古气候、古生态、古环境以及埋藏学等方面的研究结果相配合，就能够建立起黄土旧石器工业的总体形态和时间序列。很明显，黄土地区是我国旧石器时代早期形成和发展的主要地区之一，黄土带文化在到了旧石器时代晚期的早一阶段起，便开始朝着东、西和北三个方向迅速扩展[54,55]。

相比之下，我国南方旧石器时代从早期到晚期，石工业的发展脉络并非十分清楚，特别是测年存在很大困难，至今还不能把已知的遗址和地点的时代排出序列来。尽管许多学者曾经详细记述我国南方红土分布区发现的大量遗址和地点，但其中的绝大多数遗址和地点具体年代既存在不同意见，又缺乏测定数据[56~58]。

近十年来，随着全球变化区域地质、环境等问题的深入探讨以及研究客体的多样化和时空的延伸，我国南方砖红土、红土和网纹红土的地质环境以及与早期人类文化的关系等问题，也渐渐成为研究的热点之一。曾昭璇在《珠江文化在我国文化地带中的地位》一文中强调：“文化，是人类与地理环境调适过程中创造出来的物质和精神财富。”他还说：“文化研究必须重视自然环境和生态环境。”并倡议建立“华南热带文化带”[59]。诚然，“华南热带文化带”并不完全局限在热带地区。以我国为例，除了低纬度外，还应该包括南亚热带，甚至包括中亚热带部分地区。因为在我国长江以南广大范围内，都分布有大致相同的砖红土、红土、网纹红土以及早期人类文化——“砾石石器传统”。因此也有相当多的学者主张采用“红土文化带”一名来泛指我国南方红土分布区的旧石器时代文化带。

在我国南方红土分布的地区内，旧石器时代文化性质显示出它的多样性和复杂性，可谓千差万别。气候条件的差异、生态环境的不同、受母岩的控制而出现不同类型的红土，以及红土区内发育的植被差异等，无不影响着早期人类的生产活动、行为和生计，因此，仅仅用“红土文化带”一名是远远不够的。正如大家所知，在同一个地区内，由于气候环境的变化，人类为了适应这种变化，在居住、迁徙、制作工具和生活习性等方面，都会因此发生很大变化，从而会出现文化上的趋异现象。相反，相距甚远的不同地区，在相同的气候条件和生态环境下，早期人类的不同群体却会创造出惊人相似的文化——即所谓的趋同现象。为此，我们建议，在“红土文化带”这个较大范围内，拟从中划分出四个“亚带”，以此弥补单一文化带理念的不足。

著名科学家裴文中院士早在20世纪中叶就曾经提出：更新世时期，以秦岭—江淮山地—淮河一线为界，将我国的第四纪哺乳动物群落明显地划分为北方、南方两大区系和两个分带——旧大陆区系和东南亚区系，淮河过渡带和东北寒温带[60]。第四纪时期哺乳动物群落在不同纬度上的差异，显然与气候条件和生态环境有关。那么，这种不同，也必然影响着早期人类的生活方式和采集与狩猎的行为，而且随着时间的推移，这种影响的趋势越来越明显。

从已经报道的有关我国南方旧石器时代遗址和地点的石制品看，中亚热带地区、南亚热带地区、热带地区之间，存在着一定的差别，有的甚至是较大的差别。这种差别不仅仅表现在旧石器时代较早时期石制品的加工、类型和石器组合上，而且还表现在早期人类的居住、遗址的性质和埋藏过程。在有石灰岩分布的地区和无石灰岩分布的地区，早期人类居住的选择存在明显不同，洞穴遗址和非洞穴遗址的埋藏过程也大相径庭。

有鉴于此，可将“红土文化带”进一步划分为：“湘鄂川陕南带”、“苏皖带”、“闽浙赣带”、“桂粤海带”四个亚带。其中，“湘鄂川陕南带”和“苏皖带”两个分区的北半部广大地区，早期文化如同更新世时期的哺乳动物群落一样，在较大程度上受到北方文化的影响，甚至在早期文化中表现出南、北两个大文化区的互相交融和杂交性状，因此在这个“带”的文化性质必然与“闽浙赣带”、“桂粤海带”亚带有着较大差别。以鄂北和苏皖北部为例，早期的石器组合中，石球在石器组合里占有相当比例，而大尖状器则相对减少，小型器物占有一定比例。原料多采用石英砂岩，石英岩次之。据鲁娜、侯亚梅等的报道，陕西汉中梁山遗址龙岗寺地点的工具组合中，砍砸器占半数以上，其次为刮削器[61]。“苏皖带”分区里的石工业中，多多少少存在石球，大砍砸器大多带有尖刃，重型器物所占比例较大[62,63]。而在“闽浙赣”亚带，工具的组合主要表现在大、中、小型器物都有，刮削器、尖状器和砍砸器是主要工具类型，手镐是这个亚带的特色工具，偶尔存在手斧和薄刃斧，原料以脉石英、砂岩和凝灰岩为主[64]。“桂粤海”亚带的石器组合中，以砍砸器占最大比例，大尖状器较多，手斧占重要位置，原料以砂岩、硅质岩和石英粗砂岩为主[65,66]。

综上所述，尽管秦岭—江淮山地—淮河分界线以南广大地区都属于南方“红土文化带”，但同时期的人类文化却存在明显的差异。这种差异是由不同地理气候条件、不同生态环境以及早期人类制作石器可能获得的岩石材料诸多因素决定的。根据我国南方诸多遗址和地点的文化性质以及工具组合，现将莲花池山遗址的石制品性质、器型、原料等，与地质时代大致相当的南、北方其他遗址做一系统对比（表7）。

表 7　莲花池山遗址与南、北方其他遗址的对比

Table 7　Comparison of Lianhuachishan Paleolithic site with others sites in Southern and Northern China

莲花池山遗址	南方			北方
	湘鄂川陕南带	苏皖带	闽浙赣带桂粤海带	
“石制品组合A”：砾石石器：砍砸器、刮削器；原料脉石英、水晶晶体	陕西关庙：砾石石器：刮削器、尖状器；原料石英、石英岩、砂岩	安徽皖河：石片石器：刮削器；原料石英、水晶、玉髓	福建漳州洋尾山：砾石石器：砍砸器、刮削器、手镐；原料脉石英、石英岩	山东银雀山：石片石器：刮削器、砍砸器、石球；原料石英岩
“石制品组合B”：砾石石器：刮削器、石锤；原料脉石英、水晶	湖南鸡公垱砾石石器：砍砸器、大尖状器、刮削器、石球	安徽巢湖望城岗：砾石石器：砍砸器、大尖状器	广东英德宝晶宫：砾石石器：砍砸器、刮削器、手镐、石锤；原料石英砂岩	山西古交：砾石石器：砍砸器、刮削器、尖状器；原料石英砂岩、石英岩
“石制品组合C”：砾石石器：砍砸器、刮削器、尖状器；原料脉石英、水晶	陕西梁山砾石石器：砍砸器、大尖状器、手斧；原料石英、石英岩、火山岩	浙江安吉：砾石石器：砍砸器、尖状器、刮削器、手斧；原料砂岩、粗面岩、凝灰岩、硅质岩	福建永安贡川：砾石石器：砍砸器、尖状器、手斧；原料：石英岩、石英砂岩、砂岩	山西丁村：石片石器：砍砸器、刮削器、大三棱尖状器、石球；原料角页岩、燧石、石英岩
第四文化层：砾石石器：砍砸器、刮削器、尖状器、手镐、薄刃器；原料水晶、脉石英	湖南虎爪山：砾石石器：砍砸器、刮削器、石球；原料石英砂岩	安徽水阳江：砾石石器：砍砸器、大尖状器；原料石英砂岩、砂岩	广西百色：砾石石器：砍砸器、大尖状器、手斧、刮削器；原料砂岩、硅质岩、石英岩	山西匼河：石片石器：刮削器、砍砸器、尖状器、石球；原料石英砂岩、石英岩

第六章　关于中国南方砖红土、红土和网纹红土的划分及时代探讨

第一节　中国南方砖红土、红土和网纹红土研究现状

我国南方红土具有明显的地带性，其分布面积超过200万平方公里。南方的红土和北方的黄土一样，也是承载第四纪期间地质变化的重要信息库。为了揭开早期人类进化、文化发展以及与生态环境之间的关系，红土的研究是必然要涉及的。

我国南方砖红土、红土与网纹红土的划分与时代的确定一直是一个难题，也是国际上第四纪地层研究中的难点之一。红土，从土壤的角度来划分被定名为红壤[67~69]，但大多数第四纪地质学家却将其称之为红土[70,71]。红土或红壤，在地球上广泛分布于南、北回归线之间的广阔地带。长期研究认为，由于大气环流的影响，低纬度地区在高温和潮湿的自然条件下，特别是在年平均气温16~25℃，年降雨量在1500mm以上的地区，更容易形成砖红土、红土和网纹红土。红土或红壤是原来母质岩体风化后的物质中，硅酸盐类不断流失，而铁、铝质不断富集，暗色矿物被强烈分解，盐基淋失才逐渐形成的。在干旱或半干旱地带，由于降水相对减少，淋漓作用并不明显，从而逐渐发生红色沙漠化，如非洲撒哈拉、中东、中亚和美国亚利桑那等地。在我国东部，因地带性受到太平洋和印度洋暖湿气流的长期共同影响，

长江以南大片地区内广泛发育了红土或红壤。有的地区，特别是在富含水分条件下，其下部经过长期淋漓作用，土壤中部分还原，结果发育了具有网状结构（或称菌丝状结构）的网纹红土。

我国南方的红土，是在热带、亚热带气候条件下形成的。这是一种富含铁、铝氧化物积淀的第四纪堆积物，即可能是残积物，也可能是坡积物或冲积物。红土或红壤的形成过程有的可能经过相当长的时间，有的可能形成的时间较短。我国南方红土或红壤的地质时代，经过半个世纪的研究，多数学者认为它们是更新世时期的产物，但并不排除有上新世时期红土存在的可能性[72]。

我国红土的研究历史可追溯到20世纪中叶。但是由于砖红土、红土和网纹红土地层中缺乏古生物证据，也难以取得其他有效的测年样本，故时代问题始终困扰着第四纪地层工作者。杨钟健和德日进最早曾把南方的红土划分为次生砖红土和原生砖红土两个层位，后者的地质时代为更新世早—中期，前者的地质时代为更新世晚期。朱照宇近期的研究认为，早更新世早期红土多以埋藏型为主，其形成的年代在2400ka～1600kaBP；早更新世中、晚期形成的红土，其年代为1600ka～800kaBP；中更新世下部的红土其形成的年代在730ka～430kaBP，上部则为430ka～133kaBP；更新世晚期的红土年代在98ka～30kaBP。有人认为砖红土或红土的形成时间应大于400ka，小于800ka[73]。黄慰文根据广西百色、田东、田阳一带含旧石器石制品地层中发现的玻璃陨石年代测定，认为网纹红土下部应在800kaBP[74,75]。有人则认为出露型的红土时代不会太早，更可能是更新世晚期的沉积物。席承藩在《土壤是气候变化的长期记录者》一文中提出，中国南方红色风化壳是第四纪形成的，其上部的均质红土为更新世晚期的产物，热带、亚热带地区容易形成红色土壤，而温带以花岗岩为母岩的则形成棕色土壤[76]。赵其国、杨浩等在《中国南方红土与第四纪环境变迁的初步研究》一文中，根据安徽宣城剖面得出的测年为：网纹红土730ka～400kaBP，地质年代属中更新世早期；其上的均质红土年龄为400ka～100kaBP，地质年代为中更新世中、晚期至晚更新世早期；剖面最底部的砾石层和其上的粉砂层为更新世早期，测年大于730kaBP[77]。安徽宣城一带红土和网纹红土相当发育，学者曾进行过较深入的研究，赵其国等依照有机含量、全氧化铁和磁化率等四种指标划出不同气候带，并与北方黄土系列相对照。邹和平在《史前考古与第四纪地质研究》一文中报道了广东境内河流阶地沉积物及其测年：第一级阶地沉积物以砂砾和黏土为主，形成于距今3ka～2kaBP，顶部年代约1.8KaBP；第二级阶地上部为红土层；下部为红土质砾石，部分地区还可见底部发育有网纹红土，测年120ka～20kaBP，属晚更新世堆积物[78]。房迎三等人在讨论安徽旧石器时代地点群的埋藏时认为，地层堆积（包括网纹红土）的年代应在900ka～150kaBP；而上部均质红土（即砖红土）的年代可能在400ka～100kaBP[79]。总之，各项年龄测试的数据表明，砖红土、红土和网纹红土形成时间的跨度是相当大的[80,81]。我国长江下游网纹红土的年代多数学者认为属更新世中期的沉积物，红色部分是铁氧化物积聚的结果，而白色、黄色部分却是高价铁还原退色的结果，其年代可能在700ka～400kaBP。

关于我国南方红土的名称，正如朱照宇所提到的，目前我国对于红土和网纹红土所冠名称过于混乱，亟待统一和规范。比如红土一名，同一岩性的还有红壤、砖红土、南方红土、华南红土、红色黏土、第四纪红土、第四纪红黏土、均质红土等说法；网纹红土一名也有花斑红土、杂色红土、菌丝状红土、网纹黏土等称谓。

我国南方红土或红壤通常出露部位是：第二级以及第二级以上阶地砾石层的上部，有的则构成开阔台地的中部层位；具体分布在岗地、丘陵、残丘和低山周围的红土和网纹红土，有的是基岩长期风化后形成的风化壳的残留物。许多学者注意到，不同母质是形成不同类型砖红土、红土或红壤的重要因素[82,83]。因此可以按照母质的不同划分几种不同类型的红土：

砖红土（Latosols），更多地分布在热带、南亚热带深成火成岩发育的地区，如闽、粤、桂、海，经常出露在丘陵、残丘的边部、阶地和台地的中、上部，厚度从数米至数十米不等，特点是颜色鲜红，黏性大，土体中黏粒含量一般大于65%；含有较丰富的铁、铝质，有机质含量较低，砖红土底部有时会形成铁氧化物的富集带，如铁盘和铁帽。

红土（Ultisols or red-clay），多见于江南中亚热带地区，如江、浙、赣、湘、鄂等地，多分布在盆地近山前缘地带和河谷沿岸的阶地之上。这种类型的红土常与细砂或砂质黏土互层，其中以安徽宣城等地最典型，但红土色调常常带有褐色成分，黏度也较低。

灰质红土（Terra rossa），主要分布于石灰岩地区，如黔、滇等地。

红黄色红土（Redish yellow-soils），广泛分布在南方中—高山山地的基岩表层风化壳，地区性日照较弱且较短。

赤红土（Terra cotta red-clay），南亚热带或热带，如海南地区，是富铁缺铝条件下形成的一种黏性较大的黏土。

根据以上所述，我们不难看出，我国南方特别是华南红土的形成原因相当复杂，其形成的时段各不相同，总体看来红土形成的时间很长，网纹红土形成的时间更长。面对全球气候变化研究的进一步深入，砖红土、红土与网纹红土必然成为不可忽视的课题或热点之一。

本书中全部采用砖红土、红土和网纹红土三个名称，其含义和性质的差别如下：

砖红土：系指形成年代稍晚、颜色鲜红、黏性很大的黏土层，国际通用的 Munsell 土色表代码为 10R 4/8 Red；

红土：红色或棕红色、黏性较大的黏土层，Munsell 土色表代码为 10R 5/8 Red，不排除局部含有少量砂粒或细小砾石；

网纹红土：黄红色，Munsell 土色表代码为 7.5YR，Yellowish red or Redish yellow，网状条纹白、灰白、灰黄或红黄色，具有一定黏度的黏土层。

第二节　福建境内砖红土、红土和网纹红土初步划分

福建境内广泛分布砖红土、红土与网纹红土，除常见的砖红土和红土外，其他

类型的红土如灰质红土、红黄色红土和赤红土等类型均可见及。但闽南地区只存在砖红土、红土和网纹红土三种类型。闽北、闽东北地区则多为红土，缺少砖红土。闽西地区灰质红土多于砖红土。赤红土仅在南部岛屿上局部出露。一般说来就地堆积的、且基岩风化较深的红土，底部常见砾石条带或碎屑物，有时也可见到未经风化彻底的母质团块。闽南地区出露广泛的砖红土、红土和网纹红土经常与砾石条带或较薄的砾石层呈互层关系，砾石条带通常反映某个时期的沉积间断，并作为人类的活动面。砖红土中间砾石条带的砾石常常具有铁锰质胶膜。

闽北地区红土系列多出露在山间洼地边缘和低山丘陵的低坡地带，闽东北地区多见于丘陵周围和平原边缘地带，厚度通常较小，说明风化强度明显逊于闽南，现以宁德霍童芦坪岗旧石器地点的红土剖面为例[84]（图 53）：

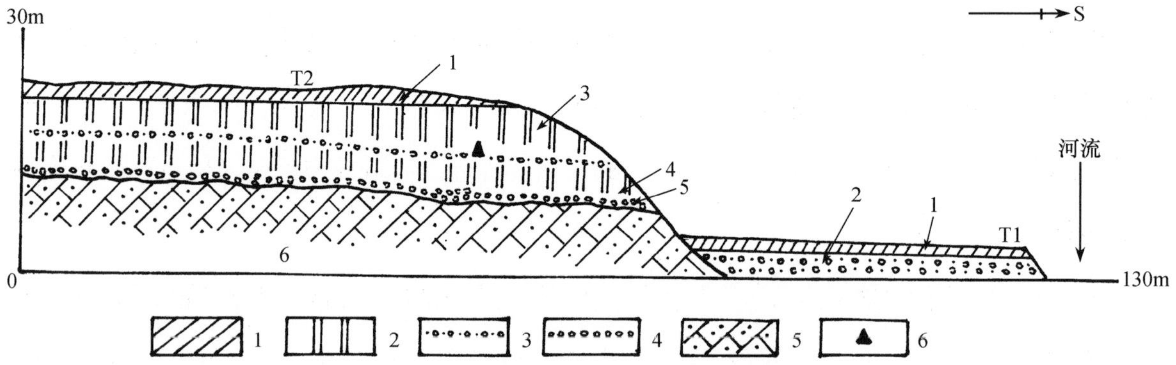

图 53　宁德霍童芦坪岗旧石器地点地层剖面

Fig. 53　Geological section of Paleolithic locality in Lupinggang, Ningde County

1. 砂质土（Sandy soil）　2. 黏土（Clay）　3. 砾石条带或砾石层（Gravel）

4. 角砾石层（Gravel bed）　5. 砂岩（Sandstone）　6. 石制品（Stone antifacts）

全新统（Q_4）

① 砂质土，灰黄色，厚 20cm。

② 砾石层，灰白色，砾径差别较大，磨圆度较差—中等，厚 300 ~ 500cm。

~ ~ ~ ~ ~不整合~ ~ ~ ~ ~

上更新统（Q_3）

③ 棕红色黏土，黏性大，色鲜红，底部砾石条带含石制品，厚 30 ~ 50cm。

④ 红褐色黏土，底部含砂，厚 25 ~ 40cm。

⑤ 角砾石层，灰白色，砾石分选性差，厚 20 ~ 40cm。

~ ~ ~ ~ ~ 角度不整合 ~ ~ ~ ~ ~

⑥ 基岩（PQ）：古生代砂岩及中生代花岗岩。

闽西和闽西北地区红土系列主要分布在盆地周边地带、溪流上游和山地前缘，地层不如闽南地区发育，网纹红土更是如此，仅出露于局部地点，现以将乐古墉镇积善村东的剖面为例（图 54）：

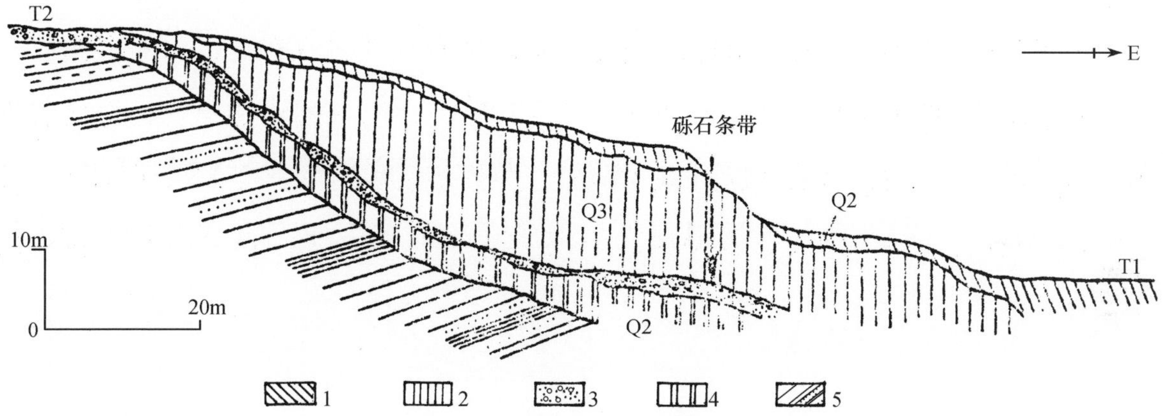

图 54　将乐古墉镇积善村旧石器地点地层剖面

Fig. 54　Geological section of Paleolithic locality in Jishancun, Jiangle County

1. 表土（Surface soil）　2. 砖红土（Brick red clay）　3. 砂砾石层（Sandy gravel）　4. 红土（Red clay）　5. 基岩（Basal rock）

全新统（Q_4）

① 表土，灰黑色，含商周时期陶片，部分地段见有墓葬，厚 8cm。

~ ~ ~ ~ ~ 不整合 ~ ~ ~ ~ ~

上更新统（Q_3）

② 砖红土，鲜红色，黏性大，Munsell 色表代码 10R4、8 Red，干后坚硬，厚 20～450cm。

③ 砂砾石层，灰白色，砾石磨圆度中等，含石制品，成分复杂，包括石英岩、砂岩、花岗岩、硅质岩、泥岩团块等，砾径多在 3～8cm。厚 20～60cm。

～～～～～不整合～～～～～

④ 红土，棕红色，黏性较大，Munsell 色表代码 10R 5/8 Red，上、下部偶夹砂粒，厚 30～150cm。

～～～～～不整合～～～～～

⑤ 前第四系（PQ）：花岗闪长岩

闽中地区红土和网纹红土分布较闽北、闽西和闽东北发育和广泛，主要出露于山间盆地周围、低山和丘陵边缘地带以及河流的第二、第三阶地之上。具有代表性的剖面在永安市贡川镇黄衣垄村以东 1000m，因修筑公路而揭开了较大的剖面，并出土大量石制品，据陈子文等的报道[85]，出露的地层自上而下可分为 6 个自然层（图 55）：

全新统（Q_4）

① 上部：近代堆积层（表土），黑灰色黏土，Munsell 色表代码 5G 4 Dark grey，富含腐殖质和炭屑，厚 5～20cm；下部：明至清代杂色黏土，含大量瓷片，厚 33～85cm。

② 杂色砂质黏土，疏松，偶含细砾石，含宋—元代遗物，厚 30～80cm。

～～～～不整合～～～～～

上更新统（Q_3）

③ 灰黄色粉砂质黏土，Munsell 色表代码 7.5GY 4/1 Yellow，粉砂质黏土，质地相对较纯，疏松，具孔隙；偶见细砾石，细砾石主要成分为脉石英和石英岩，磨圆

图 55　黄衣垄遗址实测地层剖面图（据陈子文，2007）

Fig. 55　Geological section of actual measure of Huangyilong Site

1. 近代堆积（Dark grey humus soil）　2. 黄棕色砂质黏土（Yellowish brown sandy soil）3. 灰黄色砂质黏土（Grayish yellow shiny soil）　4. 红土（Red clay）　5. 网纹红土，中上部界面及中部底砾石层含石制品［Upper, Meddle (with gravel layer) and Lower reticulated red clay］　6. 砾石条带（Pebble line）　7. 风化壳（Fundus-weathering shuck of granite）　8. 石制品（Stone artifacts）

度中等，厚74～130cm。

～～～～～不整合～～～～～

中更新统（Q_2）

④ 红土，Munsell 色表代码 10R 5/8 Red，黏性大，致密，基本上不含砂粒，偶见小砾石和岩屑，成分脉石英、砂岩等，磨圆度中等；底部偶见网纹红土块斑，厚0～80cm。

～～～～～不整合～～～～～

⑤ 网纹红土，Munsell 色表代码 2.5 YR 5/8 Red，具团粒结构和黄斑或黄色条带状物，根据侵蚀面又可细分 3 个小层：

上部（5A）：黄斑较稀疏，斑状体稍小，黄斑约占 10%；底部夹薄层岩屑，含少量石制品（上文化层），厚 90～212 cm；

中部（5B）：黄斑占15%～20%，底部具一砾石层。砾石成分复杂，其中以脉石英、石英岩占多数，另有砂岩、辉绿岩、凝灰岩、粉砂岩、泥灰岩、细粒花岗岩、砾岩、炭质页岩和斜长岩等。较大的砾石磨圆度良好，较小的砾石多具棱角，属洪积相堆积物，出土大量石制品（下文化层），厚0～98 cm。

下部（5C）：黄斑稍大，约占30%，底部含有尚未风化完全的花岗岩碎块和脉石英小碎块。遗址西侧厚20cm，东侧未见底。

～～～～～不整合～～～～～

前更新统（PQ）

⑥ 风化壳，杂色，系由花岗岩和钾长岩经过长期风化而成，脉状石英条带和基性岩脉残余尚存。厚度大于10m。

在上述剖面中，各层之间全部呈侵蚀面或不整合接触关系，侵蚀面和不整合面都具有较大的倾斜面和起伏，部分地段揭露出沟槽痕迹，显然代表沉积间断期间的地表面，层面都因受到流水的冲刷而凹凸不平。在这基础上，较晚的沉积物就在其上进行堆积。值得注意的是，遗址剖面第3层即红黄色粉砂质黏土，其色泽十分均匀，质地较纯，具大量孔隙，与漳州莲花池山遗址覆于砖红土之上的灰黄色砂质黏土相当接近，也可能是一种在末次冰期形成的风积相堆积物。根据有关资料，闽南一带相当于该层的地层，年代测定为距今2.5ka～1.73kaBP，故该层的地质时代应属晚更新世晚期。

三明市以西45km的剪刀墘山哺乳动物化石地点，位于明溪县西北5km，海拔418m，地理坐标为26°22′26″N，117°12′5″E，化石出自第二级阶地后缘石灰岩裂隙中的红色砂质黏土和含砾红土中，上部被砖红土所覆盖，下伏为红土层，也就是说红色砂质黏土和含砾红土是砖红土层和红土层的分界，上部砖红土层向河谷方向延伸并与第二级阶地中部的砖红土层相连接（图56），因此该剖面是闽中地区具代表性砖红土剖面之一。

剪刀墘山地点出土的哺乳动物化石主要成员有：猕猴（*Macaca mulatta*）、黑熊

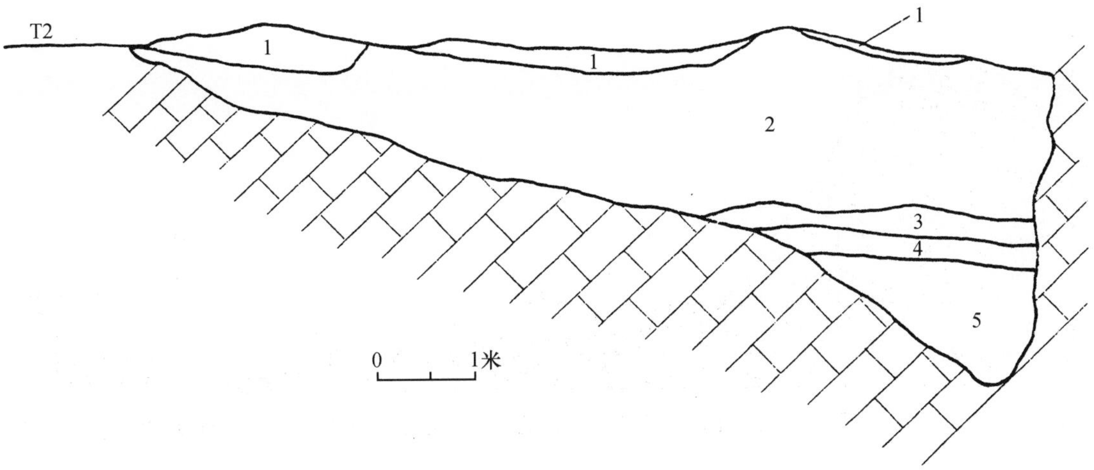

图 56　明溪剪刀墘哺乳动物化石地点地层剖面

Fig. 56　Geological section of mammalian fossil locality in Jiandaoqian, Mingxi County

1. 表土（Surface soil）　2. 砖红土（Brick red clay）　3. 红色砂质黏土（Redish sandy clay）
4. 含砾红土（Red clay with gravel）　5. 红土（Red clay）

(*Selenarctos thibetanus*)、最后鬣狗（*Crocuta ultima*)、大熊猫（*Ailuropoda melanoleuca*)、东方剑齿象（*Stegodon orientalis*)、华南巨貘（*Megatapirus augustus*)、野马（*Equus* sp.)、野猪（*Sus scrofa*)、水鹿（*Cervus unicolor*)、梅花鹿（*Cervus nippon*)、苏门羚（*Capricornis sumatraensis*）和水牛（*Bubalus bubalis*）等 45 种，钾氩法年代测定为距今 118 kaBP。由此可见，闽中砖红土的地质年代应为晚更新世早期，绝对年龄小于 130kaBP；红土层则属于中更新世晚期，其绝对年龄应大于 130kaBP。

三明以西 17km 万寿岩山前由红土形成的台地相当于当地的第三级阶地，红土黏性较大，质地较纯，局部含砂，厚度在 5～10m，底部砾石层较厚，磨圆度中等（图 57)。

闽南地区红土系列相对比较完整，除在第一章、第二章和第三章列举的剖面中红土系列可以划分为六个小层外，最上部上砖红土层在区内的覆盖面最大，厚度通常在 3～5m。有些地点厚度较大，如漳州市以西 8km 的天宝镇庙后前坑村一带，出露的砖红土层厚度超过 5m，该剖面共分 4 层，自下而上为（图 58)：

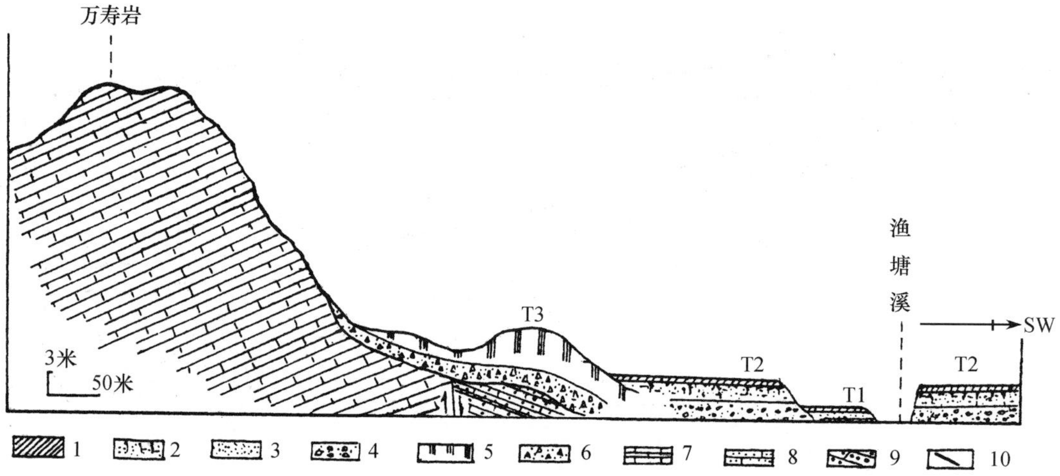

图57 三明岩前盆地横向剖面图

Fig. 57 Horizontal section of Yanqian Basin , Sanming City

1. 耕土（Farming layer） 2. 砂质黏土（Sandy soil） 3. 砾石层（Gravel layer） 4. 坡、洪积物（Diluvium） 5. 红土（Ultisol） 6. 石灰岩（limestone） 7. 石英岩（Quartzite） 8. 砂岩（Sandstone） 9. 泥岩（Soil stone） 10. 断层（Fault） T1. 第一级阶地（Terrace） T2. 第二级阶地 T3. 红土台地（Red clay mesa）

全新统（Q_4）

① 灰黑色表土，植被较厚，多种植荔枝、龙眼和香蕉等经济作物，厚20～30cm。

～～～～～不整合～～～～～

上更新统（Q_3）

② 砖红土，纯净，干后呈团粒结构，厚度大于500cm。

～～～～～侵蚀面～～～～～

中更新统（Q_2）

③ 红褐色砾石条带，含较多铁锰质结核，大者30mm；小者2mm，断面呈暗棕红或红褐色；砾石成分有花岗岩、脉石英等，磨圆度良好，但砾径普遍较小，厚20～30cm。

～～～～～不整合～～～～～

④ 风化壳（PQ），风化深度50～80cm。下伏花岗岩岩体。

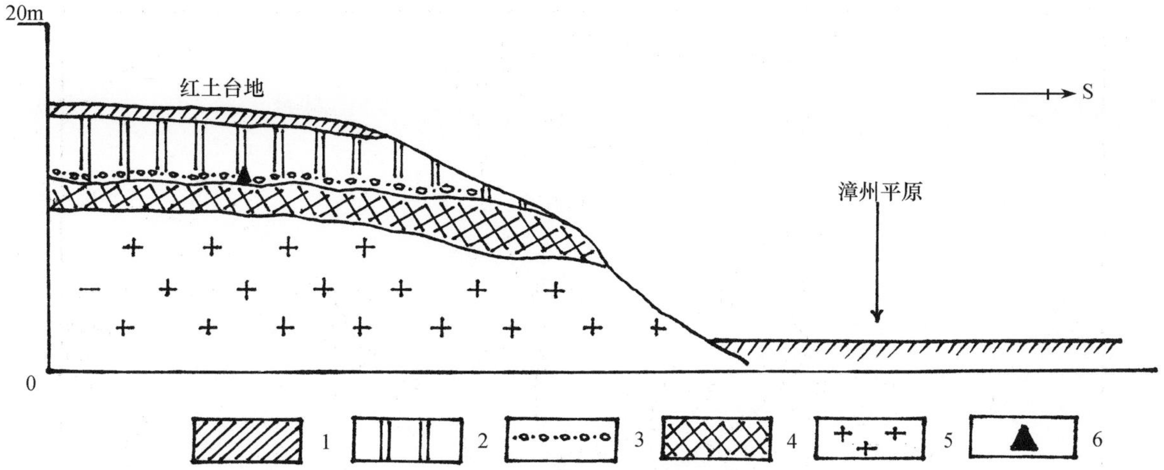

图 58　漳州前坑村地层剖面

Fig. 58　Geological section of Brick red clay in Qiankeng Village, Zhangzhou City

1. 表土（Surface soil）　2. 砖红土（Brack red clay）　3. 砾石条带（Gravel）　4. 风化壳（Weathering crust）　5. 花岗岩（Granite）　6. 石制品（Stone tool）

漳州市郊前坑一带砖红土层的厚度变化甚大，临近平原处厚度仅3.1m，向残丘方向厚度逐渐加大到5m以上，但未见网纹红土层出露。前坑西北200m的砖红土层中部出土1件石核，其上具明显的人工痕迹，砖红土向南延伸并逐步被近代砂土覆盖。

根据福建境内不同地区出露的砖红土、红土和网纹红土及其性质，可初步划分成闽东北、闽北、闽西、闽中和闽南五个分区（图59），各区出露情况和岩性可见表8。

表 8　福建境内红土系列的分区及性质

Table 8　Repartition and characters of series of red clay in Fujian Province

<table>
<tr><th>Ⅰ（闽东北）</th><th>Ⅱ（闽北）</th><th>Ⅲ（闽西）</th><th>Ⅳ（闽中）</th><th>Ⅴ（闽南）</th><th>地质时代</th></tr>
<tr><td rowspan="2"></td><td rowspan="2"></td><td rowspan="2">砖红土</td><td rowspan="2">砖红土</td><td>上砖红土</td><td>晚更新世晚期</td></tr>
<tr><td>下砖红土</td><td>晚更新世中、早期</td></tr>
<tr><td>红土</td><td>红土</td><td></td><td></td><td>红土</td><td>中更新世晚期</td></tr>
<tr><td rowspan="3">网纹红土</td><td rowspan="3">网纹红土</td><td rowspan="3">网纹红土</td><td>上网纹红土</td><td>上网纹红土</td><td rowspan="2">中更新世中期</td></tr>
<tr><td>中网纹红土</td><td>中网纹红土</td></tr>
<tr><td>下网纹红土</td><td>下网纹红土</td><td>中更新世早期</td></tr>
</table>

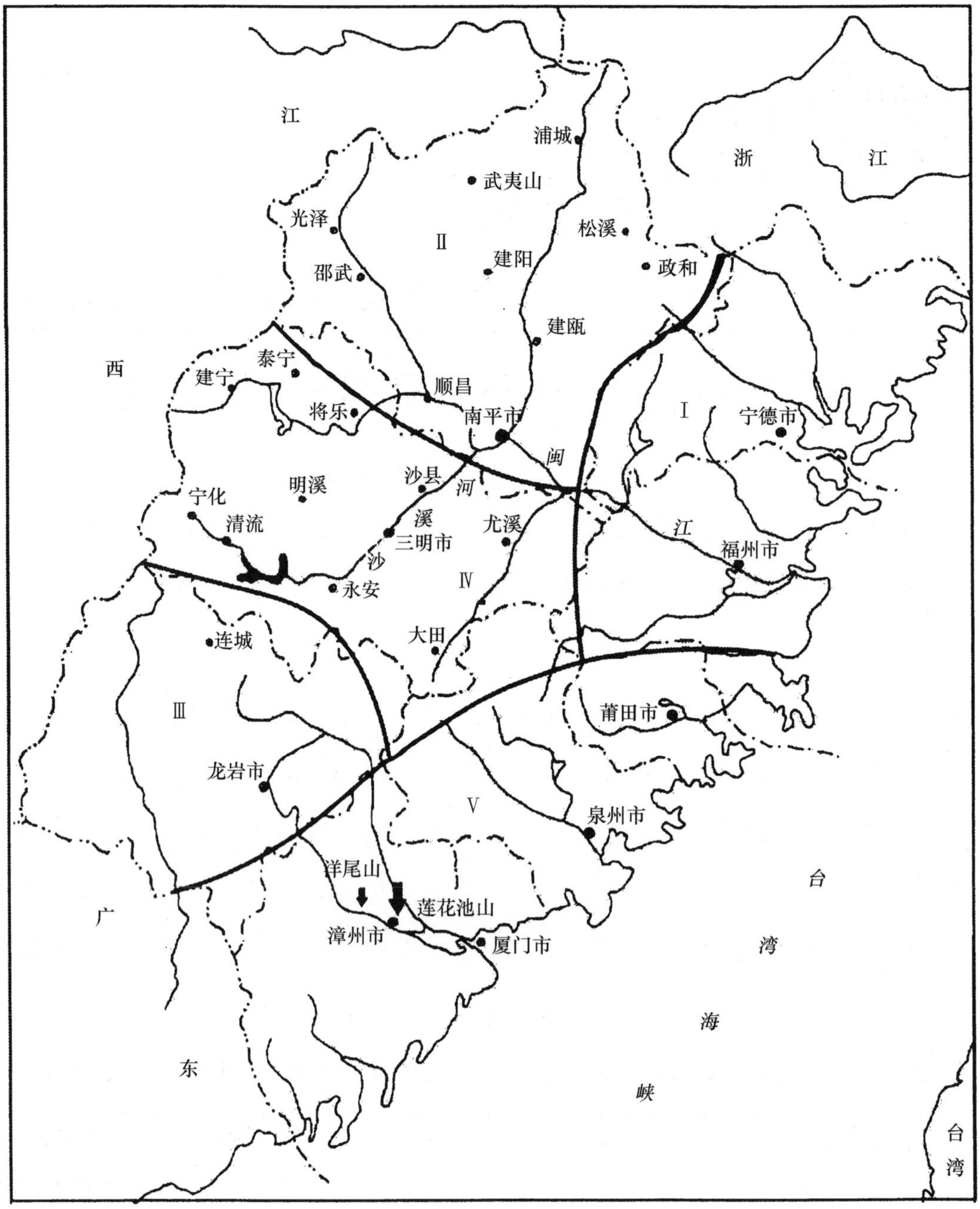

图59 福建境内红土系列的分区

Fig. 59 Repartition of series of red clay in Fujian Province

Ⅰ. 闽东北地区（Northeast area） Ⅱ. 闽北地区（North area） Ⅲ. 闽西地区（West area） Ⅳ. 闽中地区（Center area） Ⅴ. 闽南地区（South area）

第三节　漳州地区砖红土、红土和网纹红土年代探讨

我国南方砖红土、红土和网纹红土分布的地带性，表现在以秦岭—淮河一线为界，但黄镇国等认为：我国的热带—亚热带区域并非全境都有富铝风化壳发育。砖红土、红土、网纹红土的发育在南方的东部偏北，而西部则偏南，并认为原来划分的南亚热带一部分应划归为热带地区（包括漳州地区在内）。据黄镇国等对红土发育、划分实例的综合，认为我国南方共有 5 个红土期：Ⅰ，上新世、早更新世早期—早更新世中期（2.1Ma～0.8MaBP）；Ⅱ，中更新世早期（0.65Ma～0.4MaBP）；Ⅲ，中更新世中期（0.3Ma～0.15MaBP）；Ⅳ，晚更新世早期（0.12Ma～0.07MaBP）；Ⅴ，晚更新世中期（0.054Ma～0.024MaBP）[86]。

至今为止，漳州地区甚至闽南地区尚未见到更新世早期土状堆积物和冲积相沉积物，普遍见及的是砖红土、红土和网纹红土。分布在第二级阶地、台地上的砖红土，中间都有一层厚度不大的砾石层或砾石条带，将砖红土明显地分为上、下两个部分，作者将其作为晚更新世下部和中部的分界，年代在 80ka～70kaBP。因此上部砖红土的时代当小于 70kaBP，而下砖红土的时代则大于 80kaBP、小于 130kaBP。砖红土底部常见有含砂粒的红土层，两者之间是起伏不平的侵蚀面，故可将砖红土之下的红土置于中更新世晚一阶段的沉积，但该层的分布远不及砖红土广泛。在红土层缺失的剖面上，砖红土层或以明显的大角度不整合覆于红白相间的网纹红土之上，或以明显的不整合直接覆于风化壳或基岩之上。

在南亚热带和热带地区，网纹红土形成的主要范围是低丘陵地带、台地下部和第三级阶地下部，其网纹化的主要时期是中更新世中期和晚更新世早期，这种认识是基于截至目前闽南地区网纹红土以下的砾石层所作的热释光测年数

据，大多不超过400kaBP，如厦门同安泥山村网纹红土下部砾石层测试年代为171ka±18kaBP，漳州市西南郊北乡村附近网纹红土下部砾石层测年为233ka±35kaBP，漳州市西郊天宝山麓地带网纹红土下部砾石层测年为393ka±33kaBP，漳州市以北50公里华安丰山相同层位砾石层测年为260ka±30kaBP，漳浦县赤湖镇二乾村砾石层测年为245ka±30kaBP，仅有漳州市西郊香山村砾石层测年455ka±49kaBP的数据大于400kaBP。很明显，覆于底部砾石层之上的网纹红土年代不会超出所得的数据。由此可见，闽南地区网纹红土大多形成时间较晚，或者说中更新世中期和晚更新世早期是闽南地区网纹红土化的主要形成时期。因此，福建境内网纹红土的形成时期应是黄镇国划分的“Ⅲ期”和“Ⅳ期”。

根据作者多年野外调查所掌握的资料，可将闽南地区砖红土、红土和网纹红土系列进行划分。福建闽南地区与邻近的广东东部有类似之处，邹和平在《史前考古与第四纪地质研究》一文还提到，广东河流阶地形成的普遍规律是，第一级阶地堆积物下部大约形成于30ka～20kaBP，第二级阶地中部红土形成的时间在200ka～120kaBP，底部红土质砾石夹有网纹红土。根据砾石的风化程度，也可以判断大致年代，如第一级阶地砾石风化皮厚0.3mm，第二级阶地的为1.5mm，第三级阶地的为3.5mm。在上述闽南砖红土、红土和网纹红土系列中，各层之间都存在侵蚀面、剥蚀面和不整合作为分界。上红土层的顶部，通常被一层黄红色砂质黏土所覆盖，该层岩性疏散，具空隙，似与长江下游所谓的下蜀土类似，初步判断可能与风积成因有关。网纹红土下伏的是花岗岩、花岗闪长岩风化壳，有的是花岗岩风化壳或早期残积物。由此，可将漳州地区的红土系列地质时代、岩性、厚度、推测年代等排列于表9，并与北方黄土古土壤系列做系统对比。

表 9 漳州地区砖红土、红土和网纹红土系列及其与黄土的对比

Table 9 Series of red clay in Zhangzhou area and contrast with loess in Northern China

地质时代	漳州地区砖红土、红土、网纹红土系列	性质	厚度（厘米）（cm）	推测年龄（kaBP）	与北方黄土比
晚更新世中期	上砖红土	颜色鲜红，黏性较大，上部含砂粒	300～500	70～80	
	砾石条带		20～30		S_1
晚更新世早期	下砖红土 Brick red clay	颜色鲜红，黏性大，纯净	400～600	100～120	S_2
	砾石层		45～130		
中更新世晚期	红土 （部分地区存在）	颜色紫红，夹砾石透镜体	50～450	130～200	
	砾石层		35～75		
	上网纹红土	棕红色，黏性大，具菌丝状灰绿色斑纹	40～120		
中更新世中期	砾石层		45～80	300～400	S_3
	中网纹红土	棕红色，黏性大。具菌丝状灰绿色斑纹	50～150		S_4
	砾石层		50～75	400～500	S_5
中更新世早期	下网纹红土	紫红色，黏性较大，具菌丝状灰绿色纹	40～90		S_6
	砾石层		50～120	600～700	S_7 S_8
前第四纪	花岗岩或花岗闪长岩				

参考文献

[1] 尤玉柱，范雪春．漳州旧石器时代文化遗物//尤玉柱主编．漳州史前文化．福州：福建人民出版社，1991：19～27.

[2] 张森水．福建旧石器考古之探讨．福建文博，2001，(2)：93～99.

[3] 范雪春．福建漳州旧石器调查报告．人类学学报，2005，24（1）：25～31.

[4] 范雪春，彭菲，陈子文，等．漳州莲花池山遗址发掘简报//董为主编．第十届中国古脊椎动物学学术年会论文集．北京：海洋出版社，2006：217～231.

[5] 福建省测绘局，福建省民政局．福建省地图册．福州：福建省地图出版社，1982.

[6] 福建地方志编纂委员会，福建省地图出版社编制．福建省普通地图集．福州：福建省地图出版社，1999.

[7] 中国地图出版社．中国自然地理图集．北京：中国地图出版社，2004.

[8] 福建地质矿产勘探开发局．福建省地质图（1∶500000）说明书．福州：福建省地图出版社，1998.

[9] 童永福．福建省第四纪沉积概况．中国第四纪研究，1985，6（1）：99～106.

[10] 王雨灼．福建第四纪地层的划分．福建地质，1990，9（4）：289～306.

[11] 尤玉柱，蔡保全．福建更新世地层、哺乳动物与生态环境．人类学学报，1996，15（4）：337～345.

[12] 尤玉柱，蔡保全．漳州地区第四纪地层与古环境//尤玉柱主编．漳州史前文化．福州：福建人民出版社，1991：5～18.

[13] 福建省文物局，福建博物院，福建三明文物管理委员会办公室．福建三明万寿岩旧石器时代遗址：1999～2000、2004年考古发掘报告．北京：文物出版社，2006.

[14] 陈立群，杨丽华，范雪春．福建东山旧石器时代文化研究．福州：海潮摄影艺术出版社，2006：1～104.

[15] 陈田园．台湾海峡和福建沿海晚更新世晚期海相地层//梁名胜，张吉林主编．中国海陆第四纪对比研究．北京：科学出版社，1991：90～99.

[16] 陈承惠．闽南沿海若干全新世沉积物剖面的孢粉组合．台湾海峡，1982，（1）．

[17] 朱景郊．网纹红土的成因及其研究意义．地理研究，1988，（4）：12～19.

[18] 龚子同，陈鸿昭，刘良梧．中国古土壤与第四纪环境．土壤科学，1989，（4）：379～387.

[19] 盖培，卫奇．虎头梁旧石器时代晚期遗址的发现．古脊椎动物与古人类，1977，（2）：287～300.

[20] 范雪春，阮永好，彭菲．漳州后壁山发现小石器．福建文博，2004，（2）：13～16.

[21] 裴文中，贾兰坡．山西襄汾丁村旧石器时代遗址发掘报告．北京：科学出版社，1958.

[22] 李炎贤．关于砾石石器分类的一些问题//封开县博物馆等编．纪念黄岩洞遗址发现三十周年论文集．广州：广东旅游出版社，1991：147～153.

[23] 黄慰文．东亚和东南亚旧石器初期重型工具的类型学——评Movius的分类体系．人类学学报．1993，12（4）：297～304.

[24] 林圣龙．关于尖状器的定义——中、西方的比较．人类学学报，1993，12（1）：8～12.

[25] Clark J D. *The Prehistory of South Africa.* London：Penquin Books，1959.

[26] Tixier J Le. Hachereau dans I'Acheuleen nordafricain. Notes typoloque. In：*Congres Prehistonique de Francaise*，15 eme session，1957：1～125.

[27] 林圣龙．中国的薄刃斧．人类学学报，1992，11（3）：193～201.

[28] 王社江．洛南盆地的薄刃斧．人类学学报，2006，25（4）：332～342.

[29] 黄慰文，张镇洪．中国南方砖红壤中的石器工业//封开县博物馆等编．纪念黄岩洞遗址发现三十周年论文集．广州：广东旅游出版社，1991：125～129.

[30] 吴汝康，吴新智，张森水．中国远古人类．北京：科学出版社，1989.

[31] 房迎三．安徽宁国毛竹山发现的旧石器早期遗存．人类学学报，2001，20（2）：115～124.

[32] 陈淳．旧石器类型学的理论与实践//徐钦琦，谢飞，王建主编．史前考古学新进展——庆祝贾兰坡院士九十华诞国际学术讨论会论文集．北京：科学出版社，1999：175～182.

[33] 林圣龙．中西方旧石器文化中的技术模式的比较//高星，侯亚梅主编．20 世纪旧石器时代考古学研究．北京：文物出版社，2003：219～224.

[34] Andrefsky W. Raw material availability and the organization of technology. *American Antiquity*, 1994, 59 (1): 21-34.

[35] 高星．周口店第 15 地点的剥片技术研究．人类学学报，2000，19（3）：199～215.

[36] Binford L R. Willow smoke and dog's tails; hunter-gatherer settlement systems and archaeological site formation. *American Antiquity*, 1980, 45: 2～20.

[37] 高星．周口店第 15 地点石器原料开发方略与经济形态研究．人类学学报，2001，20（2）：186～200.

[38] 尤玉柱．史前考古埋藏学概论．北京：文物出版社，1989：1～262.

[39] 尤玉柱．论华北旧石器晚期遗址的分布、埋藏以及地质时代问题．人类学学报，1984，3（1）：68～75.

[40] 吴汝康，吴新智，张森水．中国远古人类．北京：科学出版社，1989.

[41] 张森水．中国北方旧石器时代工业分类初探．文物春秋，1991，（1）：34～42.

[42] 张森水．中国旧石器文化．天津：天津科学技术出版社，1987：1～336.

[43] Pei Wenchung. Palaeolithic Industries in China. In: *Early Man*. MacCurly GG (Ed.). Philadephia: J B Lippincott: 1937: 221～232.

[44] 张森水，高星，徐新民．浙江旧石器调查报告．人类学学报，2003，22（2）：105～120.

[45] 广西博物馆．百色旧石器．北京：文物出版社，2003：1～212.

[46] 李超荣，徐长青．江西安义潦河发现的旧石器及其意义．人类学学报，1991，10（1）：34～41.

[47] 陈淳．旧石器研究：原料、技术及其他．人类学学报，1996，15（3）：268～275.

[48] 陈淳．谈旧石器精致加工．人类学学报，1997，16（4）：312～318.

[49] 贾兰坡．中国的旧石器时代//贾兰坡旧石器时代考古论文集．北京：文物出版社，1984：1～12.

[50] 贾兰坡，盖培，尤玉柱．山西峙峪旧石器时代遗址发掘报告．考古学报，1972，（1）：39～58.

[51] 张森水．近20年来中国旧石器考古学的进展与思考．第四纪研究，2002，（1）：11～19.

[52] 刘东生，丁仲礼．中国黄土研究新进展．第四纪研究，1990，（1）：1～9.

[53] 刘东生．黄土石器工业//徐钦琦，谢飞，王建主编．史前考古学新进展——庆祝贾兰坡院士九十华诞国际学术讨论会论文集．北京：科学出版社，1999：52～62.

[54] 贾兰坡．中国细石器的特征和它的传统、起源与分布//贾兰坡旧石器时代考古论文集．北京：文物出版社，1984：194～201.

[55] Gai Pei. Paleolithic Microlithic Complex in China. In：*Papers for the International Symposium of Chronostratigraphy of the Paleolithic in North*, *Central*, *East Asia and America.* Novosibirsk：1986：107～113.

[56] 王幼平．更新世环境与中国南方旧石器文化发展．北京：北京大学出版社，1997：1～170.

[57] 袁家荣．略谈湖南旧石器文化的几个问题//中国考古学会编辑．中国考古学会第七次年会论文集．北京：文物出版社，1992：1～12.

[58] 李炎贤．华南旧石器时代的相对年代．人类学学报，1982，（2）：154～160.

[59] 曾昭璇．珠江文化在我国文化地带中的地位//岭南考古研究（2）．广州：岭南美术出版社，2002：5～13.

[60] 裴文中．中国第四纪哺乳动物群的地理分布．古脊椎动物学报，1957，（1）：65～71.

[61] 鲁娜，侯亚梅．梁山遗址旧石器制造模式分析与比较研究//董为主编．第十届中国古脊椎动物学学术年会论文集．北京：海洋出版社，2006：163～183.

[62] 韩立刚．安徽旧石器时代考古发现、研究与展望．文物研究，1993，(3)：4～15.

[63] 房迎三．皖南水阳江旧石器地点群初步调查报告．文物研究，1988，(3)：74～83.

[64] 范雪春，等．将乐发现旧石器时代石制品．福建文物，2004，(2)：4～8.

[65] 邱立诚．广东旧石器考古的几个问题//董为主编．第十届中国古脊椎动物学学术年会论文集．北京：海洋出版社，2006：195～202.

[66] 李炎贤，尤玉柱．广西百色发现的旧石器．古脊椎动物与古人类，1975，13 (4)：225～228.

[67] 李庆逵．中国红壤．北京：科学出版社，1983.

[68] 赵其国．我国红壤现代成土过程和发育年龄的初步研究．第四纪研究，1992，(4)：341～351.

[69] 席承藩．论华南红色风化壳．第四纪研究，1991，(1)：1～8.

[70] 朱显谟．中国南方的红土与红色风化壳．第四纪研究，1993，(1)：75～84.

[71] 朱照宇．红土·黄土·全球变化．第四纪研究，1995，(3)：96～105.

[72] 曾昭璇．对华南地区红土地形的初步认识//华南自然地理论文集．北京：商务印书馆，1959：35～48.

[73] 朱照宇，郑洪汉，张国梅等．华南热带红土期及风化矿物初步研究．第四纪研究，1991，(1)：18～27.

[74] 黄慰文．南方砖红壤层的早期人类活动信息．第四纪研究，1991，(4)：373～379.

[75] 黄慰文．对百色石器层位和时代的新认识．人类学学报，1990，9 (2)：105～112.

[76] 席承藩．土壤是气候变化的长期记录者．第四纪研究，1990，(1)：82～90.

[77] 赵其国，杨浩．中国南方红土与第四纪环境变迁的初步研究．第四纪研究，1995 (2)：107～116.

[78] 邹和平．史前考古与第四纪地质研究//岭南考古研究 (2)．广州：岭南美术出版社，2002：27～30.

[79] 韩立刚．安徽旧石器文化演变与环境气候变化关系//董为主编．第十届中国古脊椎动物学学术年会论文集．北京：海洋出版社，2006：155～162.

[80] 房迎三．水阳江旧石器地点群埋藏学的初步研究．人类学学报，1992，11 (2)：

134 ~ 141.

[81] 房迎三，黄蕴平，梁任又，等．安徽宁国毛竹山发现的旧石器早期遗存．人类学学报，2001，20（2）：115 ~ 124.

[82] 朱景郊．网纹红土的成因及其研究意义．地理研究，1988，（7）：12 ~ 19.

[83] 袁家荣．湖南旧石器的埋藏地层//于炳文主编．跋涉集．北京：北京图书馆出版社，1998.

[84] 福建博物馆．宁德霍童发现旧石器．福建文博，2000，（2）：6 ~ 10.

[85] 陈子文，李建军．福建永安黄衣垄旧石器遗址发掘报告．人类学学报，2008，27（1）：23 ~ 32.

[86] 黄镇国，张伟强，陈俊鸿，等．中国南方红色风化壳．北京：海洋出版社，1996：1 ~ 304.

附　　录

附录一　福建莲花池山旧石器遗址孢粉记录的古环境初步分析

彭　菲　范雪春　夏正楷

一、引　　言

红土作为中国南方地区典型的陆相堆积物是第四纪环境研究的最佳信息载体。对于它的研究始自20世纪30年代[1,2]，早期的研究大多集中于探讨红土的年代与成因[3~5]，但随着全球变化研究的深入开展，对红土发育期次、磁性及与全球气候环境变化之间关系的研究得到进一步深化[6~11]。由于红土成因复杂，年代测定难度大，因此研究结果往往存在争议[12,13]。近年在红土中陆续发现的旧石器遗址和地点为红土研究提供了生物地层学材料，推动了红土年代学的研究[14~19]，同时，越来越多的学者也开始关注人类演化与更新世气候变化之间的耦合关系[20,21]，尤其是晚更新世的环境变化及其区域间差异可能是导致人类演化的重要因素[22]。目前国内对更新世古人类活动与环境关系的研究多集中于北方及长江流域的个别遗址[23~34]，华南广大红土地区更新世期间古人类生存环境的研究工作尚未系统开展。莲花池山是我国东南沿海地区一处重要的旧石器时代遗址，本文试图根据该遗址2005~2006年发掘材料，揭示古人类的生存背景，探讨南方红土地区人类行为模式与环境背景间的关系。

二、莲花池山地层、年代及考古材料

1. 区域概况和研究剖面

莲花池山旧石器遗址位于福建省漳州市北郊红土台地上，南距市中心约6km，地理坐标为24°32′23.3″N，117°39′38.6″E（图1）。台地的基座由燕山期花岗岩和花岗闪长岩构成。该遗址地处南亚热带，气候温暖湿润，雨量充沛。基座岩体遭受强烈风化，发育有较厚的风化壳，其上堆积第四纪红色黏土。遗址自20世纪80年代末发现以来就受到学术界的关注，学者们先后对其进行过发掘、调查与研究[35,36]。前几次工作仅在砖红土中的砾石夹层里发现有石制品，2005~2006年的发掘揭露面积600m^2[37]，首次在砖红土底部及网纹红土上部和中部的砾石夹层中都发现丰富的石制品。

遗址综合地层自上而下描述如下（图2）：

全新统

1. 灰黑色砂质土（耕土层），土色为7.5YR/DarkGray，富含腐殖质，偶夹粗砂或细小砾石，含大量植物根茎。厚20~40cm。

2. 灰黄色含砂黏土，土色为7.5GY 4/1 Yellow，黏性较大，其中夹杂各历史时期的砖瓦碎块。厚30~172cm。

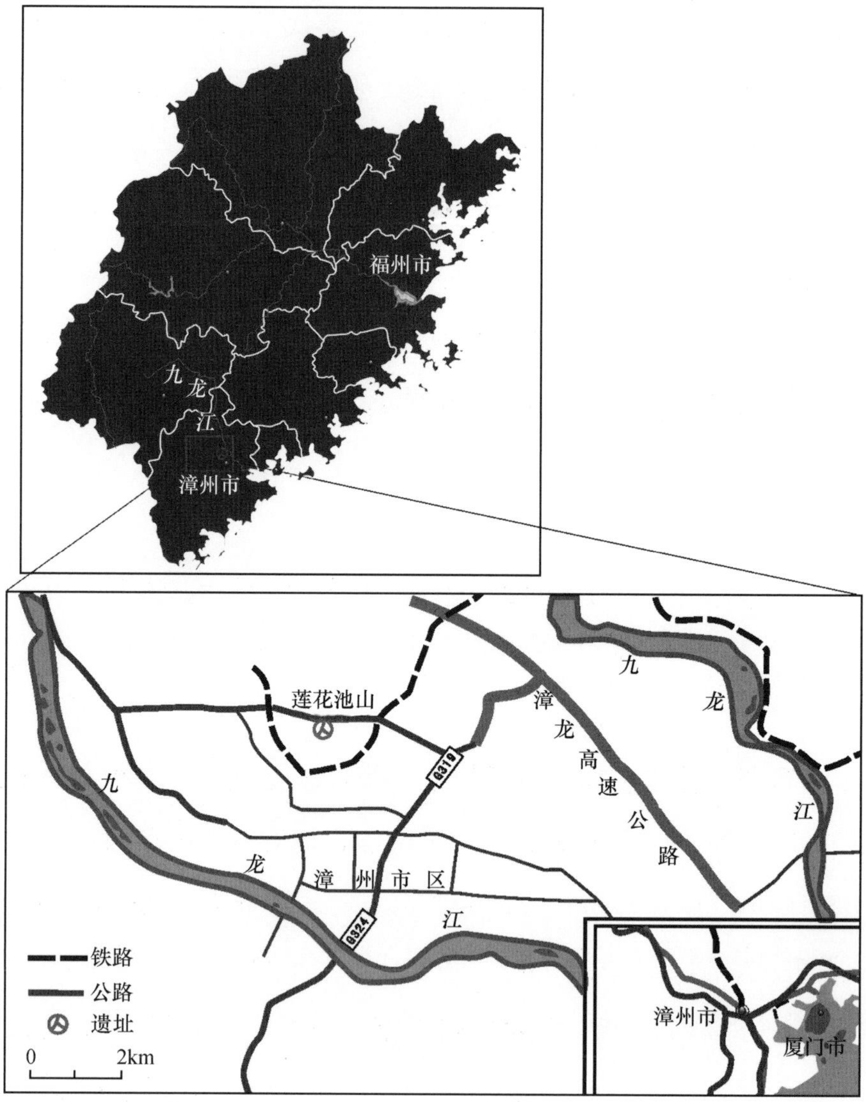

图1 莲花池山遗址地理位置图

Fig. 1 Location of the Lianhuachishan site

3. 棕红色含砂黏土，土色为7.5BR 7/2 PinkishRed，含零星细砾石，偶见砖瓦碎片。厚15～105cm。

更新统

4. 灰黄色砂质黏土，土色为10YR 7/6 Yellow，色泽均匀，质地较纯，层中具微细孔隙。厚65～90cm。

5. 砖红色黏土（即下红土层），土色为 10R 4/8 Red，颜色鲜艳，物质成分单一，黏度大，底部的砾石———粗砂透镜体中含石制品（即上文化层）。厚 40 ~ 125cm。

6. 上部网纹红土，土色为 10R 5/8 Red，具大量菌丝状灰绿色斑纹，黏性较大。底部的砾石夹层中含较多石制品（即中文化层）。厚 35 ~ 75cm。

7. 中部网纹红土，土色为 10R 5/8 Red，棕红色，含大量菌丝状灰绿色斑纹，黏性大，底部的砾石夹层中含大量石制品（即下文化层）。厚 45 ~ 80cm。

8. 下部网纹红土，土色为 10R 5/8 Red，含大量菌丝状灰绿色斑纹，黏性较大，从上到下细砂含量增多。厚 45 ~ 95cm。

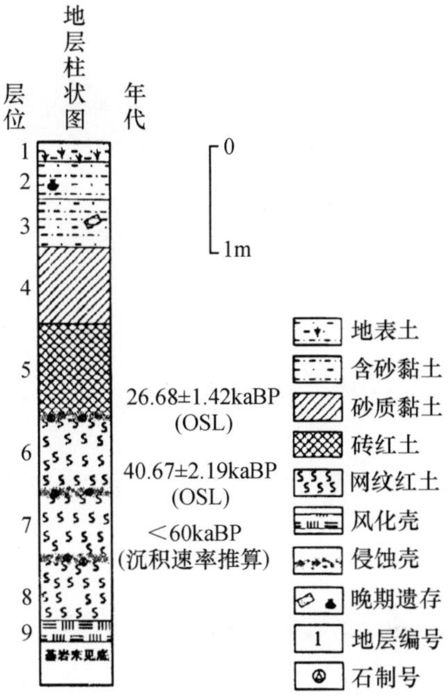

图 2　莲花池山综合地层剖面图

Fig. 2　Stratum section of the Lianhuchishan site

9. 基岩风化壳，土色为 7. 55/6 Red，以黏土为主，其中夹杂大量石英、长石颗粒。厚 > 12 ~ 25cm。

2. 年代确定

本次发掘中我们分别从第 5 层（上文化层）和第 6 层（中文化层）中采集光释光（OSL）样品送交北京大学考古文博学院科技考古与文物保护实验室进行测年，结果表明第 5 层的光释光年代约为 26kaBP，第 6 层的年代约为 40kaBP，按沉积速率推算，第 7 层（下文化层）的年代可能不早于 60kaBP。尤玉柱[35]根据遗址地层与埋藏情况分析判断莲花池山遗址年代可能处于晚更新世，大致为 80ka ~ 40kaBP；张森水[36]将该遗址出土石制品与邻近安徽、湖北、湖南等地省具有同样技术文化特征的遗址进行比较后，认为莲花池山遗址的年代要晚于 80ka ~ 40kaBP，应该归于晚更新世后期或旧石器时代晚期更为合适，原先认为的 80ka ~ 40kaBP 可能偏早；付萍[38]在对漳州盆地钻孔岩性、沉积相、沉积旋回、^{14}C 和光释光测年结果综合研究后，判断漳州盆地的沉积始于更新世晚期（约 80ka）。综合以上分析，我们认为莲花池山光释光测年数据是可以接受的，遗址的时代大致可以界定在 60ka ~ 26kaBP 之间，属于 MIS3 阶段。

3. 旧石器考古材料

2005 ~ 2006 年的发掘共出土石制品 234 件（表 1），其中在 1990 年和 1994 年发掘调查中已发现石制品的第 5 层砖红色黏土（上文化层）层中又发现 21 件石制品，在第 6 层上部网纹红土（中文化层）层和第 7 层中部网纹红土（下文化层）层中分别发现 99 件和 114 件石制品（图 3）。

表 1 莲花池山遗址石制品类型与数量

Table 1 Types and frequencies of artifacts of Lianhuachishan site

类型	石核	石片	断块	石器	合计
上文化层	2	9	9	1	21
中文化层	20	35	8	36	99
下文化层	22	17	9	66	114
合计	44	61	26	103	234

莲花池山旧石器遗址 3 个文化层文化面貌总体一致，但石制品的数量从早至晚明显减少。石制品的原料单一，仅发现脉石英和水晶两种；石制品呈现小型化的特点，长度很少超过 10 厘米；剥片技术以硬锤锤击法为主，也发现有少量用砸击法制做的石制品；加工技术简单，多为单面加工，修疤大小不一，形态不规整；石器毛坯以石片为主，石器组合中刮削器所占比例超过 50%，砍砸器的比例仅为 23%，石锤、手镐、雕刻器及尖状器的比例均不超过 10%（图 4）。遗址的石器工业特征属

于以刮削器为主的小型石片石器工业，这一特点明显不同于福建境内旧石器时代早期遗址（如灵峰洞[39]、黄衣垄[40]遗址）所呈现的以砍砸器为主的大型砾石石器工业面貌。

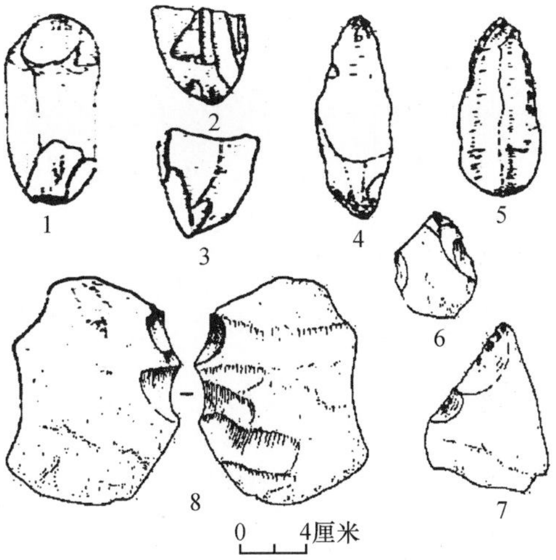

图3　莲花池山遗址出土的部分石制品

Fig. 3 Some Lithic artifacts from the Lianhuachishan Site

1、4. 石锤　2、3. 石核　5. 尖状器　6、7. 刮削器　8. 砍砸器

在遗址下文化层中（第7层）发现一个范围约30平方米的人工活动面[37,41]，东西长约8米，南北宽约4米，平面上石英砾石、石核、石片、断块、石器疏密相间，呈环状分布，石制品刃缘锋利，石制品与未经加工的砾石大小混杂堆积，无定向排列现象，说明遗址属于原地埋藏。一些石英砾石为次棱角状，个别较大的脉石英岩块和结晶完好的水晶晶体显然非水流作用产物，推测当时古人类在附近采集石料搬运至此进行打制石器或其他相关活动。

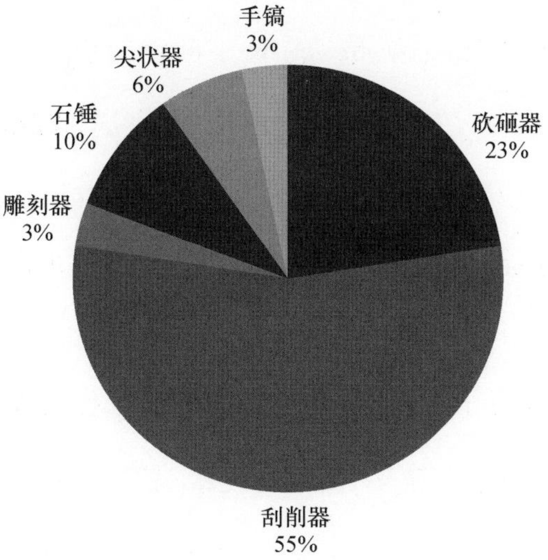

图4　石器类型分类统计

Fig. 4　Percentage of tools by class from the Lianhuachishan Site

三、孢粉记录反映的古环境

我们从2005～2006年发掘探方TS8E2北壁和TS8E1西壁剖面上自第3层底部向下至第7层系统采集了59个孢粉样品。由于第5层并非出露在所有剖面，因此第3层、4层、6层和7层样品来自于探方TS8E2北壁，其中在第

3 层底部采集 1 个样品，第 4 层、6 层和 7 层分别采集 20 个、10 个和 14 个样品，第 5 层采集的 14 个样品来自 TS8E1 西壁剖面，共 58 个；采样间距均为 2 厘米。样品送交中国地质科学院水文地质环境地质研究所进行酸碱处理和重液浮选，然后进行孢粉鉴定统计。

孢粉分析结果显示该剖面所含孢粉比较丰富，包括 58 个科属，其中木本植物花粉有松属（*Pinus*）、铁杉属（*Tsuga*）、桦属（*Betula*）、鹅耳枥属（*Carpinus*）、栎属（*Quercus*）、栗属（*Castanea*）、山毛榉属（*Fagus*）、榆属（*Ulmus*）、胡桃属（*Juglans*）、枫香属（*Liquidambar*）、槭属（*Acer*）、漆树属（*Anacardiaceae*）、木樨科（*Oleaceae*）等；草本植物花粉有禾本科（Poaceae）、蒿属（Artemisia）、藜科（Chenopodiaceae）、菊科（Compositae）、旋花科（Convolvulaceae）、芸香科（Rutaceae）、木兰科（Magnoliaceae）、马钱科（Loganiaceae）、百合科（Liliaceae）、蓼科（Polygonaceae）、石竹科（Caryophyllaceae）、杜鹃花科（Ericaceae）等；湿生水生草本植物花粉有泽泻科（Alismataceae）、香蒲属（*Typha*）、莎草科（Cyperaceae）、等；蕨类植物孢子有石松属（*Lycopodium*）、卷柏属（*Selaginella*）、凤尾蕨属（*Pteris*）、里白属（*Hicriopteris*）、桫椤属（*Cyathea*）、紫萁属（*Osmunda*）、凤丫蕨属（*Coniogramme*）、海金沙属（*Lygodium*）、瘤足蕨属（*Plagiogyria*）、鳞盖蕨属（*Microlepia*）、水龙骨科（*Polypodiaceae*）、水龙骨属（*Polypodium*）、铁线蕨属（*Adiantum*）、蹄盖蕨属（*Athyrium*）、膜蕨科（Hymenophyllaceae）、金星蕨科（Thelypteridaceae）、鳞毛蕨科（Dryopteridaceae）等。

上述孢粉化石均属于暖温带和热带地区常见的植物化石，也是目前本区常见的植物花粉，其组合代表了温暖潮湿气候下的针阔叶混交林的植被景观，林下有大量的喜阴湿的蕨类植物生长。

根据孢粉组合特征及其变化，自下而上可分为 4 个孢粉带（图 5）：

第Ⅰ孢粉带：128 ~ 90 厘米，相当于剖面的第 7 层。该带以木本植物花粉含量最高，平均为 48.1%，其次为蕨类植物孢子，平均含量为 32.9%，草本植物含量最

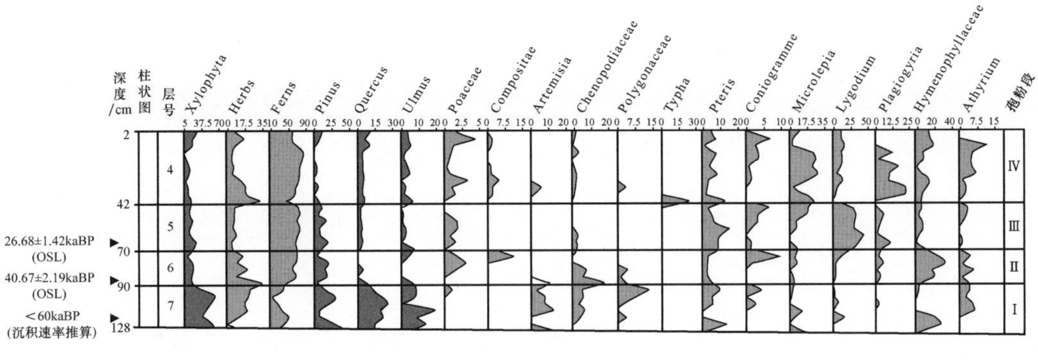

图5　莲花池山遗址孢粉组合

Fig. 5　Sporopollen diagram of the profile at the Lianhuachishan Site

少，仅有19%。木本植物花粉中以松属、栎属、榆属为主，它们的含量分别为20.5%、17.6%和8.1%，此外桦属、山毛榉属和胡桃属也有出现；草本植物中蓼属（*Polygonum*）的含量最高为8.1%，其次为蒿属（5.7%）和藜科（4.3%），禾本科和木兰科也有出现；蕨类植物中凤尾蕨属（6.7%）和海金沙属（5.2%）含量最高，膜蕨科、鳞盖蕨属和铁线蕨属的含量也都较高。反映由针叶树和落叶阔叶树组成的针阔混交密林植被面貌，林下有蕨类植物生长，指示温暖湿润的环境。

第Ⅱ孢粉带：90～70厘米，相当于剖面的第6层。该带蕨类植物孢子含量占优势，平均含量为63.8%，木本植物花粉与草本植物花粉含量近相等，分别为18.3%和18%。木本植物还是以松属、栎属和榆属为主，但含量都较孢粉带Ⅰ有明显减少，还出现了漆树属、冬青属（*Ilex*）等花粉；草本植物中禾本科、藜科花粉含量有所增加，蓼属和蒿属花粉含量均明显降低，菊科类植物花粉出现，并且有一定的含量；蕨类植物孢子中除凤尾蕨属含量有所减少外，其他种属的孢子含量均有所增加，特别是膜蕨科孢子的含量增加迅速，由第Ⅰ孢粉带的4.3%增加到20.7%。阴地蕨科（Botrychiaceae）孢子出现，含量约3%。总体上与第Ⅰ孢粉带类似，指示温暖湿润的环境。

第Ⅲ孢粉带：70～42厘米，相当于剖面的第5层。该带木本植物花粉含量

10.89%～28.33%，种属类型与第Ⅱ孢粉带相当，但出现了木犀科、女贞属（*Ligustrum*）花粉。草本植物含量减少，为5%～20.63%，蕨类植物含量57.4%～80%，达到剖面中的最高值，其中海金沙属含量占绝对优势，为34.7%，远高于其他蕨类种属含量。反映针叶树和落叶阔叶树组成的针阔混交林植被面貌，林下有大量的蕨类植物生长，指示温暖潮湿的环境。

第Ⅳ孢粉带：42～0厘米，相当于剖面的第4层。该带木本植物花粉较少，含量为8.54%～23.39%，其中松属花粉含量明显下降，栎属、榆属含量有所增加，出现喜暖的枫香属，草本植物含量8.77%～33.33%，出现香蒲、莎草等水生草本种类，蕨类植物46.66%～86.58%，反映由针叶树和落叶阔叶树组成的针阔混交林—草原植被面貌，林下有大量的蕨类植物，附近也有水域供水生草本植物的生长，指示更加温暖潮湿的环境。

四、结论与讨论

莲花池山旧石器遗址埋藏于砖红土底部及网纹红土中，发现的石制品多数边缘锋利，无明显水流冲磨痕迹，而一些石英砾石则为次棱角状，石制品及石英砾石无定向分布，说明遗址属于原地埋藏，人类从附近河滩或坡地采集原料在此进行打制石器或相关活动。孢粉作为古植被和古气候的间接代用指标，在恢复古环境与古气候方面起着不可替代的作用[29,31,32,34,42～48]。本文孢粉分析指示，研究阶段莲花池山旧石器遗址区是以温暖潮湿气候下的针阔叶混交林植被为特征，当时林下有大量喜阴湿的蕨类植物生长，反映湿热的亚热带气候环境。文化层中石制品数量和石器类型都表现为从早至晚逐渐减少，早期文化层中还发现有人工活动面，说明当时人类活动频繁，具备一定规模。从孢粉分析数据可以看出，古人类生活阶段遗址整体环境是温暖湿润的，附近植被主要是针阔混交林。但从第5层开始，环境变得潮湿，石制品数量也明显减少，石器类型也很单一，仅1件石锤；至第4层，出现了水生草本植物，说明气候更为潮湿，并有水域出现，该层未发现石制品，推测古人类可能受制于潮湿的气候条件，逐渐放弃了对遗址的利用。

莲花池山遗址古人类活动时间大致在60ka～26kaBP之间，属于晚更新世MIS3阶段，处于末次冰期间。末次冰期的全球性气候变化使得中国大部分地区的气候也受到显著影响[49～60]，我国南方地区虽然受影响程度相对北方较小，但也出现了亚热带气候被温带气候所代替，热带气候为亚热带气候所代替的现象[49]。华南北部的大部分地区为温带草原或草原—森林环境所覆盖[50]，闽南沿海地区植被呈现亚热带稀树—灌丛—草地环境[51]。这一变化直接影响了古人类的生计模式：密林环境向草原环境的转变致使可供采集资源减少，人类被迫改变早期以采集为主的生存策略，转而获取更多肉食性资源特别是小哺乳动物资源，扩大食谱[61]。为了适应这一生存模式的变化，古人类在工具生产方面就更多的制作便于用来捕获和加工狩猎资源的小型石片类石器如刮削器、尖状器等，来代替早期主要适用于森林环境挖掘和砍伐任务的大型砾石工具如砍砸器、大型尖状器等，进而带来了石器类型和尺寸的变化。这种变化在末次冰期初期就已经在南方旧石器工业中有所体现，如长江流域的九道河遗址中刮削器已经占据主要地位、砍砸器退居次要地位，大型尖状器等典型工具已经消失[62]，但这种变化在南方地区的普遍出现则在MIS3这一间冰阶里。该地区年代处于该阶段的遗址有汉水流域的鸡公山遗址上文化层[63]、广西定模洞遗址[64,65]、广东封开罗沙岩洞遗址[66]、贵州马鞍山遗址[67]、福建三明船帆洞遗址[49,68]等，文化面貌都表现为以刮削器为主的小型石片石器工业。究其原因，可能是温暖的气候为古人类提供了更为丰富的食物资源和良好的生存背景，行为方式和生计模式的转变使得这一时期人类更容易也能更多的获取资源。资源的丰富和生存环境的适合直接导致人口数量增加，随之而来的人口的压力使得古人类扩大活动空间，并进一步发展文化，产生了繁荣的文化景象。南方地区的石器工业面貌在MIS3阶段出现较为明显的改变反映了这一时期人类生计模式和行为方式出现变化，这一变化与末次冰期全球变冷导致的生态环境面貌的变化有关，而 MIS3 阶段相对适宜的气候环境为人类进一步发展技术、扩大活动范围扩展创造了适宜的环境，很可能是影响人类文化发展的重要因素。值得注意的是同属福建省的船帆洞遗址曾进行过孢粉取样研究，结果显示该遗址古人类在 MIS3 阶段生活在类似于北方的温带草原环境中[49]。船帆洞遗址和莲花池山遗址相距并不远，但所处地貌单元并不一致，船帆洞位于福建西北内陆武夷山脉与戴云山脉之间的三明市万寿岩遗址岩前镇小盆地，而莲花池山位于福建沿海九龙江三角洲，因此孢粉分析结果也提示我们在 MIS3 阶段我国南方地区由于地貌单元的多样性很可能也存在不同的区域小生境，而文化的发展与变革同时出现在这些不同的小生境里，促使我们需要进一步思考 MIS3 阶段人类文化变化与发展可能存在的更多动因。同时，有学者对欧洲地区 MIS3 阶段进行研究后发现，该阶段并非只是末次冰期中一个轻微的暖阶，在这一时期内实际上也存在着冷暖交替的现象[69,70]，这一研究也提示我们应用高精度的研究方法和手段对南方地区 MIS3 阶段气候环境的变化进行更深入的研究，查看是否该地区 MIS3 阶段也存在冷暖交替，以更好的解释环境变化与人类活动、技术革新之间的关系。

致谢：感谢中国科学院古脊椎动物与古人类研究所裴树文博士在文章写作过程中给予的建设性意见以及刘德成博士在孢粉分析中给予的帮助；感谢北京大学考古文博学院宝文博提供光释光数据及进行年代学讨论；感谢漳州市文物管理办公室杨丽华、阮永好在发掘过程中给予的帮助；感谢审稿人和编辑部老师提出的有益修改意见。

参考文献（References）

[1] Teihard de Chardin, Young C C, Pei WC, *et al.* On the Cenozoic formations of Kwangsi and Kwangtung. *Bulletin of Geological Society China*, 1935, 14 (2): 179 ~ 205.

[2] Young C C, Bien M N, Lee Y Y. "Red beds" of human. *Bulletin of the Geological Society of China*, 1938, 18

(3~4): 259~300.

[3] 席承藩. 关于中国红色风化壳的几个问题. 中国第四纪研究, 1965, (2): 42~54.

Xi Chengfan. Some issues of Chinese red weathering crust. *China Quaternary Sciences*, 1965, (2): 42~54.

[4] 朱显谟. 中国南方的红土与红色风化壳. 第四纪研究, 1993, (1): 75~84.

Zhu Xianmo. Red clay and red residuum in South China. *Quaternary Sciences*, 1993, (1): 75~84.

[5] 黄镇国, 张伟强, 陈俊鸿, 等著. 中国南方红色风化壳. 北京: 海洋出版社, 1996. 1~312.

Huang Zhenguo, ZhangWeiqiang, Chen Junhong, *et al.* Weathering Crusts in South China. Beijing: China Ocean Press, 1996. 1~312.

[6] 朱照宇, 郑洪汉, 张国梅, 等. 华南热带红土期及风化矿物初步研究. 第四纪研究, 1991, (1): 18~27.

Zhu Zhaoyu, Zheng Honghan, Zhang Guomei, *et al.* The developmental stages of red soils and their weathering minerals in the tropics of South China. *Quaternary Sciences*, 1991, (1): 18~27.

[7] 胡雪峰, 沈铭能, 方圣琼. 皖南网纹红土的粒度分布特征及古环境意义. 第四纪研究, 2004, 24 (2): 160~166.

Hu Xuefeng, Shen Mingneng, Fang Shengqiong. Grain-size distribution of the reticulate red clay in Southern Anhui Province and its paleo-environmental significance. *Quaternary Sciences*, 2004, 24 (2): 160~166.

[8] 饶志国, 朱照宇, 吴翼, 等. 华南地区发育于不同母岩之上的表土磁化率特征及其意义. 第四纪研究, 2007, 27 (4): 651~652.

Rao Zhiguo, Zhu Zhaoyu, Wu Yi, *et al.* Character and significance of magnetic susceptibility of modern surface soils developed from different native rocks within South China. *Quaternary Sciences*, 2007, 27 (4): 651~652.

[9] 卢升高. 中国南方红土环境磁学. 第四纪研究, 2007, 27 (6): 1016~1022.

Lu Shenggao. Environmental magnetism of Quaternary red earth in Southern China. *Quaternary Sciences*, 2007, 27 (6): 1016~1022.

[10] 赵其国, 杨浩. 中国南方红土与第四纪环境变迁的初步研究第四纪研究, 1995, (2): 107~116.

Zhao Qiguo, Yang Hao. A preliminary study on red earth and changes of Quaternary environment in South China. *Quaternary Sciences*, 1995, (2): 107~116.

[11] 袁宝印, 夏正楷, 李保生, 等. 中国南方红土年代地层学与地层划分问题. 第四纪研究, 2008, 28 (1): 1~13.

Yuan Baoyin, Xia Zhengkai, Li Baosheng, *et al.* Chronostratigraphy and stratigraphic division of red soil in Southern China. *Quaternary Sciences*, 2008, 28 (1): 1~13.

[12] 隋淑珍，姚小峰．中国南方第四纪红土地层．第四纪研究，2000，20（2）：182～185.

Sui Shuzhen，Yao Xiaofeng. Quaternary Red Earth stratigraphy in Southern China. *Quaternary Sciences*，2000，20（2）：182～185.

[13] 顾延生，肖春娥，章泽军，等．中国南方红土的研究进展．华东师范大学学报（自然科学版），2002，（1）：69～75.

Gu Yansheng，Xiao Chun′e，Zhang Zejun，*et al.* Research advance of Red Earth in South China. *Journal of East-china Normal University*（Natural Science），2002，（1）：69～75.

[14] 李炎贤，尤玉柱．广西百色发现的旧石器．古脊椎动物与古人类，1975，13（4）：225～228.

Li Yanxian，You Yuzhu. Palaeolithic stone artifacts in Baise，Guangxi. *Vertebrata Pal Asiatica*，1975，13（4）：225～228.

[15] 曾祥旺．广西百色地区新发现的旧石器．史前研究，1983，（2）：81～88.

Zeng Xiangwang. Palaeolithic stone artifacts discovered in Baise，Guangxi. *Prehistory Research*，1983，（2）：81～88.

[16] 黄慰文，刘源，李超荣，等．百色石器的时代问题//广东省博物馆，曲江县博物馆编．纪念马坝人化石发现三十周年文集．北京：文物出版社．1988：95～101.

Huang Weiwen，Liu Yuan，Li Chaorong，*et al.* The age of Baise Paleolithic stone artifacts. In：Guangdong Museum，Qujiang Museum eds. Memorial Proceedings of the Maba Human Fossil Discovery's 30th Anniversary. Beijing：Culture Relics Press. 1988：95～101.

[17] 黄慰文，冷健，员晓枫，等．对百色石器层位和时代的新认识．人类学学报，1990，9（2）：105～112.

Huang Weiwen，Leng Jian，Yun Xiaofeng，*et al.* Advanced opinions on the stratigraphy and chronology of Baise Stone Industry. *Acta Anthropologica Sinica*，1990，9（2）：105～112.

[18] 杨浩，赵其国，李小平，等．安徽宣城风成沉积——红土系列剖面 ESR 年代学研究．土壤学报，1996，33（3）：293～300.

Yang Hao，Zhao Qiguo，Li Xiaoping，*et al.* ESR dating of eolian sediment and Red Earth series from Xuancheng profile in Anhui Province. *Acta Pedologica Sinia*，1996，33（3）：293～300.

[19] 朱照宇，王俊达，黄宝林，等．红土·黄土·全球变化．第四纪研究，1995，（3）：267～277.

Zhu Zhaoyu，Wang Junda，Huang Baolin，*et al.* Red soil，loess and global change. *Quaternary Sciences*，1995，（3）：267～277.

[20] Ambrose S H. Paleolithic technology and human evolution. *Science*，2001，291：1748～1753.

[21] 刘东生，丁仲礼．季风区古环境演化的相似性与人类演化．第四纪研究，1999，(4)：289～298.

Liu Tungsheng，Ding Zhongli. Comparison of Plio-Pleistocen climatic changes in different monsoonal regions and implications for human evolution. *Quaternary Sciences*，1999，(4)：289～298.

[22] Potts R. Evolution and climate variability. *Science*，1996，273：922～923.

[23] 高星，袁宝印，裴树文，等．水洞沟遗址沉积——地貌演化与古人类生存环境．科学通报，2008，53(10)：1200～1206.

Gao Xing，Yuan Baoyin，Pei Shuwen，*et al.* Analysis of sedimentary：geomorphologic variation and the living environment of hominids at the Shuidonggou Paleolithic site. *Chinese Science Bulletin*，2008，53 (10)：1200～1206.

[24] 裴树文，李潇丽，刘德成，等．泥河湾盆地东谷坨遗址古人类生存环境探讨．科学通报，2009，54(19)：2895～2901.

Pei Shuwen，Li Xiaoli，Liu Decheng，*et al.* Preliminary study on the living environment of hominids at the Donggutuo site，Nihewan Basin. *Chinese Science Bulletin*，2009，54 (21)：3896～3904.

[25] 夏正楷，刘德成，王幼平，等．郑州织机洞遗址 MIS3 阶段古人类活动的环境背景．第四纪研究，2008，28 (1)：96～102.

Xia Zhengkai，Liu Decheng，Wang Youping，*et al.* Environmental background of human activities during MIS3 Stage recorded in the Zhijidong Cave Site，Zhengzhou. *Quaternary Sciences*，2008，28 (1)：96～102.

[26] 刘德成，陈福友，张晓凌，等．水洞沟 12 号地点的古环境研究．人类学学报，2008，27 (4)：295～303.

Liu Decheng，Chen Fuyou，Zhang Xiaoling，*et al.* Preliminary comments on the paleoenvironment of the Shuidonggou Locality12. *Acta Anthropologica Sinica*，2008，27 (4)：295～303.

[27] 裴树文，冯兴无，陈福友，等．三峡井水湾旧石器时代遗址的自然环境．海洋地质与第四纪地质，2004，24 (4)：109～114.

Pei Shuwen，Feng Xingwu，Chen Fuyou，*et al.* Natural enviroment of Jingshuiwan Paleolithic Site in Three Gorges region. *Marine Geology & Quaternary Geology*，2004，24 (4)：109～114.

[28] 李潇丽，张双权，魏明瑞，等．周口店田园洞 MIS3 阶段古人类生存环境．海洋地质与第四纪地质，2009，29 (3)：133～140.

Li Xiaoli，Zhang Shuangquan，Wei Mingrui，*et al.* Enviromental background of human occupation at Zhoukoudian Tianyuan Cave. *Marine Geology & Quaternary Geology*，2009，29 (3)：133～140.

[29] 许清海，王子惠，阳小兰，等．根据孢粉分析推测岑家湾旧石器时代遗址古人类生活时的气候与环境//河北省文物研究所编．河北省考古文集．北京：东方出版社．1998：505～513.

Xu Qinghai, Wang Zihui, Yang Xiaolan, *et al.* Infering palaeoclimate and paleoenviroment of Cenjiawan Paleolithic site according to the sporopollen analysis. In: Hebei Provincial Institute of Cultural Relics and Archaeological Research ed. Archaeological Proceedings of Hebei Province. Beijing: Orient Press. 1998: 505 ~ 513.

[30] 张芸，朱诚，房迎三．江苏句容旧石器遗址环境考古研究．海洋地质与第四纪地质，2001，21（2）：87 ~ 91.

Zhang Yun, Zhu Cheng, Fang Yingsan. Environmental archaeology on the Fangniushan Paleolithic Site, Jurong City, Jiangsu Province. *Marine Geology & Quaternary Geology*, 2001, 21 (2): 87 ~ 91.

[31] 周昆叔，张松林，莫多闻，等．嵩山中更新世末至晚更新世早期的环境与文化．第四纪研究，2006，26（4）：543 ~ 547.

Zhou Kunshu, Zhang Songlin, Mo Duowen, *et al.* Environment and culture during the latest Middle Pleistocene-early Late Pleistocene in the Mountain Songregion, Henan Province. *Quaternary Sciences*, 2006, 26 (4): 543 ~ 547.

[32] 张震宇，周昆叔，杨瑞霞，等．双洎河流域环境考古．第四纪研究，2007，27（3）：453 ~ 460.

Zhang Zhenyu, Zhou Kunshu, Yang Ruixia, *et al.* Environmental archaeology in the Shuangji River Basin. *Quaternary Sciences*, 2007, 27 (3): 453 ~ 460.

[33] 裴树文，高星，冯兴无，等．三峡地区更新世人类适应生存方式．第四纪研究，2006，26（4）：534 ~ 542.

Pei Shuwen, Gao Xing, Feng Xingwu, *et al.* Human adaptive behaviors during Pleistocene in Three Gorges region. *Quaternary Sciences*, 2006, 26 (4): 534 ~ 542.

[34] 胡雅琴，李宜垠，周力平，等．更新世末期西辽河上游地区古代环境研究．第四纪研究，2009，29（4）：733 ~ 743.

Hu Yaqin, Li Yiyin, Zhou Liping, *et al.* Late Pleistocene environment assessment for the upper western Liao River region. *Quaternary Sciences*, 2009, 29 (4): 733 ~ 743.

[35] 尤玉柱主编．漳州史前文化．福州：福建人民出版社．1991：1 ~ 166.

You Yuzhu ed. Prehistory of Zhangzhou County. Fuzhou: Fujian People Press. 1991: 1 ~ 166.

[36] 张森水．漳州莲花池山旧石器时代文化地点的新材料及再研究．人类学学报，1996，15（4）：277 ~ 293.

Zhang Senshui. Some new material and restudy of the Stone Artifacts from Lianhuachishan Paleolithic Site of Zhang zhou County. *Acta Anthropologica Sinica*, 1996, 15 (4): 277 ~ 293.

[37] 范雪春，彭菲，陈子文，等．福建漳州莲花池山旧石器遗址发掘简报//董为主编．第十届中国古脊椎动物学学术年会论文集．北京：海洋出版社．2006：217～232.

Fan Xuechun, Peng Fei, Chen Ziwen, *et al.* Brief report on the excavation of the Paleolithic site at the Lianhuachishan, Zhangzhou, Fujian Province, China. In: Dong Wei ed. Proceedings of the Tenth Annual Meeting of the Chinese Society of Vertebrate Paleontology. Beijing: China Ocean Press. 2006: 217～232.

[38] 付萍．漳州盆地第四纪钻孔地层划分、对比与沉积环境分析．北京：中国地质大学（北京）硕士学位论文．2005：1～65.

Fu Ping. Analysis of Quaternary drilling lithology and sedimentary gyration on Zhangzhou Basin. Beijing: M. S. Thesis of China University of Geosciences (Beijing). 2005: 1～65.

[39] 李建军，陈子文，余生富．灵峰洞———福建省首次发现的旧石器时代早期遗址．人类学学报，2001，20（4）：247～255.

Li Jianjun, Chen Ziwen, Yu Shengfu. Lingfengdong: The first lower paleolithic site found in Fujian Province. *Acta Anthropologica Sinica*, 2001, 20 (4): 247～255.

[40] 陈子文，李建军．福建永安黄衣垄旧石器遗址发掘报告．人类学学报，2008，27（1）：23～32.

Chen Ziwen, Li Jianjun. A report on the excavation of the Huangyilong Paleolithic site, Yong'an, Fujian. *Acta Anthropologica Sinica*, 2008, 27 (1): 23～32.

[41] 范雪春，彭菲，杨丽华，等．漳州莲花池山旧石器遗址埋藏过程与地层的初步研究//高星等主编．天道酬勤桃李香———贾兰坡院士百年诞辰纪念文集．北京：科学出版社．2008：240～246.

Fan Xuechun, Peng Fei, Yang Lihua, *et al.* Preliminary study of taphonomy process and stratigraphy at Lianhuachishan Paleolithic site. In: Gao Xing *et al.* eds. Be Diligent and be Blessed, Pupils Everywhere: Memorial Proceedings of the 100th Anniversary of Professor of Jia Lanpo's Birthday. Beijing: Science Press. 2008: 240～246.

[42] 许清海，曹现勇，王学丽，等．殷墟文化发生的环境背景及人类活动的影响．第四纪研究，2010，30（2）：273～286.

Xu Qinghai, Cao Xianyong, Wang Xueli, *et al.* Generation of Yinxu culture: Environmental background and Impacts of human activities. *Quaternary Sciences*, 2010, 30 (2): 273～286.

[43] 张振卿，许清海，李月丛，等．殷墟地区土壤剖面孢粉组合特征及环境意义．第四纪研究，2007，27（3）：461～468.

Zhang Zhenqing, Xu Qinghai, Li Yuecong, *et al.* Environmental changes of Yin Ruins area based on pollen analysis. *Quaternary Sciences*, 2007, 27 (3): 461～468.

[44] 杨士雄，郑卓，黄康有，等．亚热带稻作区表土孢粉研究及其考古学应用．第四纪研究，2010，30（2）：262～272.

Yang Shixiong，Zheng Zhuo，Huang Kangyou，*et al.* Surface pollen analysis in subtropical double-cropping rice areas and its archaeological application. *Quaternary Sciences*，2010，30（2）：262～272.

[45] 杨东，罗超，彭子成，等．新疆罗布泊地区 32. 0～9. 1kaBP 期间的孢粉记录及其古气候古环境演化．第四纪研究，2009，29（4）：755～766.

Yang Dong，Luo Chao，Peng Zicheng，*et al.* A pollen record and paleoclimatic and paleoenvironmental evolution of Lop-Nur，Xinjiang during32. 0～9. 1kaB. P. *Quaternary Sciences*，2009，29（4）：755～766.

[46] 王心源，莫多闻，吴立，等．长江下游巢湖 9870cal. aB. P. 以来孢粉记录的环境演变．第四纪研究，2008，28（4）：649～659.

Wang Xinyuan，Mo Duwen，Wu Li，*et al.* Pollen record from Chaohu Lake in the lower reaches of the Changjiang River and environmental changes since 9870cal. aB. P. *Quaternary Sciences*，2008，28（4）：649～659.

[47] 赵艳．柴达木盆地湖泊孢粉记录的生态与气候解释：不同海拔地区的湿度变化差异．第四纪研究，2010，30（6）：1088～1096.

Zhao Yan. Ecological and climatic interpretations of pollen records from lakes in the Qaidam Basin：moisture difference at different altitudes. *Quaternary Sciences*，2010，30（6）：1088～1096.

[48] 董铭，方小敏，史正涛，等．甘肃省临夏盆地更新世早期湖泊沉积孢粉记录的古气候演化．第四纪研究，2011，31（1）：104～111.

Dong Ming，Fang Xiaomin，Shi Zhengtao，*et al.* Early Pleistocene Lacustrine spore-pollen records and evolution of paleoclimate in Linxia Basin，Gansu Province，China. *Quaternary Sciences*，2011，31（1）：104～111.

[49] 福建省文物局，福建博物院，三明市文物管理委员会编著．福建三明万寿岩旧石器时代遗址 1999～2000, 2004 年考古发掘报告．北京：文物出版社．2006：1～185.

Cultural Relic Bureau of Fujian Province，The Museum of Fujian Province，The Cultural Relic Administrative Office of Sanming City，Fujian Province eds. Wanshouyan Paleolithic Cave Site in Sanming，Fujian Province，Report on Excavating in 1999～2000 and 2004. Beijing：Cultural Relics Publishing House. 2006：1～185.

[50] 王幼平．更新世环境与中国南方旧石器文化发展．北京：北京大学出版社．1997：1～170.

Wang Youping. Pleistocene Environment and Progress of Paleolithic Culture in South China. Beijing：Beijing University Press. 1997：1～170.

[51]　尤玉柱，蔡保全．福建更新世地层、哺乳动物与生态环境．人类学学报．1996，15（4）：335～346.

You Yuzhu，Cai Baoquan. Stratigraphic division，fossil mammals and environment of the Pleistocene in Fujian Province. *Acta Anthropologica Sinica*，1996，15（4）：335～346.

[52]　施雅风，于革．40～30kaB. P. 中国暖湿气候和海侵的特征与成因探讨．第四纪研究，2003，23（1）：1～11.

Shi Yafeng，Yu Ge. Warm-humid climate and transgressions during40～30kaB. P. and their potential mechanisms. *Quaternary Sciences*，2003，23（1）：1～11.

[53]　黄镇国，张伟强，江璐明．中国热带 MIS3 气候特征探讨．第四纪研究，2003，23（1）：77～82.

Huang Zhenguo，Zhang Weiqiang，Jiang Luming. Climatic characteristics in tropic areas of China during MIS3. *Quaternary Sciences*，2003，23（1）：77～82.

[54]　赵侃，孔兴功，程海，等．MIS3 晚期东亚季风强度和 DO 事件年龄．第四纪研究，2008，28（1）：177～183.

Zhao Kan，Kong Xinggong，Chen Hai，*et al.* Intensity and timing of D-O events of East Asian monsoon during the late episode of MIS 3. *Quaternary Sciences*，2008，28（1）：177～183.

[55]　刘殿兵，汪永进，陈仕涛，等．东亚季风 MIS3 早期 DO 事件的亚旋回及全球意义．第四纪研究，2008，28（1）：169～176.

Liu Dianbing，Wang Yongjin，Chen Shitao，*et al.* Sub-Dansgaard-Oeschger events of East Asian monsoon and their global significance. *Quaternary Sciences*，2008，28（1）：169～176.

[56]　李世杰，张宏亮，施雅风，等．青藏高原甜水海盆地 MIS3 阶段湖泊沉积与环境变化．第四纪研究，2008，28（1）：122～131.

Li Shijie，Zhang Hongliang，Shi Yafeng，*et al.* A high resolution MIS 3 environmental change record derived from lacustrine deposit of Tianshuihai Lake，Qinghai-Tibet Plateau. *Quaternary Sciences*，2008，28（1）：122～131.

[57]　陈晓云，吴乃琴．黄土高原 MIS3 时期蜗牛化石记录的温湿气候及其成因机制探讨．第四纪研究，2008，28（1）：154～161.

Chen Xiaoyun，Wu Naiqin. Relatively warm-humid climate recorded by mollusk species in the Chinese Loess Plateau during MIS 3 and its possible forcing mechanism. *Quaternary Sciences*，2008，28（1）：154～161.

[58]　类延斌，张虎才，尚华明，等．青藏高原年保玉则山末次冰期中期以来的湖泊演化与古冰川发育．第四纪研究，2008，28（1）：132～139.

Lei Yanbin, Zhang Hucai, Shang Huaming, *et al.* Lake evolution and glaciation of the Nianbaoyuze Mountain in the Tibetan Plateau since the middle of the last glacial. *Quaternary Sciences*, 2008, 28 (1): 132 ~ 139.

[59] 王杰. 青藏高原及周边地区 MIS3 中期冰进探讨. 第四纪研究, 2010, 30 (5): 1055 ~ 1065.

Wang Jie. Glacial advance in the Qinghai-Tibet Plateau and perpheral mountains during the mid-MIS3. *Quaternary Sciences*, 2010, 30 (5): 1055 ~ 1065.

[60] 张振克, 谢丽, 张云峰, 等. 苏北平原 MIS3 阶段海侵事件的沉积记录. 第四纪研究, 2010, 30 (5): 883 ~ 891.

Zhang Zhenke, Xie Li, Zhang Yunfeng, *et al.* Sedimentary records of the MIS 3 transgression event in the North Jiangsu Plain, China. *Quaternary Sciences*, 2010, 30 (5): 883 ~ 891.

[61] Stiner M C, Munro N D, Surovell T A, *et al.* Paleolithic population growth pulses evidenced by small animal exploitation. *Science*, 1999, 283: 190 ~ 194.

[62] 李天元. 湖北枝城九道河旧石器时代遗址发掘报告. 考古与文物, 1990, (1): 6 ~ 20

Li Tianyuan. A report on the excavation of the Jiudaohe Paleolithic Site in Zhicheng City, Hubei Province. *Archaeology and Cultural Relics*, 1990, (1): 6 ~ 20.

[63] 刘德银, 王幼平. 鸡公山遗址发掘初步报告. 人类学学报, 2001, 20 (2): 102 ~ 114.

Liu Deying, Wang Youping. A preliminary report on the excavation of Jigongshan site. *Acta Anthropologica Sinica*, 2001, 20 (2): 102 ~ 114.

[64] 李有恒, 吴茂霖, 彭书琳, 等. 广西田东县祥周公社定模洞调查报告. 人类学学报, 1985, 4 (2): 127 ~ 131.

Li Youheng, Wu Maolin, Peng Shulin, *et al.* Preliminary report on the investigation of Dingmo cave in Tiandong County, Guangxi. *Acta Anthropologica Sinica*, 1985, 4 (2): 127 ~ 131.

[65] 曾祥旺. 广西田东县定模洞人类化石及其文化遗存. 考古与文物, 1989, (4): 1 ~ 6.

Zeng Xiangwang. Dingmo cave human fossil of Tiandong County, Guangxi and the cultural remains. *Archaeology and Cultural Relics*, 1989, (4): 1 ~ 6.

[66] 张镇洪, 张锋, 陈青松. 广东封开县罗沙岩洞穴遗址第一期发掘简报. 人类学学报, 1994, 13 (4): 300 ~ 308.

Zhang Zhenhong, Zhang Feng, Chen Qingsong. Preliminary report on the excavation of Luoshayan site in Fengkai, Guangdong. *Acta Anthropologica Sinica*, 1994, 13 (4): 300 ~ 308.

[67] 张森水. 马鞍山旧石器遗址试掘报告. 人类学学报, 1988, 7 (1): 67 ~ 74 + 103.

Zhang Senshui. A brief report of the tentative excavation in Ma'anshan Palaeolithic site. *Acta Anthropologica Sinica*, 1988, 7 (1): 67 ~ 74 + 103.

[68] 陈子文，李建军，余生富．福建三明船帆洞旧石器遗址．人类学学报，2001，20（4）：256 ~ 270.
Chen Ziwen, Li Jianjun, Yu Shengfu. A palaeolithic site at Chuanfandong in Sanming city, Fujian Province. *Acta Anthropologica Sinica*, 1985, 20 (4): 127 ~ 131.

[69] Van Andel T H. The climate and landscape of the middle part of the Weichselian glaciation in Europe: The stage 3 project. *Quaternary Research*, 2002, 57: 2 ~ 8.

[70] Lahr M M, Foley R A. Demography, dispersals and human evolution in the Last Glacial Period. In: Van Andel T H, Davies W eds. Neanderthals and Modern Humans in the European Landscape during the Last Glaciation. Cambridge: McDonald Institute for Archaeological Research. 2003: 241 ~ 256.

原载于《第四纪研究》2011 年 31 卷 4 期

附录二　关于福建省浦城县猫儿弄山商周窑群和漳州北郊莲花池山旧石器时代遗址保护问题的意见

福建省文化厅：

应你厅邀请，2005 年 12 月 28 日至 30 日，我局组织有关考古专家对你省浦城县猫儿弄山商周窑群和漳州北郊莲花池山旧石器时代遗址进行实地考察，并提出了专家意见。经研究，我局意见如下：

一、原则同意专家对浦城县猫儿弄山商周窑群和漳州北郊莲花池山旧石器时代遗址所提保护意见。

二、浦城县猫儿弄山商周窑群形成一定规模，保存较完整，全国罕见，属重大考古发现；漳州北郊莲花池山旧石器时代遗址发现了可能大于 40 万年的文化层，这在福建省尚属新的突破，鉴于这两处遗址的重要性，应进行原址保护，同时建议高速公路建设部门变更浦城县猫儿弄山商周窑群所在标段原路线设计方案。

三、请你厅督促相关政府部门尽快将浦城县猫儿弄山商周窑群及其相关遗存和漳州北郊莲花池山旧石器时代遗址公布为文物保护单位，划定相应的保护范围，并对遗址现场采取切实可行的保护措施。

四、请你厅督促发掘单位加强对猫儿弄山窑群周围遗存的勘探工作，以进一步了解其情况及相互关系。

附件：1.《关于福建省浦城县仙阳镇猫儿弄山商周窑址保护问题的意见》；

2.《关于福建漳州莲花池山旧石器遗址保护意见》。

国家文物局办公室

二〇〇六年[illegible]月十七日

附录三　关于福建漳州莲花池山旧石器遗址保护意见

受国家文物局委托，我们于 2005 年 12 月 29 日，对漳州北郊莲花池山旧石器时代遗址进行实地考察，经对现场观察，现提出意见如下：

1. 从揭露出的地层和文化层判断，该遗址含有 3 个文化层，其下部的文化层出自网纹红土中，根据我国华南地区地层序列及年代，网纹红土中的文化层有可能大于 40 万年，这在福建省实属新的突破。

2. 发掘工地有序、规范，为了获得更多早期文化信息，建议继续深入工作和研究，及时完成田野发掘的资料搜集。

3. 该遗址分北、南两区，南区现已揭露出网纹红土中的文化层，可将其有关资料提取，但北区不宜进行大规模发掘，建议清理剖面，作边坡稳定性处理，以求有效保护，并将其列入文物保护单位。

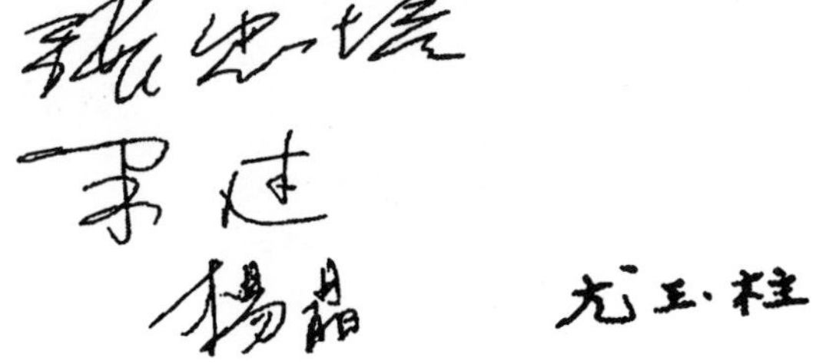

二〇〇五年十二月三十日

附录四　关于漳州莲花池山遗址保护意见函

漳州市人民政府：

为了配合漳州电子工贸城的建设，去年底我们委派省文物管理委员会考古工作队对建设范围内的莲花池山遗址进行文物调查、勘探及抢救性考古发掘。为了科学、准确地判定该遗址的性质，2005年12月29日，国家文物局派出以原故宫博物院院长张忠培研究员为组长的考古专家组，对莲花池山遗址进行实地考察，认为该遗址“网纹红土中的文化层有可能大于40万年，这在福建省尚属新的突破”，这一结论引起国家文物局的高度重视。

鉴于该遗址的重要性，最近，国家文物局致函我厅，要求对莲花池山遗址“进行原址保护”、“公布为文物保护单位，划定相应的保护范围，并对遗址现场采取切实可行的保护措施。”现将国家文物局《关于福建省浦城县猫儿弄山商周窑群和漳州北郊莲花池山旧石器遗址保护问题的意见》（办函［2006］37号）和国家文物局考古专家组《关于福建漳州莲花池山旧石器遗址保护意见》转给你府，请按照《文物保护法》的有关规定和国家文物局的要求，协调有关单位切实加强莲花池山遗址的保护，落实相关保护措施，确保文化遗址的安全。

专此函达。

二○○六年二月二十日

Abstract

Located on the coast of southern of Fujian Province, Zhangzhou Area is nestled with mountainous, facing Taiwan Strait, liking spring in four seasons and pleasant weather. It links with Guangdong Province on west and Xiamen on east. Its geographic coordinate is 23°33′~25°12′N, 116°54′~118°15′E. Zhangzhou Area has owned the famous of "Hometown of flowers and fruits", and twenty-three Key National Heritage of ancient relics, four national forest parks, two National natural preserved areas, and one National Volcanic Geological Park of China.

Under the conditions of lithosphere rising and draping excessive rainfall, physiognomy consists of mountains, low land, mesa, plain, valley and beach.

Quarternary stratigraphic sequences are rather complete. Most of them are distributed in river sides (terraces) in mountainous areas, intermountainous basins and coastal plain. The quarternary deposit types include residual, deluvium, proluvium, fluvial, fluvial-lake, aeolian and marine. According to Bureau of Geology and Mineral Resources of Fujian Province: *Regional geology of Fujian Province* and *Direction on Geological Map at scale of* 1∶500, 000 *of Fujian Province*, in southeast of Fujian Province, quarternary sediments can be divided into four parts as follows (from early to late): Tong'an Formation (Q_2), Longhai Formation (Q_3), Dongshan Formation (Q_4^1) and Changle formation (Q_4^2).

Tong'an Formation (Middle Pleistocene): comprising sand, gravel, reticulated red clay. It exposes on third terrace and red clay mesa, which of the maximum thickness more then 20 meters.

Longhai Formation (Late Pleistocene): forming by sandy gravel, sand, sandy clay and red clay, et al. It exposes on the top of red clay mesa, the second terrace of the river and bottom of Zhangzhou Plain. Longhai Formation has estimated to be around 16ka-97 ka BP by ^{14}C.

The accumulation of Holocene consists of Dongshan Formation (Q_4^1) and Changle Formation (Q_4^2). It comprises alluvium, proluvium, maritime and aeolian deposits, containing spore-pollen, marine animals, fern and charcoal and so on. An absolute age of 7.0-10.2 kaBP has been obtained for Dongshan Formation and 1.0ka-4.7 kaBP for Changle Formation by ^{14}C. In addition, Aged sand beds (Q_3^{2-3}) which formed by wind distribute at seaboard, and constitute quartz, kaolinite and hematite. The "Aged sand beds" are different with red clay (or reticulated red clay).

In southern of Fujian Province, the earthy sediments can be entitled brick red clay, red clay and reticulated red clay and detail designation as latosols, ultisols, terra cotta, cinerea red clay. Authors recommend for the series of brick red clay, red clay and reticulated red clay in Zhangzhou area, Fujian Province such as following Tab. 1.

Table 1 Series of brick red clay, red clay and reticulated red clay in Zhangzhou area of Fujian Province, and its characters and contrast with loess in northern China

Geologic age	Series of red clay in Zhangzhou area	Characters	Thickness (cm)	Correspond of Series of Loess in North China
middle Late Pleistocene	Upper brick red clay	Ponceau, stickiness, with a little sand	300-500	S_1 S_2
early Late Pleistocene	Lower brick red clay	Ponceau, tough, purity	400-600	
late Middle Pleistocene	Red clay	Purple, with lenticular of pebble and sand, stickiness	50-450	
middle-early Middle Pleistocene	Upper reticulated red clay	Brownish, red, tough, lattice-like structure	40-120	S_3 S_4 S_8
	Middle reticulated red clay	Brownish, red, sticki-ness, lattice-like structure	50-150	
	Lower reticulated red clay	Purple, tough, lattice-like structure	40-90	

Two Paleolithic sites i. e. Lianhuachishan and Zhulinshan were discovered in 1989. It is the first time archaeological excavation of Paleolithic open-air site in Fujian. Lianhuachishan site lies on the north suburb of Zhangzhou City. During the first excavation of Lianhuachishan site (24°32′23. 3″N, 117°39, 38. 6″E) by archaeologists who come from The Museum of Fujian Province, Cultural Relics Administrative Office of Zhangzhou City and Institute of Vertebrate Paleontology and Paleoanthropology, Chinese Academy of Sciences in 1990, a total of 27tools were unearthed. More than 3, 000 stone tools were unearthed in second excavation (2005-2006) . The significance of Lianhuachishan site is well recognized by scholars who are from the Scholars Committee of the National Bureau of Cultural Heritage, Institute of Vertebrate Paleontology and Paleoanthropology, Chinese Academy of

Sciences, The Museum of Shanghai, the Bureau of Cultural Heritage of Hebei Province and Archaeological institute of Zhejiang Province. Sediments and artifacts from Lianhuachishan site provide significant evidence for us to research the changes of ancient human activity in southern coastal area of Fujian Province.

According to excavation at south part of Lianhuachishan site in 2005-2006, the geological section can be divided into 9 layers (See Fig. 14 and Fig. 15) as follow (from top to bottom):

Holocene

① Grayish brack sandy soil

② Grayish yellow sandy soil

③ Brownish red sandy soil

~ ~ ~ ~ ~ Unconformable ~ ~ ~

late Late Pleistocene

④ Grayish yellow sandy clay

~ ~ ~ ~ ~ Unconformable ~ ~ ~

early Late Pleistocene

⑤Lower brick red clay

Gravel with stone tool (Second cultural level)

~ ~ ~ ~ Erosion surface ~ ~ ~ ~

Middle Pleistocene

⑥ Upper reticulated red clay

Gravel with stone tool (Third cultural level)

~ ~ ~ Erosion surface ~ ~ ~ ~ ~

⑦ Middle reticulated clay

Gravel with stone tool (Original cultural level)

~ ~ ~ Erosion surface ~ ~ ~ ~ ~

⑧ Lower reticulated red clay

~ ~ ~ ~ ~ Unconformable ~ ~ ~ ~

Pre-Pleistocene

⑨ Weathering shuck of granite

The grayish yellow sandy-clay frequently cover on Upper brick red clay. This stratum may be engender by wind effect. Granite or granitoid rocks ambuscade under the Lower reticulated red clay. They can be disparted by erosion surface or unconformable.

On the basis of inspecting by authors and census or record of investigation of Bureau of Geology and Mineral Resources of Fujian Province, we suggest that Upper brick red clay, Lower brick red clay and Red clay are differentiate belonging to Q_3^2, Q_3^1 and Q_2^3; reticulated red clay may belong to middle Middle Pleistocene in geological age.

At north part of Lianhuachishan site, there are two layers of brick red clay and gravel bed. Gravel bed (The first cultural level, 30cm in thickness) comprises pebble and sand, laying between upper brick red clay (150-600cm) and lower brick red clay (450cm).

27 artifacts were unearthed from the first excavation. Stone tools of the First cultural level ("Assemblage A") include cores (n = 5), flakes (n = 16), chopper/chopping tools (n = 1) and scrapers (n = 5) . They are made by vein quartz or quartz crystal. But they are quite simple and not finely retouched.

118 stone tools from scree bed (on the surface of upper reticulated red clay) can be called Second cultural level ("Assemblage B") dividing into two types: raw material and tool. Raw material consists of core (1 penning cores and 3 broken cores), chunks and chips (n = 73) and flakes (9 penning flakes and 16 broken flakes); implements are stone

hammer (n =4), scrapers (n =7), notched scraper (n =1), and point (n =3).

There are 327 artifacts (can be called "Assemblage C") unearthed from the scree bed which lied on surface of middle reticulated red clay and they are include cores (n =31, 8 penning cores and 23 broken cores), chunks and chips (n =236), flakes (n =43, 24 penning flakes and 19 broken flakes), stone hammers, awl (n =1), chopper/chopping tools (n =3), scraper (n =9), point (n =2). They are not finely retouched.

3308 tools were unearthed from Original cultural level which lied on the surface of lower reticulated red clay. Types of implements are penning cores and broken cores (n =226), chunks and chips (n =803), fragments and shivers (n =1908), penning flakes and broken flakes (n =262), stone hammer (n =10), chopper/chopping tools (n =17), scrapers (n =52), notched scrapers (n =2), points (n =24), picks (n =3) and cleaver (n =1).

Implements of First, Second and Third cultural level all came from Original cultural level. Scalar compare of different level can see Fig. 1.

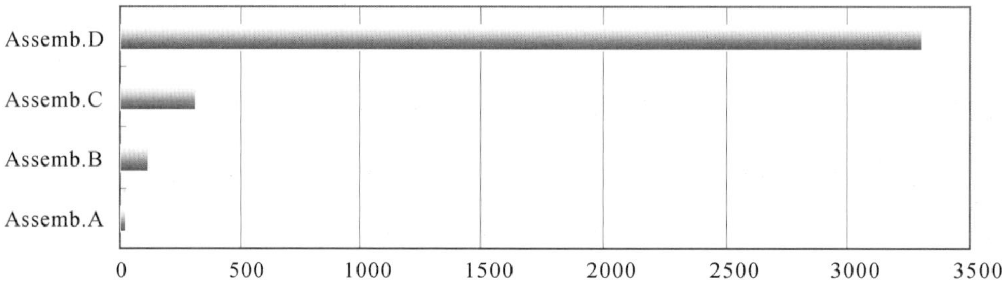

Fig. 1 Scalar compare of artifacts from Lianhuachishan site

It is not only a breakthrough of Paleolithic archaeology in Fujian province, but also a few discoveries in similar deposit of South China. Now, a total of 3, 308 stone artifacts were collected from Original cultural level and they were mainly middle and big in size. The raw material of artifacts were mainly quartz and crystal. The dominantly technique adopted striking and smashing by stone hammer. Direct hammer flaking was mainly employed on quartz cores, and smashing flaking was used for crystalline cores. The types of artifacts were quite simple, few artifacts were retouched. Depending on favorable circumstance and abundant food chain, the early men manufactured coarse and optional tools which can be attributed to "Expedient stone tools system" (See Fig. 2-A, B, C).

According to study on taphonomy, the Original cultural level of the site should be buried at original place. Partial original cultural level of Lianhuachishan site encountered eroding, weathering process for a long time and was destroyed. Characteristics of stone artifacts from the Original cultural level manifest belonging to "Pebble Tool Cultural Tradition" in South China.

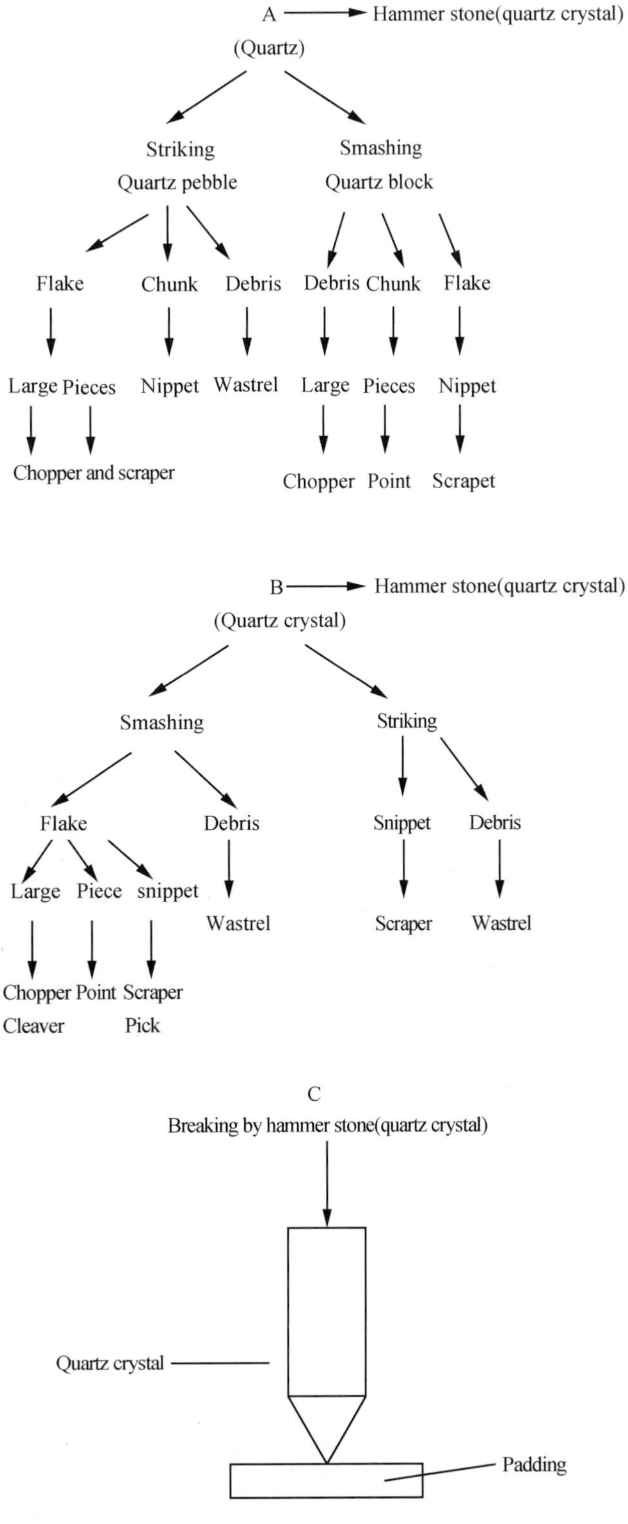

Fig. 2 Adopted a process for making stone tool

后 记

莲花池山遗址的发现和发掘，结束了福建境内无旧石器时代遗址的历史，开创了本地区旧石器时代考古的新纪元，它是福建省最早发现的旧石器时代旷野遗址。它填补了福建旧石器时代文化研究方面的空白，为探讨早期文化提供了珍贵的实物资料，同时，也为探讨闽台史前文化之渊源关系，打开了一扇希望之窗。

莲花池山遗址具有重大的考古学意义，其发掘和保护工作受到了国家文物局、福建省文化厅、福建省文物局、漳州市委市政府的高度重视。目前莲花池山遗址已被列入第七批全国重点文物保护单位。

在莲花池山遗址发掘过程中，张忠培、宋建、夏正楷、张森水、高星、谢飞、徐新民等多位专家先后亲临现场考察指导，并提出了许多宝贵意见和建议，使我们对遗址的诸多问题有了进一步的认识。在发掘过程和后期的资料整理中，我们始终得到福建省文物局局长郑国珍的大力支持和帮助。在研究过程中又得到国家文物局专家组成员、中国科学院古脊椎动物与古人类研究所已故研究员张森水、中国科学院古脊椎动物与古人类研究所副所长高星等人的热情指导。福建博物院考古研究所陈子文研究员自始至终参加发掘和资料的整理，在石制品的分类、统计和制作图件方面做了大量工作，张建群清绘部分图件，黄运明参加了后期的部分资料整理，王银平对书稿中器物图版进行了补拍，王欢、危长福为最后书稿修改校对做了大量工作，编者在此一并致谢。

鉴于莲花池山遗址出土的石制品材料较多，整理、分类和统计耗费了较长时间，在各级领导和同行的大力支持下，最终完成本书的编写，文中错误之处，在所难免，恳请大家批评指正。

本报告主要执笔与统稿人为范雪春；此外阮永好参与了第一章与第五章的编写；杨丽华参与了第二章与第四章的编写；彭菲参与了第三章与第五章的编写。

莲花池山遗址南区全景（西北—东南）

专家张忠培（左二）与领队范雪春（左一）就遗址相关问题进行讨论

1. 遗址发掘场景

2. 遗址发掘场景

莲花池山遗址发掘场景

1. 清理第四文化层

2. 遗址北壁剖面（部分）

3. G2（北—南）

遗址文化层、剖面及遗迹

1. 第三文化层部分遗物

2. 第三、原生文化层局部（西—东）

文化层及部分遗物

1. 直凹刃刮削器（TS9E1-22⑤B：7）

2. 石锥（TS9E2-6⑥B：1）

3. 双凹刃刮削器（TS9E2-7⑥B：4）

4. 石锤（TS11E1-14⑤B：1）

莲花池山遗址出土石制品

1. 砸击石片（TS8E3-17⑦B：7）

2. 重型双凹刃砍砸器（TS7E3-23⑦B：1）

3. 单直刃刮削器（TS8E2-15⑦B：2）

4. 多刃刮削器（TS8E3-1⑦B：2）

莲花池山遗址出土石制品

1. 凹缺器（TS7E2-19⑦B：2）

2. 大尖状器（TS8E2-21⑦B：1）

3. 中小型尖状器（TS7E2-17⑦B：1）

4. 薄刃斧（TS7E3-16⑦B：6）

莲花池山遗址出土石制品

1. 砸击石核（TS8E2-25⑤B：1）

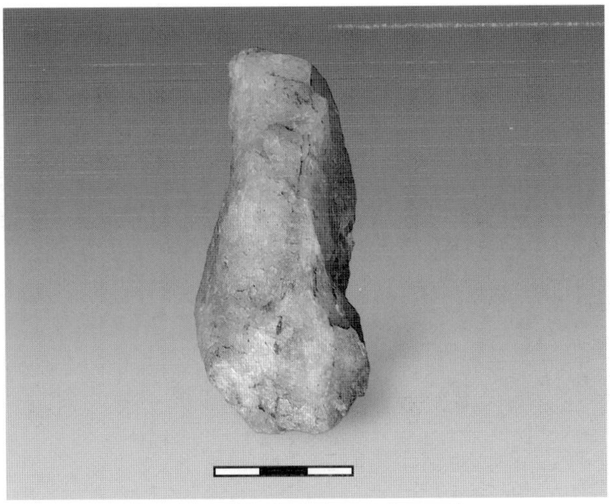

2. 砸击石核（TS8W1-8⑤B：1）

3. 多台面锤击石核（TS13E1-9⑤B：1）

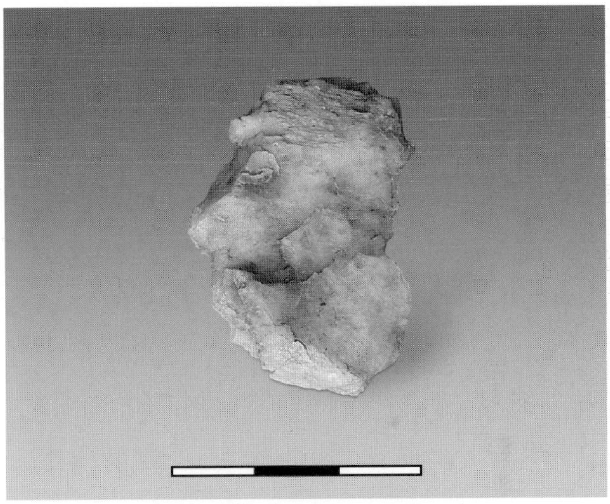

4. 锤击石片（TS9E3-13⑤B：1）

5. 锤击石片（TS9E1-18⑤B：1）

6. 锤击石片（TS9E1-18⑤B：3）

第二文化层石核、石片

图版2

1. 砸击石片（TS8W1-8⑤B：2）

2. 砸击石片（TS8W2-19⑤B：1）

3. 砸击石片（TS9E1-18⑤B：4）

4. 砸击石片（TS9E1-18⑤B：8）

5. 石锤（TS8E2-19⑤B：1）

6. 石锤（TS11E1-19⑤B：1）

第二文化层石片、石锤

1. 单直刃刮削器（TS9E1-22⑤B：2）

2. 端刃刮削器（TS9E1-17⑤B：3）

3. 圆头刮削器（TS8W1-9⑤B：6）

4. 凹缺器（TS9E1-18⑤B：6）

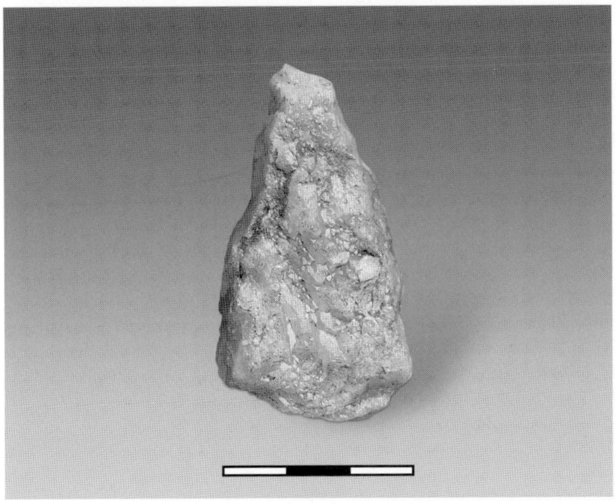

5. 尖状器（TS9E1-17⑤B：1）

6. 尖状器（TS10W1-23⑤B：1）

第二文化层石器

图版4

1. 单台面石核（TS8E2-7⑥B：1）

2. 单台面石核（TS8E3-12⑥B：2）

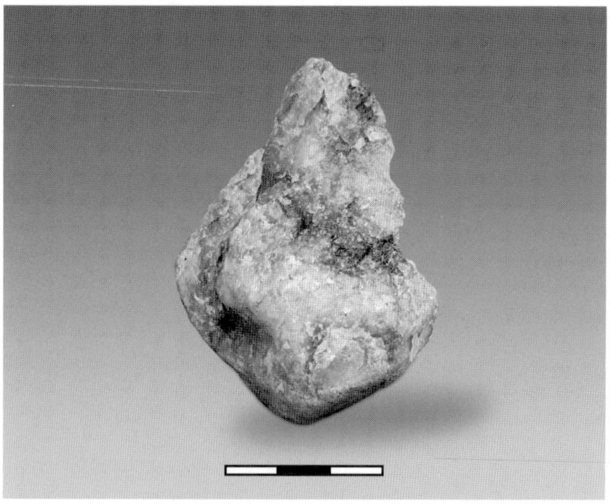
3. 砸击石核（TS8E3-11⑥B：2）

4. 砸击石核（TS8E3-19⑥B：3）

5. 砸击石核（TS8E3-21⑥B：1）

6. 砸击石核（TS9E1-14⑥B：9）

第三文化层石核

1. 砸击石核（TS9E2-19⑥B：1）

2. 锤击石片（TS8E3-8⑥B：4）

3. 锤击石片（TS8E3-7⑥B：2）

4. 砸击石片（TS9E3-3⑥B：3）

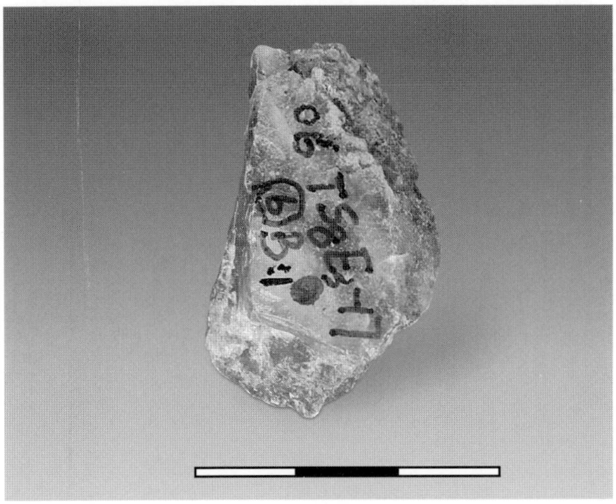

5. 砸击石片（TS8E3-17⑥B：1）

6. 砸击石片（TS8E3-21⑥B：4）

第三文化层石核、石片

图版6

1. 砸击石片（TS9E2-2⑥B：1）

2. 石锤（TS8E3-9⑥B：1）

3. 砍砸器（TS8E3-19⑥B：1）

4. 砍砸器（TS9E2-7⑥B：1）

5. 单凸刃刮削器（TS8E3-8⑥B：1）

6. 单凸刃刮削器（TS9E1-14⑥B：7）

第三文化层石片、石器

图版7

1. 单直刃刮削器（TS9E1-14⑥B：4）

2. 单端刃刮削器（TS9E1-20⑥B：1）

3. 双直刃刮削器（TS9E1-15⑥B：1）

4. 双直刃刮削器（TS9E2-24⑥B：13）

5. 凹凸刃刮削器（TS8E2-23⑥B：3）

6. 尖状器（TS8E1-12⑥B：8）

第三文化层石器

图版8

1. 单台面石核（TS9E2-1⑦B：2）

2. 双台面石核（TS8E3-2⑦B：4）

3. 双台面石核（G2：58）

4. 双台面石核（G2：54）

5. 多台面石核（TS8E3-12⑦B：12）

6. 多台面石核（TS9E2-20⑦B：1）

原生文化层石核

1. 砸击石核（TS9E3-7⑦B：1）

2. 砸击石核（TS8E3-12⑦B：10）

3. 砸击石核（TS7E3-17⑦B：8）

4. 砸击石核（G：25）

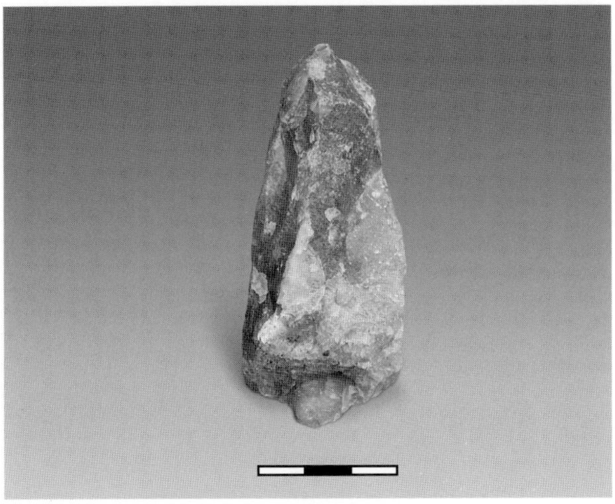

5. 砸击石核（TS8E3-2⑦B：3）

6. 砸击石核（TS9E1-22⑦B：3）

原生文化层石核

图版10

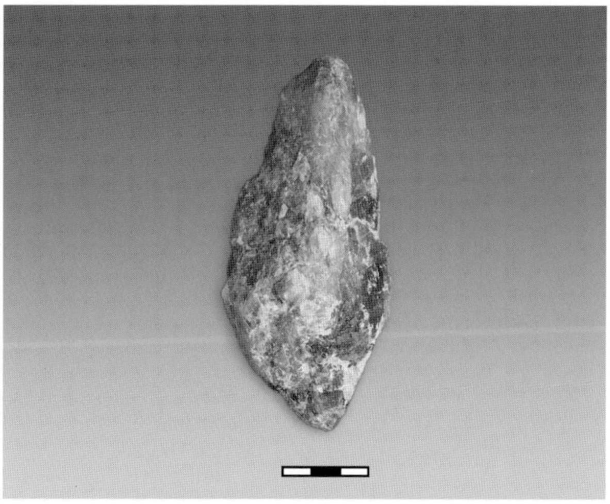

1. 砸击石核（TS9E3-3⑦B：1）

2. 砸击石核（G2：51）

3. 砸击石核（G2：45）

4. 锤击石片（TS7E3-17⑦B：4）

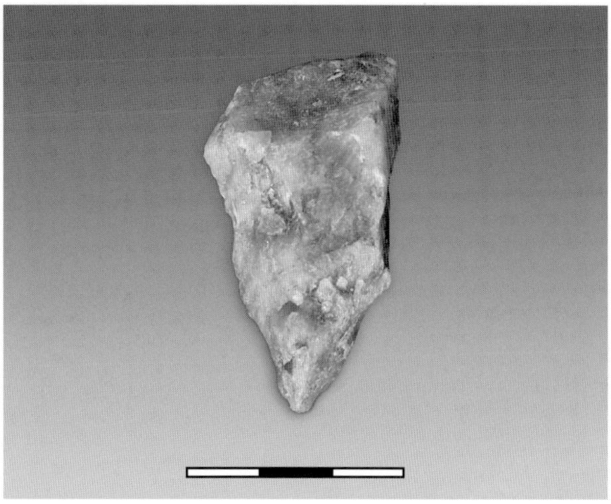

5. 锤击石片（TS8E1-11⑦B：3）

6. 锤击石片（TS8E1-14⑦B：1）

原生文化层石核、石片

1. 锤击石片（TS8E1-18⑦B：1）

2. 锤击石片（TS8E3-12⑦B：7）

3. 锤击石片（TS8E3-16⑦B：3）

4. 锤击石片（TS8E3-22⑦B：3）

5. 锤击石片（TS8E3-22⑦B：4）

6. 砸击石片（TS8E3-16⑦B：5）

原生文化层石片

图版12

1. 砸击石片（TS8E3-22⑦B：5）

2. 砸击石片（TS9E2-13⑦B：1）

3. 砸击石片（TS9E2-18⑦B：2）

4. 砸击石片（TS9E2-25⑦B：8）

5. 石锤（TS9E3-6⑦B：1）

6. 石锤（TS8E2-21⑦B：2）

原生文化层石片、石锤

1. 石锤（TS8E2-5⑦B：1）

2. 重型凸刃砍砸器（G2：24）

3. 重型凸刃砍砸器（TS8E2-13⑦B：1）

4. 重型凸刃砍砸器（TS8E3-13⑦B：1）

5. 重型单边刃砍砸器（TS7E3-16⑦B：7）

6. 重型单边刃砍砸器（TS8E3-17⑦B：4）

原生文化层石锤、石器

图版14

1. 重型单端刃砍砸器（TS8E3-1⑦B：5）

2. 重型双凹刃砍砸器（TS8E2-9⑦B：1）

3. 凸刃砍砸器（TS7E3-23⑦B：6）

4. 单直刃刮削器（G2：39）

5. 单直刃刮削器（TS8E2-14⑦B：1）

6. 单直刃刮削器（TS8E2-15⑦B：1）

原生文化层石器

图版15

1. 单直刃刮削器（TS8E3-2⑦B：9）

2. 单直刃刮削器（TS9E1-23⑦B：1）

3. 端刃刮削器（TS8E2-22⑦B：1）

4. 端刃刮削器（TS8E3-3⑦B：9）

5. 单凸刃刮削器（TS7E3-23⑦B：15）

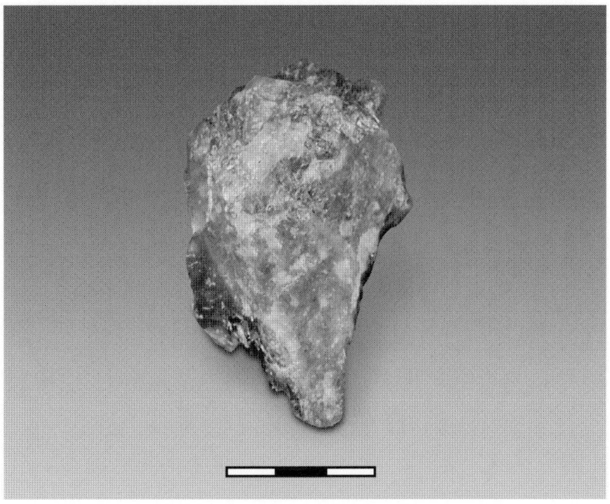

6. 单凸刃刮削器（TS8E3-7⑦B：5）

原生文化层刮削器

图版16

1. 单凸刃刮削器（TS8E3-12⑦B：11）

2. 单凹刃刮削器（G2：34）

3. 单凹刃刮削器（TS8E2-18⑦B：2）

4. 单凹刃刮削器（TS8E3-1⑦B：6）

5. 单凹刃刮削器（TS8E3-16⑦B：4）

6. 双直刃刮削器（TS9E1-23⑦B：2）

原生文化层石器

1. 多刃刮削器（G2：40）

2. 多刃刮削器（TS7E3-23⑦B：8）

3. 圆头刮削器（TS8E2-12⑦B：5）

4. 凹缺器（TS9E1-22⑦B：1）

5. 大尖状器（TS8E3-7⑦B：1）

6. 大尖状器（TS8E3-3⑦B：4）

原生文化层石器

图版18

1. 大尖状器（TS8E3-7⑦B：2）

2. 大尖状器（TS8E3-13⑦B：2）

3. 大尖状器（TS9E2-10⑦B：1）

4. 中小型尖状器（TS8E2-3⑦B：2）

5. 中小型尖状器（TS8E2-4⑦B：7）

6. 中小型尖状器（TS8E2-18⑦B：4）

原生文化层尖状器

1. 中小型尖状器（TS8E2-25⑦B：1）

2. 中小型尖状器（TS8E3-2⑦B：12）

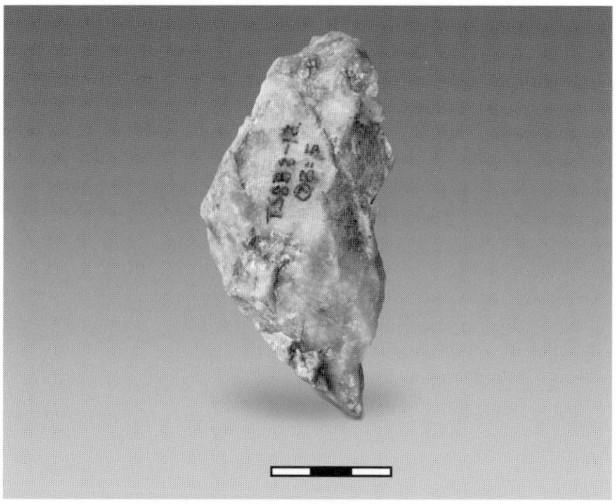
3. 中小型尖状器（TS8E3-12⑦B：5）

4. 中小型尖状器（TS8E3-12⑦B：6）

5. 手镐（TS9E1-17⑦B：2）

6. 手镐（G2：23）

7. 手镐（TS9E1-17⑦B：1）

原生文化层石器